이야기 놀이치료

이론과 실제

Aideen Taylor de Faoite 편저
유미숙 · 김미경 · 노은선 · 전성희 공역

학지사

Narrative Play Therapy: Theory and Practice
by Aideen Taylor de Faoite

아동의 발달을 지원하여 건강한 성인으로 성장하도록 돕는 것은 어느 나라에서나 중요한 일이다. 어린 시기에 개입하여 효과를 높이려는 발전은 계속되고 있는데 그렇게 발전해 가고 있는 영역 중의 하나가 놀이치료이다. '놀이치료'를 통해 아동의 성장과 발달을 지원할 뿐만 아니라 심리적 안녕을 지원하기 때문이다.

아울러 인간이 처한 환경은 각자 다르므로 사회적 환경을 고려하여 이해하려는 사회구성주의 관점에서 내담자를 이해하자는 움직임이 교육이나 상담 및 심리치료 현장으로 확대되고 있다. 바로 이러한 사회구성주의 관점에서 내담자를 이해하고 치료하자는 접근법의 하나로 『이야기 놀이치료』를 소개한다.

이 책은 '사회구성주의 관점'과 '이야기치료' 및 '놀이치료'가 접목되어 '이야기 놀이치료'로 탄생된 것이다. 이 책의 구성을 보면 1장에서는 사회구성주의 관점에서 내담자를 이해하고 상담목표를 설정하며, 치료자의 역할에 대해 설명하고 있다. 2장에서는 이야기 놀이치료의 역사를 설명하고, 3장에서 이야기 놀이치료의 사정, 평가, 자료의 보관방법 등 구체적인 안내를 하고 있다. 4장에서는 생생한 사례를 통해 이야기를 들어나도록 외현화하는 전략을 설명하고 있다. 5장은 이야기 놀이치료의 슈퍼비전의 실제를 구체적으로 다루고 있으며, 6장은 초등학교 내에서 활용할 수 있는 안내를 하고 있다. 7장은 부모의 별거나 이혼을 경험한 아이들을 위한 이야기 놀이치료를 설명하고 있는데 갈수록 이혼율이 증가되면서 이러한 도움이 절실해 보인다. 8장은 '알렉스'라는 한 소년의 사례를 통해 내면을 탐색할 수 있는 여정을 자세히 그리고 있으며, 9장은 이야기 가족놀이치료를 통해 가족을 도울 수 있는 방법을 사례를 들어 설명하고 있다. 10장은 애착의 어려움이 두드러지는 입양가정이나 위탁가정의 아동을 위한 이야기 놀이치료를 안내하고 있다. 이렇게 구성된 『이야기 놀이치료』는 이론적 근거의 자세한 설명과 함께 실제 활용 가능한 지침서로 사용될 것이다.

이 책은 놀이치료자뿐만 아니라 아동상담자, 청소년상담자, 가족상담자에게도 추천한다. 아동심리치료를 전공하지 않은 치료사가 아동도 대하게 되는 가족상담이나 가족치료 현장에서 이야기나 놀이를 어떻게 활용할지를 배우는 데 특히 도움이 될 것이다. 학교현장에서도 활용하여 예방적인 효과를 거둘 수 있기를 희망한다. 또한 책에 나온 관찰, 기록, 평가하는 안내들이 현장의 임상가와 연구자에게 많은 도움이 될 것이다.

이 책을 접한 모든 분들에게 목마름을 해소할 단비가 되길 기대한다.

끝으로, 이 번역서가 나오도록 오랫동안 기다려 주신 학지사의 김진환 사장님과 정승철 이사님, 꼼꼼하게 편집을 도와주신 백소현 선생님께 감사를 드린다.

2018년
역자 일동

이 책은 놀이치료의 한 부류인 이야기 놀이치료의 이해를 돕는 사회구성
주의 이론에 영향을 받은 이론적 체계를 소개하고자 했다. 목표는 어떤 '대이
론'을 보여 주려는 것이 아니라 다원론과 포스트모던적 사고의 성찰을 반영하
는 이론을 개발하고자 하는 것이다(McLeod, 1997). 저자가 임상가로서 하려
는 것은 '활용 가능한 지침서'를 보여 주는 것이다(Hayward, 2003). Hayward
가 정의했듯이, "이야기를 말하거나 실제로 보여 주는 것은 호기심을 자극하
는 안전하고 믿을 수 있는 방법이지만, 이론이 없는 실제는 (지나치게) 맥락 기
반의 기술과 지식을 만들고 다른 사람에게 덜 전달되게 한다"(2003, p. 188).
Hayward의 제안에 따라, 이 책은 독자의 실제 상황에 적합한 이야기 놀이치
료 모델을 만들고자 몇 가지 이론을 제안한다. 실례는 이야기 놀이치료의 실
제를 소개하고자 제공하는 것이며 실제를 소개하는 기술을 반영한다. 이 책
전체에 걸쳐 이야기 놀이치료 실제의 사례들은 서로 다른 맥락과 작업환경
속에서 고려되었다. 또한 이러한 방식으로 윤리적 주제 및 아동과 함께하는
실용성이 고려되었다.

각 장을 기술하면서, 공동 구성 접근은 5장의 저자들 사이에서 채택되었으
며, 10장에서 예로 들었듯이 저자와 내담자 혹은 내담자의 부모들 사이에서
채택되었다. 이 두 개의 장에서 이 접근은 매우 성공적인 반면, 나머지 다른
장에서는 이 접근에 어려움도 있었으며 포기해야 하기도 했다. 공동 저술이나
공동 구성과 개인적 성향의 갈등적 요소는 발생할 수 있는 모든 어려움의 첫
번째 이유로 정의된다. 아동과 치료사 간 공동 창조하게 되는 이야기에서는
내담자와 그 가족의 보호를 위해 가명으로 바꾸었다.

이러한 저술 과정은 이야기 놀이치료의 '살아 있는' 실제와 각각의 기고자의 이론적 체계 개발을 명확히 하는 데 유용하였다. 5장에서 Ann Marie와 David가 기록한 대로, 치료사는 각자 치료의 다른 부분들을 우선적으로 다루는 것을 시작할 것이다. 이것은 그들 자신의 이야기, 경험 그리고 임상가로서 그것들에 '잘 맞는' 것에 대한 통찰력에 영향을 받았을 수도 있다. 이야기 놀이치료의 실제에 대한 이론적 체계를 공유하는 것은 발전하는 과정이다. 더 많은 치료사들이 놀이치료의 이러한 모델을 적용하면서, 내담자에게 이러한 모델이 도움이 되도록 하는 그들의 지식적 공헌은 이야기 놀이치료의 실제를 확장하고, 정교화하고, 형성하도록 도울 것이다.

사정과 평가를 위한 몇 가지 접근은 이번 책에 제시되었으며, 시간이 지나면서 외부적으로 효과적인 구성보다는 내담자 측면에서의 개입의 효과성에 대한 연구를 시작할 수 있을 것이다. 이야기 놀이치료의 실제를 확장하는 임상가의 역할은 정책입안자와 서비스 제공자로서 이해할 수 있는 언어로 치료적 접근의 효과성에 대한 정보를 전달하는 것이다. 이는 미래를 위한 도전이다.

Aideen Taylor de Faoite

참고문헌

Hayward, M. (2003). 'Critiques of narrative therapy: A personal response.' *Australian and New Zealand Journals of Family Therapy 24*, 4, 183-189.

McLeod, J. (1997). *Narrative and Psychotherapy*. London: Sage Publications.

차례

제1부

이론과 배경

제1장

사회구성주의와 이야기 이론의 소개

Aideen Taylor de Faoite and Ann Marie John

개관

이 장에서는 포스트모던과 사회구성주의 사고를 배경으로 한 이야기 놀이 치료를 다루고자 한다. 우리는 사회구성자들의 사고의 기초가 되고 여러 가지 방법으로 치료와 연구를 생각하는 데 참조된 철학적 토대를 살펴볼 것이다. 우리는 이런 전제를 가족치료사와 심리치료사가 일반적으로 어떻게 해석해 오고 있는지를 따라갈 것이다.

힘(power)의 주제는 치료분야의 연구나 철학적 맥락에서 사회구성주의 사고의 중심이 된다. 이론이 우리에게 다양한 풍경을 제시하는 것과 마찬가지로 힘의 주제를 설명하고 있다. 힘은 치료사와 아동이 함께 이야기를 만드는 과정에서 서로에게 미치는 영향에 대해 사회적 담론(social discourse)의 효과에 대한 Michel Foucault의 개념을 취하는 일반적인 과정이다. 좋은 지도를 가지고 시작하는 우리의 여행을 위해 이론에 포함된 초기 전문용어와 기본적인 철학적 사상을 설명하는 것으로 시작하고자 한다.

기본 이론

이야기 놀이치료는 '포스트모던(post modern)'으로 설명되는 심리치료의 새로운 패러다임으로 발전되었다. 포스트모던은 원래 철학에서 쓰이는 용어지만 예술, 공연, 연구, 심리치료와 같은 다른 배경에서도 사용되어 왔다. 현대는 계몽주의의 과학적 시대로 여겨지며 때로는 이성의 시대(the Age of Reason)라고 불린다. 물론 현대의 과학적 방법은 궁극적으로 자연을 창조하고 조절하는 조물주를 향해 의문을 불러일으키는 다윈주의(Darwinism)를 발달시켰다. '데카르트의 이원론(Cartesian dualism)'과 관련된 데카르트 체계는 관찰자가 자연세계를 관찰하는 입장에서 정신과 신체 간에 형이상학적 관계가 존재한다고 제안한다. 포스트모던과 구성주의 사상가들은 자기(self)로부터 관찰자를 분리하는 이러한 능력에 의구심을 갖는다(Descartes, 1983). 자연세계에 대한 Van Foerster(1981)의 연구에서는 지각(perception)이 현재 보이는 대상에 대한 감각의 결과가 아닌 과거 경험에 기초한 대상의 이미지를 뇌에서 구성하는 것이라고 설명한다. 지식이나 경험이 객관적인 과정이라는 생각은 변화하고 있다. 이론적인 사고방식의 발달은 구성주의라고 명명되었다. 사회구성주의는 우리가 알고 있는 사고방식이 단지 뇌를 통해 구조화되었다기보다는 우리가 조작하는 사회적 맥락에 기인한다고 주장한다. 지식에 대한 철학은 필연적으로 우리로 하여금 사회구성주의 연구의 발달에 관해 고찰하도록 이끈다.

사회구성주의 연구

이 책의 저자 중 한 사람(AMJ)이 대학에 있을 때, 그 당시 전통적 과학의 '신뢰도'를 얻을 수 있는 과학적 방법의 일환으로 사회학에서 '사회과학'이라는 용어를 사용하는 것이 인기를 얻었다. 과학적 측정 과정은 사회 현상을 이해하고자 하는 시도와 맞지 않기 때문에 사회학은 자체적인 방법을 개발하기 시작했다. 1960년대에 마약에 흥분하는 참가자들을 관찰한 Jock Young의 연구와 같은 인상적인 연구들로 인해 사회 현상 연구에 적합한 새로운 연구 방법이 개발되기 시작했다(Young, 1971). 사회 현상을 연구할 경우 객관성을 지닌 연구 접근은 불가능할 뿐만 아니라 바람직하지도 않다. 어느 누구도 순수하게 관찰자가 될 수 없는 이유는 각자의 경험이 보는 관점에 영향을 미치기 때문이다. 이러한 사회적 연구에 대한 비판은 이후 자연과학의 비판으로 확대되었다. 예를 들어, Jungk(1958)는 첫 번째 원자 분열에 참여한 노동자의 윤리적 자세와 개인적 발언을 연구하였다. 그는 연구를 위한 가능한 결과에도 불구하고 원자 분열 작업에 관한 객관성이라는 개념을 과학자들이 어떻게 가질 수 있는지 질문하였다.

그렇다면 이러한 것들이 '이야기 놀이치료와 무슨 관련이 있는가?'라고 질문할 수도 있다. 이 질문에 대해 그간 발표되었던 연구들을 소개하고자 한다. Thomas Kuhn은 주기적으로 발달하는 과학적 이론이 제안하는 모든 '확실한' 과학적 생각들에 의문을 제기했다. 그는 지구가 태양 주위를 돈다는 주장으로 박해받았던 코페르니쿠스의 이야기를 주요한 예로 들었다. Kuhn(1962)은 이전 이론의 오류를 증명하기 위해 등장한 새로운 증거로서 과학적 변화를 제안했다. 이것은 귀무가설(null hypothesis)에 대해 Karl Popper(1959)가 닦아 놓은 작업으로 이어진다. 이것은 이론은 입증될 수 없고 단지 기각될 수 있으며, 바람직한 과학은 누군가의 가설을 기각하려고 노력하고 원래의 아이디어에서 어떤 신빙성을 찾지 못해야 한다고 했다. 서양 과학기술에 대한 비판의 이러한 사례는 사회구성주의 사고가 발달하는 데 중요한 요소라고 볼 수 있다.

연구와 지식의 해체주의는 사회구성주의 사고에서 매우 중요하다. 창조된 지식은 단지 하나의 이야기일 뿐이다. 이러한 해체주의는 지식이 창조되는 과정에 있어서 굉장한 것을 우리에게 말해 준다. 예를 들어, 통제연구는 약이나 처치가 효과가 있다는 것은 보여 주지만 어떻게 이루어지며, 처치과정 중 감정의 경험이 어떠한지 혹은 연구에 대해 이해하는 것은 무엇인지 또는 처치에 대해 어떻게 느끼는지를 말해 주지는 않는다. 어떤 연구 방법을 사용하느냐 하는 것은 어떤 지식의 종류를 만들어 내느냐를 결정한다. 사회구성론적 연구는 이중나선과 같은 재귀루프(reflexive loop)에서 의미의 층이 발견되는 해석학적 접근을 선호한다. 물론 연구자는 의미에 관련된 한 부분이고 연구과정은 연구자와 연구참여자 사이의 동적인 과정이다. 따라서 연구자는 긍정적이지도 않고 바람직하지 않은 객관적이 되려는 시도를 하지 않을 것이다. 이는 이야기 놀이치료 연구를 선택하는 의미이며 치료사로서 우리가 가져야 할 태도이다.

지식이 창출되는 방식과 무엇이 '진실'이라고 할 수 있는가에 대한 비판은 누가 지식을 창출하고 무엇이 '진실 혹은 유용성'인가를 승인하는 힘을 가지고 있는가, 그리고 그 지식 안에서 누구를 전문가로 인정할 것인가에 대한 더 큰 비판을 가져온다.

'참회'로서의 철학과 치료

철학자 Michel Foucault(1975)는 어떠한 사회도 몇몇 집단이 가치 있는 지식이 무엇인지 그리고 어떤 지식에 가치를 두며 그러한 지식을 전달하는 자격을 갖춘 사람이 누구인지를 결정한다고 제안함으로써 지식은 사회적으로 구성된다는 생각을 가졌다. 그는 '사회적 담론'의 경우 사회의 권력 집단에 의해 창조된 생각이라고 여겼다. Foucault는 지배적 담론으로서 가장 강력한 생각을 제안했다. 전통 의학적 담론은 일명 동종요법(homeopathy)[1]보다 강력

---

1) [역자 주] 유기체의 자연치유력에 근거하여 질병과 유사한 반응을 나타내는 자연물을 이용하여 질병을 치료하는 방법을 의미한다.

하고 지배적인 담론의 예가 될 수 있다. 다른 사람들은 사고의 구성이나 담론이 의도적으로 종속시키기 위한 것이라고 제안했다(Gramsci, 1971). Foucault의 입장에서는 사회적 담론은 사회에서 가장 강력한 집단의 이야기인 까닭에 불가피한 것이라고 보았다. Foucault는 특별히 전문화 과정과 의학 전문가의 역할은 무엇인가에 관심을 가졌는데, 예를 들면 환자가 자신의 전문지식을 의지하여 회복되지만 인정받지 못하는 지식과 같은 경우 말이다. 그는 또한 참회와 연관된 심리치료에 대한 담론을 제공하고 심리학적 회복의 열쇠가 되는 카타르시스 작업에 필요한 외상을 밝히고자 과거를 탐색해야 한다는 생각에 이의를 제기한다. 이러한 발달은 더 많은 만족스러운 이야기의 공동 구성(co-constructing)을 통한 회복의 과정으로서 이야기 놀이치료의 과정을 이해하게 한다.

Kenneth Gergen(1992)과 Lynn Hoffman(1992)은 이를 가족치료에 적용하기 시작했다. 이제 우리는 사회구성주의 접근으로서 이를 설명하고자 한다. 치료에 대한 사회구성주의 접근에서는 문제가 사회적으로 구성된다고 보는데, 다시 말해서 사람들은 문제에 대한 이야기를 가지고 치료에 오며, 언급되는 사람들은 문제에 대하여 비슷하거나 다른 이야기를 가지고 있을 수 있다. 핵심은 담론에 문제를 일으킨다고 비난받는 내담자를 포함시키는 것이다. 사회구성주의 틀에서 작업의 핵심은 치료과정이 치료사에게 맞춰지기보다는 가족에 맞춰진 이야기를 찾아내는 과정이다. 이야기 놀이치료에 대한 Michael White(White and Epston, 1990)의 작업은 가족이 회복탄력성에 대한 이야기보다는 '문제가 가득한 이야기'를 다룬다고 제안한다. 이야기 놀이치료의 과정은 치료사와 함께 책임전가를 하지 않는 새로운 이야기를 만들거나 공동 구성하는 것이다. 힘의 주제는 내담자가 '한 점 지는' 상황(내담자와 치료사 모두가 치료사를 전문가라고 가정하고 문제 '처방'으로 힘을 가지는 상황)이라고 여기기보다는 내담자도 전문 지식이 있다고 보기 때문에 이야기 놀이치료의 중심이된다.

사회구성주의 입장

Gergen은 그의 『Invitation to Social Construction』(2009)에서 사회구성주의를 바탕으로 다음과 같은 다섯 가지 가설을 설명했다.

1. 우리가 세상을 이해하는 방식은 꼭 '있는 그대로'이지 않다. 우리는 경험을 설명하기 위한 개념들의 범위를 설정하기 위해 언어를 사용한다. "특별한 가치가 요구되는 '존재하는 것'이란 없다."(Gergen, 2009, p. 5) 그는 "진상—정확히 세계를 보여 주는 단어들—은 없다"(p. 5)라고 계속 주장하고 있다. 우리는 다른 가능한 결과에 대한 우리의 경험을 나누는 수많은 다른 방식을 가지고 있다. 이야기할 수 있는 몇 가지 전통적인 진상은 버려야 하기보다는 선택할 수 있는 것으로 볼 수 있다.

2. 세상을 묘사하고 설명하는 방식은 관계의 결과이다. 우리는 과거, 현재 그리고 미래에 경험하게 되는 관계 맥락에서 경험을 이해하고 묘사한다. '어떠세요?'라는 질문의 답변을 통해 드는 생각은 관계 맥락에 따라 다른 방식으로 적용된다. 예를 들어, 만약 수술 후 간호사나 의사가 당신에게 이러한 질문을 한다면 당신은 수술의 성공여부에 대한 당신의 느낌, 당신이 경험한 신체적 통증 등의 고려사항을 포함할 수 있다. 치료사, 점원 혹은 가족이 같은 질문을 할 경우 그 질문을 하게 되는 관계 맥락에 따라 다른 방식으로 반응할 것이다.

3. 구성은 사회적 유용성에서 그 중요성을 찾는다. 우리는 서로 협력하는 방식으로 관계를 유지하며 수용할 수 있는지 여부에 따른 대략적인 관습을 따른다. 아이들이 교사와 예측 가능한 방식으로 상호작용하는 것은 사회적으로 유용하다. 아이들이 교사와 상호작용하는 방식은 교사의 역할에 대한 문화적 구성에 따라 달라지지만 아이들이나 교사 모두의 역할은 아이들이 생활하고 있는 학교의 문화나 더 넓게는 사회와 정치 환경이라는

문화에 영향을 받는다.

4. 묘사하거나 설명함에 따라 우리의 미래를 만든다. 우리가 사용하는 언어는 관계를 통해 형성되었으며 이는 우리의 행동에 광범위하게 영향을 미친다. 감축과 관련된 불황을 생각해 보자. 이는 사회적 충격으로 설명할 수 있으며 사회 전반에 책임을 지울 수 있다. 또한 '상류층'과 '서민'이라는 구분(구별)은 사회적 경멸과 갈등을 초래할 수 있다. 반면에, 불황은 창조를 소망하는 환경을 반영하는 변화의 시간으로 설명될 수 있으며 감축은 이러한 환경으로의 변화라고 설명할 수 있다. 어떤 표현, 언어, 설명을 선택하느냐는 훗날에 영향을 미친다.

5. 당연시 여기던 세상에 대한 반성은 미래의 행복을 위한 필수적인 요소이다. 이는 대안을 위해 경청하고 다양한 관점을 비교하면서 해결하려 노력하며 당연하게 생각되는 것에 대해 반성하는 사회구성주의자들에게 도전이 된다. 이는 그 사람에게 알고 있는 것에 질문하고 고려 중인 다양한 대안 중 하나로 전통적 가치와 진리를 이해하도록 요구한다.

이 다섯 가지 가설은 사회구성주의자 입장으로부터 영향을 받는다. 치료 현장에서, 이러한 생각은 당연하게 여기는 지식을 다시 숙고해야 한다는 도전과 함께 변화를 촉진하는 치료사 역할에 대한 내담자 측면의 도전에 관한 치료사의 역할에 영향을 미친다. 내담자는 그들이 가지고 오는 문제나 질병에 대해 전문적 관계로 이해하며 치료 장면에 임하고, 치료사는 문제가 해결되거나 질병이 낫기를 기대한다. 내담자보다는 치료사와의 관계에서 문제가 만들어진 그들의 실제 생활에서의 사건을 어떻게 설명하고 묘사할 것인지를 설명하기 시작한다. 이러한 설명과 묘사는 변화를 촉진하고 내담자의 새로운 미래를 계획하게 한다. 치료의 초점은 '실제로 발생하는 일'이라는 명확한 그림을 얻는 게 아니라 내담자 관점에서 자신의 세계에서 '구성하는 의미'를 이해하게 하는 것이다(Gergen, 2009).

사회구성주의 관점에서 보는 문제

'문제'는 문제로 정의되지, 사람과 다르므로 사람을 문제로 보지 않는다. 이는 사회적으로 구성되고 정의된다(McLeod, 1997). 이때 내담자에게 치료를 가져오는 것은 자신의 문제에 대한 이야기이다. 이 이야기는 내담자에게 대안적인 이야기를 보지 못하게 하는 결과를 낳으면서 자주 꽉 막히곤 한다.

White의 연구는 치료에서 문제와 그에 관련된 내담자와 가족의 역할에 대한 이해를 위해 사회구성주의 사고를 적용하였다는 점에서 중요하다(White and Epston, 1990). White는 가족들이 치료를 통해 문제가 자신의 생활을 어떻게 장악하는지 이야기하며 인식함으로써 '문제로 가득 찬(problem saturated)' 이야기라는 용어를 만들었다. 그것은 '마치 ~인 것처럼'의 대처, 가족이나 내담자의 건강하고 긍정적인 측면을 통해 문제를 생각하지 않는 것이다. White는 '문제로 가득 찬 이야기'가 가족을 억압하고 능력을 발휘하지 못하게 한다고 제안했다. 그는 결정적으로 문제는 단지 문제일 뿐이라고 정의하며 문제와 사람을 구별했다. 이것은 그가 '외현화(externalisation)'라고 불리는 특별한 기술을 발달시켰다. 치료사는 이 기술을 사용하여 문제와 '한술 더 뜨게 하는' 가족의 문제를 외현화하여 특징을 형성함으로써 아동을 돕는다(White and Epston, 1990). 이러한 발달은 Foucault를 통해 주장된 주제 중 몇몇을 다루는 데 중요한 핵심이다. 외현화와 이야기 활동은 억압적이지 않고 비난하지 않으면서 가족의 이야기를 다시 쓰도록 하는 것이다. White와 Epston(1990)은 치료가 재저작(re-authoring)하는 과정이며 내담자가 아직 이야기되지 않았지만 그들에게 더 유용한 이야기를 재발견하도록 돕는 것이라고 했다.

Cattanach(1997)는 이야기에 대한 아이디어를 놀이치료 모델에 적용했다. 이야기 놀이치료에서 아이들은 놀이를 통해 이야기를 창작하고 은유를 통해 자신의 경험을 안전하게 다시 이야기한다. 놀이치료사의 역할은 이야기의 특징이나 표현을 촉진하기 위해 적절한 질문을 하는 협력 작가이다. 가족치료에서 치료사는 가족에게 도움이 될 새로운 이야기를 찾는 과정에서 은유를 조금 덜 사용하는 편이다(즉, 가족치료사는 내담자에게 일어났던 일을 문자로 표현하는 범위 내에서 작업하는 반면, 놀이치료사는 아이들과의 치료적 거리를 두면서 가상의 이야기를 만들 수 있도록 허용한다). 이러한 방법은 학대 장면에서 아동과의 작업에 특별히 유용하다. 이런 아이들에게 치료는 즐거울 수 있고 아이는 기지를 발휘하며 놀이를 즐길 수 있다. 아이는 종종 자신을 피해자로 느끼게 하거나 낙인 찍힌 듯한 기분을 느끼게 만드는 학대에 관해서 반드시 얘기하지 않아도 된다.

사회구성주의 관점에서 보는 자기

사회구성주의자들은 지식이 사회적으로 구성되었다고 가정하면서 자신과 타인에 대한 이해방식이 존재한다고 본다. 그들은 '과학적 지식'을 포함하는 모든 지식은 '관점에 따른' 것이라고 가정한다(Smith, 1997). Gergen은 사람들이 관점에 따른 지식 내에서 "공동체의 특별한 해석"을 바탕으로 해석하고 결론을 내린다고 말한다(1991, p. 104). 치료에서 주의를 기울이는 것은 상호주관주의와 치료적 호기심에 주안점을 두고 그 사람의 사회적 세계에 초점을 두는 것이다. 이야기를 지향하는 치료사는 인간의 행동이 문화적으로 다양한 의미에 이끌려서 끊임없이 스스로에 대해 구성하는 이야기를 만든다고 가정한다(Smith, 1997).

'자기(self)'관점에서 구성주의자들은 다른 이론과 구별된 입장을 취한다. '자기'를 독립체로 이해하는 것이 아니라 사회구성주의로 이해해야 한다. '인간'은 의도된 행동을 하느라 능동적인 행위자로 정의되며, 다른 사람과 상호 관계적 맥락에서 구성된 관계적 존재이다(Macmurray, 1961). 인간은 문화나 사회적 배경 그리고 다른 사람과의 관계 속에 위치한다. 이야기는 우리 자신과 우리의 관계를 표현할 수 있을 때 의미를 지닌다. Spence는 "나의 자아 인식의 일부는 박자를 맞추어 앞으로 그리고 뒤로 움직일 수 있는 능력에 의지하며 내가 누구이며, 어떻게 그 방법을 사용하고, 어디로 가는지에 대한 이야기, 연속적으로 생각을 키우고 자신을 지탱하는 이야기를 만든다. 나는 나로부터 빠져나와 덜 힘들다."고 했다(1982; McLeod, 1997, p. 458에서 인용).

그러므로 사회구성주의 이론에서 자기(self)는 관계 있는 사람들 사이의 대화를 통해 제한을 받는다. 이 과정에서 사회구성주의 접근은 심리학자 John Schotter(1984)에 따라 관계적 '자기'를 개념화한다. 우리는 다른 사람과의 상호작용을 통해 우리 자신을 구성한다. 예를 들어, 나(AMJ)는 내 직업에 대해 스스로 만족스러워 한다(타고난 재능이 있어서라기보다는 일에 대한 열정을 통해서이다). 최근에 내가 속한 교육 육성기관의 관계자와 대화를 나눈 적이 있다. 내 일과 관련된 이야기를 하면서 내가 좋은 직업에 몸담고 있으며 의미 있는 과제를 수행하고 있다는 이야기로 발전하였다. 이는 나 스스로 유능하다는 인식을 강화시켰다. 내가 일하는 병원 관리자와 내 업무와 병원 업무에 대한 나의 관점 그리고 어떤 변화가 필요한지에 관해 이야기한 적이 있다. 이 생각들은 충분한 경청과 이해를 받았다. 치료사로서 자기 스스로에 대한 인식은 관리자와 그 가족들의 상호작용 그리고 다른 전문가와의 작업을 통해 변화되었다. 일에 대한 불만족스러운 생각으로 지지받지 못하던 과거의 이야기를 나누었다면 내가 누구인지에 대한 생각은 바뀌었을 것이다(나는 내가 끔찍한 교수라고 생각한다). 사회구성주의 심리학자 Romme Harré(1986)는 우리의 감정이 내적 본질이라는 생각에 도전한다. 대신 그는 그들이 관계적으로 행동했고 다른 맥락에서 달랐을 거라고 제안했다. 치료는 자신과 자신의 감정이 현재 만들어지면서 의미를 가지기 때문에 과거 경험은 '억압'시키거나 낙인찍을 필요가 없다.

치료사의 자세(역할)

치료사의 역할은 '알 수 없는 것'을 수용하면서도 호기심이 있는 자세를 유지하는 것이다. 치료사는 내담자와의 첫 대면에서 대화가 어떻게 진행될 것인지에 대해 어떤 예상도 하지 않는다. 대신 내담자와 나누는 대화가 어디로 흘러갈 것인지를 지켜보는 데 개방적인 태도를 취한다. 대화를 멈추게 하거나 치료적 혹은 임상적 가설에 기반한 질문은 자제한다. 내담자가 가져오는 이야기의 의미와 이해는 서로 간의 대화 속에서 그 두 사람에 의해 사회적으로 구성된다(Anderson and Goolishian, 1992). 치료사는 이론적 관점이 아닌 내담자의 관점에서 어려움을 이해하기 시작한다. 치료사는 내담자가 이야기하는 것 이상을 알고자 대화를 나누듯이, 순수한 호기심으로 가득해 의사소통한다. 치료사는 내담자 행동의 의도를 이해하기 위해 질문을 한다. 이러한 방식에서 질문하기는 내담자의 관점을 명확하게 해 주며, 내담자의 의도와 동기를 확인하도록 돕는다. 내담자의 이야기를 심각하게 다룸으로써 치료사는 내담자의 경험과 경험에 대한 그들의 이해에 대한 상호 탐색으로 내담자를 참여시킨다.

따라서 치료사의 과업은 내담자의 관점을 변화시킴으로써 이해를 시도하는 것이다. 배우려는 자세로 호기심을 가지지만 '알 수 없는 것'을 수용하는 가운데 개방적 대화 공간은 내담자에게 새로운 힘과 자유를 포함하는 이야기의 발달 가능성을 증가시킨다. 이러한 개방적 대화 공간 안에서 새로운 의미와 생각은 떠오르고 치료사와 내담자 간의 대화를 통해 공동으로 만들어진다(Anderson and Goolishian, 1992). 치료사의 전문성은 자유로운 대화 공간을 발달시키고 새로운 것이 발생하는 대화를 촉진한다.

치료의 목표

관계적 접근에서 치료사는 과거 외상에 관해 정화를 재경험하도록 하는 것이 아니라 새로운 의미를 창조하거나 공동 저작을 통해 내담자를 돕는다. 이야기는 구성주의 이야기 치료의 중심적 역할을 한다. 치료의 목표는 "작가와 함께 이야기를 대신하는 것"이 아니라 "의미를 창조하고 변화시키는 연속적인 과정에 내담자를 참여시키는 것"이다(Gergen, 1996, p. 215). 치료사는 내담자의 사회적 · 문화적 역사와 그들이 가져오는 이야기 '특유의' 생각을 발달시키는 것을 목적으로 한다. McLeod는 "우리가 적극적 · 관계적 존재로서 우리 자신의 감각을 최고로 표현하는 것은 이야기를 통해서이다."라고 제안한다 (1997, p. 92). 우리는 이야기의 저자이며 치료는 이야기를 재저작하는 기회이다. 이것은 치료자가 이야기를 듣는 청자이고 그나 그녀의 이야기를 청자에게 이야기해 주는 화자로서 상담자와 내담자 사이에 열린 안전한 공간에서 일어난다. 이러한 공간에서 관계는 새로운 혹은 대안적 자아의 공동 구성을 허용하며 발전한다. McLeod(1997)는 이야기 치료의 네 가지 구성요소를 다음과 같이 정의한다.

1. 이야기의 모호성: 치료사는 이야기가 어디를 향해 흘러갈 것인지 대안적 이야기가 나타내는 것은 무엇인지에 대해 알지 못한다.
2. 이야기 치료의 공동 구성: 치료사의 깊이 있는 경청과 질문을 통해 이야기 치료는 공동 구성된다.
3. 이야기는 목적이 있는 활동: 도입, 중간, 결말이라는 이야기 구조는 재저작하는 이야기라는 목적이 있는 활동으로의 참여를 격려한다.
4. 이야기의 문화적 집합체의 존재가 인정되고 발전되는 과정은 치료과정의 일부이다.

이야기에서 치료의 역할을 요약함에 있어 사회구성주의 관점은 내담자가 이야기할 수 있고 이런 이야기들이 가치를 얻고 확인될 수 있도록 공간을 제공하는 것이다. 이야기를 말하는 가운데 내담자는 삶의 이야기를 유지하거나 회복한다. 치료의 역할은 내담자의 파괴적인 이야기를 분석하고 대화와 관계의 맥락 속에서 새롭고 대안적인 이야기를 공동 구성하는 것이다(Dallos, 2006).

따라서 치료의 목표는 공간과 '호기심 많은' 청중을 제공하고 내담자가 살아내는 이야기의 기능을 검토하는 것이다. 이러한 이야기는 내담자의 이해와 신념에 의해 구성되고, 시간의 흐름에 따른 사건, 행동, 경험 그리고 신념을 포함한다. 이야기를 바꾸는 과정에서 내담자 자신과 다른 사람에 대한 경험은 드라마틱하게 달라질 수 있다. 이는 내담자가 자신의 삶의 이야기에 대한 판단과 함께 재편성하도록 이끈다. 내담자는 오래된 이야기로부터 자유를 느낀다. 이것은 종종 정서적 해방감을 수반한다(Dallos, 2006). 이러한 공간에서 내담자는 근본적으로 새롭고 특이한 이야기를 만들 수 있다. 치료적 관계에서 이야기를 관찰하는 가운데 "의미가 생기기 시작하며 행동의 패턴은 합리적이며 바람직해진다."(Gergen, 2009, p. 138) 치료는 내담자가 스스로 참여하는 관계의 망을 탐색할 수 있는 공간을 제공한다.

사회구성주의 치료의 사정과 평가

내담자의 평가는 치료 공간 안에서 그들이 완성하는 이야기의 확인과 분석 과정을 포함한다. 이는 내담자의 이야기가 아닌 내담자의 실제 생활에서 발생하는 것이다. 예를 들어, 학교 교사의 이야기(따돌림의 위협), 행동에 대한 이야기, 혹은 작업하기 어렵고 문제가 되며 접근하기 어려운 가족 이야기를 포함할 수 있다. 치료사는 내담자와의 관계에서 비난과 해로운 이야기를 확인하고 분석할 필요가 있다. 결정적인 것은 치료 목적에 맞게 이야기를 내담자와 공동 구성하는 것이다. 과거에 있었던 치료에 대한 내담자의 경험을 나누거나 관계를 다루는 것은 내담자에게 좀 더 유용한 접근을 가능하게 한다. 치료사는 결과를 지시하지 않는다. 오히려 줄 수 있는 도움으로 존중을 보이는 동의를 한다. 그러나 개인의 작업 맥락은 종종 치료계획을 세워야만 하는 것을 의미한다. 이것은 '둘 모두/그리고(both/and)'에서 '둘 모두'는 존중을 보이는 동의를 말하고, '그리고'는 치료를 규정하는 것을 의미한다. 자신의 생각을 솔직히 나누고 이 과정에 내담자를 포함시키는 것은 참여시키고 연습을 요구하는 접근 방법이다.

사회구성주의 체계의 평가는 해체주의와 '둘 모두/그리고 접근'을 요구한다. 해석적 접근이 다수의 사람들에게 잘 맞는다는 '구체적인 증거'를 요구하지만 사회구성주의자들은 평가의 한 측면으로 본다. 공식화 과정과 같이, 사회구성주의 치료사는 무엇이 유용한지를 평가하는 데 내담자를 포함시키는 듯하다. 치료의 시작과 마지막에 비디오 인터뷰나 간단한 척도(문제가 얼마나 심각한지를 1에서 10점 척도로 알아보는 것)와 같은 창의적 기술이 유용하다. 그 외에 다양한 종류의 측정이 활용된다. 각각의 측정이 이야기를 말하는 것이겠지만 다른 이야기는 사회구성주의 관점의 치료 평가와 동등하게 연결되는 것으로 중요하다.

사회구성주의 접근의 비판

사회구성주의는 다른 접근에 대한 비판을 제시한다. 이 접근에서 사고의 비판과 반영은 지지된다. 그러나 사회구성주의는 사회구성주의 그 자체이며 Lyddon은 다음과 같은 비판적 질문을 받는다고 설명한다.

사회구성주의에 공헌하는 역사적, 문화적 그리고/혹은 사회적 힘은 무엇인가?

만약 힘의 관계가 사회적 상호작용 안에 존재한다면 사회구성주의 안
에 숨겨진 가치와 힘은 무엇인가?

사회구성주의 사고와 부수적인 대안적 관점은 어떤 것인가?

(Lyddon, 1998, p. 218)

Lyddon은 사회구성주의가 "세상 이치라는 특권적 관점(즉, 현실이 사회적으
로 구성된 것이라는 실제 진리)"을 보여 준다고 제안한다(1998, p. 219). Gergen
은 포스트모던과 전통적 관점의 범위 내에서 제안되는 사회구성주의에 관한
일부의 비판은 정보를 평가하거나 '진리'로 보이는 정보를 평가할 경우를 고
려하는 사람에게는 유용하다고 설명한다(Gergen, 2009).

치료와 관련하여 사회구성주의 접근은 몇 가지 측면에서 비판을 받아 왔
다. 첫째, 과정이 무엇을 하는지에 관한 개념적 틀을 마련하기 어렵다는 해체
주의에 관한 것이다. Mason(2005)은 전문지식이 유용한지 그리고 일부 가족
이 전문가를 원하는지에 관한 '알지 못하는 입장'에 관련하여 논했다. 따라서
중요한 것을 중요하지 않은 것과 함께 버리는 것은 도움이 되지 못하며 '알지
못하는' 입장에 대한 일부 사례는 도움이 될 수 없다. Mason은 '관계적 위험
부담(relational risk taking)'이라는 용어를 설명하며 그 자체를 진실로서 제시
하지 않는 방식으로 전문지식을 사용하는 균형 잡힌 접근방식을 지지한다.

이와 관련된 비판은 전문가로서의 내담자에 대한 사회적 구성주의의 개념
에 대한 비판이다. 그리고 치료사가 어쩔 수 없이 전문가의 입장을 취하는 것
이 특권의식과 연관될 수 있다는 것이다. Lyddon은 치료사가 "내담자의 이야
기나 삶의 이야기에서 발견되는 문제 패턴과 주제에 대해 내담자에게 주의를
기울이는"(1998, p. 219) 것으로 전문가를 대신할 수 있는지 의구심을 가지면
서 내담자가 이런 문제들을 어떻게 보는지 도울 수 있고 정체성은 사회적으
로 구성될 수 있다. 문제의 사회적 구성과 내담자가 개인적인 주체로서 그것
과 병렬되는 것 역시 사회구성주의에서 중요하게 고려되어야 하는 것이 필요

하다. 개인과 기관 모두의 역량은 함께 고려되어야 한다. 치료의 역할은 내담자 개인을 지지하고 그들이 자신의 삶을 통제할 수 있는 역량을 통해 효과적으로 변화시키도록 하는 데 있다. 치료사가 정치/사회 변화를 가져오도록 정치적인 활동의 긍정적인 치료 가치를 고려해야만 하는가?(Lyddon, 1998)

이야기 놀이치료도 비판을 받고 있다. Minuchin(1998)은 White가 외현화 과정에 가족을 참여시키지 않음으로써 체계 안에서 개인과 가족을 분리시키는 접근을 비판했다. 이는 이야기 접근이 가족을 배제하기보다는 가족의 저항에 관한 이야기를 어떻게 보강하는지 기록하면서 많은 가족치료사의 반대에 부딪혔다(Hayward, 2003). 다른 이들은 개인의 특권화와 관계를 넘어서는 개인의 이야기의 구성과 관련해 비판적이다(Gergen, 2009).

결론적으로, 사회구성주의 이론과 이야기 치료는 새롭게 개발되고 있는 접근이다. 분명한 정체감을 형성하면서, 이야기의 일부는 현재의 포스트모던 측면과 전통적 측면의 대조적인 그림을 제공한다(Neimeyer, 1998: Lyddon, 1998에서 인용). 이는 전통에 대한 도전으로 보일 수 있다. 이런 포스트모던 접근들에 대한 최근의 글들은 다른 고전적 관점과 함께 고려될 수 있는 많은 관점 중의 하나로 사회구성주의 관점을 중간 위치에 놓도록 제안했다(Gergen, 2009).

결론

이 장은 사회구성주의와 이야기 치료의 주요 개념과 실제를 다루었다. 자기의 개념과 문제, 치료에서의 이야기가 갖는 역할, 그리고 내담자 관점에서 이야기를 하도록 촉진하는 치료사의 자세에 대해 논의했다. 삶의 이야기와 줄거리들이 좀 더 만족스러워지는 공동 구성의 과정 변화가 제시되었다. 다음 장에서는 Ann Cattanach로부터 발전되어 시행되고 있는 놀이치료의 한 종류로서의 이야기 놀이치료에 대해 설명할 것이다. 이야기 놀이치료에 대한 사

고와 실제는 최근 각광을 받고 있으며 사회구성주의와 이야기 치료의 이론이
발달하고 있다.

📖 참고문헌

Anderson, H. and Goolishian, H. (1992). 'The Client is the Expert: A Not-knowing Approach to Therapy.' In S. McNamee and K. J. Gergen (Eds.) *Therapy as Social Construction*. London: SAGE Publications.

Cattanach, A. (1997). *Children's Stories in Play Therapy*. London: Jessica Kingsley Publishers.

Dallos, R. (2006). *Attachment Narrative Therapy: Integrating Narrative, Systemic and Attachment Therapies*. Buckingham: Open University Press.

Descartes, R. (1983). *Principles of Philosophy,* trans. V. R. Miller and R. P. Miller. Dordrecht: D. Reidel.

Foucault, M. (1975). *The Archaeology of Knowledge*. London: Tavistock.

Gergen, K. J. (1991). *The Saturated Self: Dilemmas of Identity in a Contemporary Life*. New York: Basic Books.

Gergen, K. J. (1992). 'Beyond Narrative in the Negotiation of Therapeutic Meaning.' In S. McNamee and K. J. Gergen (Eds.) *Therapy as a Social Construction*. London: SAGE Publications.

Gergen, K. J. (1996). 'Beyond Life Narratives in the Therapeutic Encounter.' In J. E. Birren, G. M. Keyton, J. -K. Ruth, J. J. F. Schroots and T. Svensson (Eds.) *Aging and Biography: Explorations in Adult Development*. New York: Springer.

Gergen, K. J. (2009). *An Invitation to Social Construction,* 2nd edn. London: SAGE Publications.

Gramsci, A. (1971). *Selections from the Prison Notebooks*. In Q. Hoare and G. Norwell Smith (Eds.) New York: International Publishers.

Harré, R. (1986). 'An Outline of the Social Constructionist Viewpoint.' In R. Harré

(Ed.) *The Social Construction of Emotions*. Oxford: Blackwell.

Hayward, M. (2003). 'Critiques of narrative therapy: A personal response.' *Australian and New Zealand Journals of Family Therapy, 24,* 4, 183-189.

Hoffman, L. (1992). 'A Reflexive Stance for Family Therapy.' In S. McNamee and K. J. Gergen (Eds.) *Therapy as a Social Construction*. London: SAGE Publications.

Jungk, R. (1958). *Brighter than a Thousand Suns: A Personal History of the Atomic Scientists*. New York: Houghton Mifflin Harcourt.

Kuhn, T. S. (1962). *The Structure of Scientific Revolutions*. Chicago, IL: University of Chicago Press.

Lyddon, W. J. (1998). 'Social construction in counselling psychology: A comment and critique.' *Counselling Psychology Quarterly, 11,* 2, 215-223.

Macmurray, J. (1961). *Persons in Relation*. London: Faber.

Mason, B. (2005). 'Relational risk-taking and the training of supervisors.' *Journal of Family Therapy, 27,* 3, 298-301.

McLeod, J. (1997). *Narrative and Psychotherapy*. London: SAGE Publications.

Minuchin, S. (1998). 'Where is the family in family therapy.' *Journal of Marital and Family Therapy, 24,* 397-403.

Neimeyer, R. A. (1998). 'Social constructionism in the counselling context.' *Counselling Psychology Quarterly, 11,* 2, 135-149.

Popper, K. (1959). *The Logic of Scientific Method*. London: Routledge.

Schotter, J. (1984). *Social Accountability and Selfhood*. London: Blackwell.

Smith, C. (1997). 'Comparing Traditional Therapies with Narrative Approaches.' In C. Smith and D. Nylund (Eds.) *Narrative Therapies with Children and Adolescents*. New York: Guilford Press.

Van Foerster, H. (1981). *Observing Systems*. Seaside, CA: Intersystems Publications.

White, M. and Epston, D. (1990). *Narrative Means to Therapeutic Ends*. New York: Norton.

Young, J. (1971). *The Drug Takers: The Social Meaning of Drug Use*. London: McGibbon and Kee.

제2장

이야기 놀이치료 이론

Aideen Taylor de Faoite

개관

이야기 놀이치료는 최근 20년간 지속적으로 발전해 온 것으로, 여기서는 그 역사적 배경에 대해 다루고자 한다. 주된 기여자들을 밝히고 그들의 저서에 나타난 이론의 발달을 살펴보는 것이다. 신경 발달, 자극이 충분한 환경, 관계의 중요성, 스트레스의 영향에 대한 우리의 이해에 기여한 뇌 발달 연구가 고려될 것이다. 이 장은 이야기 놀이치료의 최근 개념들, 자기(self)의 발달과 이를 지지하는 변화 속에서 놀이와 이야기의 역할, 이야기 놀이치료에서 치료사의 역할을 논의하는 것으로 맺으려 한다.

역사적 관점

이야기 놀이치료는 놀이치료와 창의적 예술치료(creative arts therapies)에 그 뿌리를 둔다. 1990년 초 영국의 놀이치료 전문가 심화훈련에서 Ann Cattanach와 동료인 Sue Jennings 그리고 Brenda Meldrum의 공동논문에서 그 기원을 찾을 수 있다. 그들은 모두 연극치료사였으며, 드라마와 연극놀이는 이야기 놀이치료의 발달 전반에서 중요한 역할을 한다.

Cattanach는 놀이치료에 대한 자신의 저서에서 '새로운 놀이치료 모델'을 제안했고, 그 모델을 지지하는 네 가지 핵심 가설을 제안했다.

1. 아동이 세계를 이해하는 방법으로서 놀이의 중요성
2. 놀이는 발달적 과정이다. 치료에서 아동은 개별화와 분리를 발견하는 방법으로서 놀이의 발달적 연속선을 따라 움직인다.
3. 놀이는 대개 '현실' 세계의 선택 결과들과는 차이가 있는 가상의 선택을 시험해 보는 상징적인 과정이다.
4. 놀이치료에서의 놀이는 치료 공간에서 발생한다. 이 공간은 '나'인 것과 '내가 아닌' 것으로 정의된다. 이 공간은 창조적인 삶이 시작되며, 예술의 심리학적 중요성을 경험하는 장이다.

(Cattanach, 1992, p. 41)

초기 저서에서는 놀이치료사의 역할에 대해 다음과 같이 정의하였다.

- 아동이 놀이와 놀잇감을 사용해서 효과적으로 자신을 표현할 수 있도록 돕기
- 아동의 안내에 따라 아동과 놀이하기
- 청중의 역할로 공감적인 경청자가 되기
- 아동을 위해, 아동이 놀이에서 제공하는 이야기나 설명들을 기록하기
- 가치 있다고 느낄 수 있도록 아동의 이야기에 의미와 중요성을 부여하기

(Cattanach, 1992, p. 69)

- 아동의 여정이 진행되는 동안 지지받을 수 있도록 그 과정을 촉진하고 보듬어 주기
- 안전을 위한 경계와 규칙을 제공하기

(Cattanach, 1992, p. 71)

초기 저서에서, 치료사와 아동의 관계의 중요성이 강조되었다. 놀이에서 아동이 만드는 이야기의 중요성을 강조하고, 자기의 발달을 지지해 주는 놀이에 대한 아동의 이야기의 설명은 초기 저서들에 명백히 나타나 있다.

새로운 놀이치료 모델의 기초는 연극치료와 다른 창의적 예술치료들에 기반을 둔다. 이는 놀이의 상징적이고 가상적인 특성, 관계 발달상 배우/감독으로서의 아동 역할과 배우/관찰자로서의 치료사 역할에 대해 명백하게 강조하고 있다. 자아감 발달에서의 창의력과 상상력의 역할, 아동의 창조 또는 상상을 기록하는 것의 가치 또한 명시하고 있다.

이러한 핵심개념들은 이야기 놀이치료가 발전함에 따라 확장되고 추가되었으나 놀이는 여전히 가장 중요한 과정이다. 이야기 놀이치료의 치료사들은 아동의 안내에 따라 놀이에 참여한다. 이는 아동의 세계를 존중하고, 아동을 가치 있게 여기고 존중하려는 목적에서 그 세계에 들어간다는 것으로 이해된다. 우리는 아동과의 놀이를 통해 아동이 가진 감정과 생각이 무엇인지, 그들의 관점이 어떠한지를 배우게 된다(Cattanach, 2008).

놀이의 발달적 특성과 아동이 놀이의 발달적 연속선상을 따라 움직일 기회를 가지는 것에 대한 필요는 Sue Jennings의 연구와 EPR(embodiment, projection and role, 체현, 투사, 역할)이라는 극적 발달단계에 대한 그녀의 개념에 영향을 받았다. 이는 이야기 놀이치료에서 선택된 도구들뿐 아니라, 아동이 선택하거나 혹은 놀이하도록 이끌리는 발달적 놀이단계에 대한 치료사의 이해 모두에 영향을 주었다.

상상과 가상놀이는 '마치 ~인 것처럼'의 발달을 허용한다. 아동은 자신이 단지 상상하고 있으며, 현실 세계의 결과가 놀이에 반영되지 않는다는 것을 알면서, 안정감을 갖고 친숙한 세상과 친숙하지 않은 세상을 시험해 볼 수 있다. 이야기 놀이치료는 문제가 표출되는 과정으로서 이를 이해하기 위해 발전되어 왔다. 또한 놀이는 아동에게 이 같은 결말이 가져오는 결과를 경험하지 않고, 대안적인 결말을 고려해 볼 수 있도록 한다. 결국 이야기 치료에서도 유사한 과정이 반영되는데, 내담자는 자신만의 특별한 결론에 도달하도록 지지받는다.

치료사와 아동 두 사람이 놀이를 하고 양자 간 관계가 발전되는 공간으로의 치료 공간에 대한 개념은 이야기가 창조되는 화자와 청자 간의 공간을 포함하여 발달되었다. 이 공간은 이야기가 청자와 화자 간 공유되는 의미의 절충 구조를 제공하고, 경험을 담을 수 있는 컨테이너로서 기능한다(Cattanach, 1997).

이는 이야기 놀이치료 구성에 '새로운 모델'로 추가된 요소들, 즉 자기의 심리 기능으로서 이야기의 개념화, 이야기와 놀이에서의 발달 연구, 공유되는 의미를 공동 구성하기 위한 이야기의 활용에 대해 소개하는 것이다(Cattanach, 1997, 1999). Bruner의 이야기 연구는 우리의 경험을 조직하기 위해 어떻게 이야기를 만드는지, 이러한 경험들이 어떻게 우리의 기억과 일어난 경험들, 미래에 발생할 영향들을 안내하며 이야기화되는지와 같은 이야기의 역할에 대한 이해를 높여 주었다(Bruner, 1990, 1991; Bruner and Luciarello, 1989; Cattanach, 1997). 이야기 놀이치료에서 소통되는 이야기들은 자아정체감, 의도성, 주관성을 포함한다. 이야기는 그때 그 순간 아동이 '누구인지(who)'와 자신의 놀이에서 아동이 선택한 이야기가 무엇인지(what stories)를 표현해 준다. 이야기는 시작과 중간, 끝으로 구성되어 질서, 연속성, 안정감을 제공할 수 있는 발판을 마련하면서, 치료 공간에서 치료사에 의해 지지되고 함께 만들어진다. 이야기 구조는 아동이 이야기에서 일어난 무언가에 대해 인과적 설명을 하면서 문제를 해결할 수 있도록 돕는다. 공동 구성은 보다 큰 맥락 내에 이야기를 배치시키도록 도와주며, 이를 통해 아동은 보다 넓은 관점을 얻게 된다. 또한 이러한 폭넓은 관점은 대안적 결론을 고려하는 것과 이야기를 말하기를 반복하면서 혼동이 명료화됨으로써 촉진될 수 있다(McLeod, 1997). Bruner(1991)는 현실성을 구성하는 마음의 도구로서, 이야기의 네 가지 주요 요소들을 확인했다. 이것은 이야기가 연속적이고(sequential), 주관성(subjectivity)과 불확실성(ambiguity)을 전달하며, 일상과는 거리가 멀다는 것이다. 놀이와 이야기 발달 연구들은 이야기가 타인과의 관계 가운데 놀이를 통해 발생된다고 말한다(Engel, 2005; Nicolopoulou, 2005; Trevarthen, 1995). 자기를 분리되고 억제된 개체로 보는 전통적 개념에서는 자기가 객관적인 독립체가 아니라 상호 주관적이라는 개념에 도전하지만, 사회구성주의는 자기를 이야기 놀이치료의 모델에 포함할 것을 제안한다(Cattanach, 1997).

결론적으로, 이야기 놀이치료는 연극치료와 다른 예술치료에 의해 영향을 받은 놀이치료 모델에 그 기원을 두고 있다. 이 치료는 아동에 대한 놀이의 중요성과 아동의 놀이 세계에 들어가고 그들의 이야기 내용을 기록함으로써 아동을 가치 있게 여기는 것에 대한 중요성에 초점을 둔다. 이는 시간이 지나면서 사회구성주의, 이야기 치료, 이야기와 놀이에 대한 발달 연구에서 발달된 이론적 맥락 내에서 이해되고 발전되었다. 이야기는 아동의 놀이 속에서 만들어지고, 치료과정의 핵심요소와 변화를 위한 힘을 유지하면서 치료사와 함께 만들어 간다.

신경발달과 이야기 놀이치료

뇌 연구와 뇌 영상 촬영을 가능하게 한 기술의 발전은 아동의 발달과 성장 그리고 뇌 구조에 대한 초기 경험의 영향에 대한 우리의 이해에 새로운 문을 열어 주었다. 이는 발달에서 경험의 역할과 우리가 어떻게 개입해야 하는지를 이해하는 데 적용될 수 있다.

두뇌

하등, 중등, 고등 뇌는 시간에 흐름에 따라 각기 다른 기능으로 진화했는데, 각각은 이전 단계를 기초로 발달하므로 뇌 구조의 위계적 발달이라고 할 수 있다. 뇌의 세 부분은 파충류 뇌(reptilian brain; 뇌간과 척수), 포유류 뇌(mammalian brain; 변연계)와 인간 뇌(human brain; 전두엽과 신피질)이다

(Sunderland, 2006).

파충류 뇌 또는 원시의 뇌는 온전히 본능적이고, 생존과 생명 유지를 위해 요구되는 신체 기능들을 조절한다. 여기에는 배고픔, 소화와 배설, 호흡, 순환, 체온, 운동, 균형과 자세, 영역 본능, 투쟁, 도피 또는 동결 본능이 포함된다.

포유류 뇌 또는 감정의 뇌는 보살핌을 주고받는 것, 놀이하기, 유대감 형성과 같은 사회적 행동을 조절한다. 이는 파충류 뇌로부터 발생한 강한 감정들을 조절한다. 또한 하등 뇌에서 발생한 투쟁, 도피 또는 동결 본능을 조절하도록 돕는다. 이를 조절하도록 돕는 감정들은 분노, 공포, 분리, 고통, 돌봄과 양육, 사회적 유대, 놀이, 탐색 행동, 성욕을 포함한다.

인간 뇌 또는 이성의 뇌는 창조, 상상, 문제 해결, 추론, 회상, 자기 인식, 친절, 공감, 관심을 포함하는 고차원적 기능들을 조절한다(Sunderland, 2006).

뇌 연구와 아동 발달

『Rethinking the Brain』(1997)에서 Shore는 아동 발달의 정보를 제공해 주고 생각을 변화시킨 다섯 가지 새로운 연구 영역들을 다음과 같이 정의하였다.

1. 지난 40여 년간 뇌 연구는 본성과 양육 간 상호작용에 대한 우리의 이해에 변화를 이끌어 왔다. 연구결과들은 자극을 주는 환경이 뇌의 다양한 시냅스 연결을 증가시킨다고 말한다. 이 논쟁에 대한 견해에서 또 다른 변화는 다음과 같다.

- 뇌 발달은 우리가 가진 경험과 태어날 때 지닌 유전자 간 복잡한 상호작용에 달려 있다.
- 초기 경험은 뇌의 구조를 구축한다.
- 초기 경험은 뇌가 발달하는 방식에 직접적으로 영향을 미친다.

● 뇌 발달은 비선형적이고, 생애 동안 다른 종류의 지식, 기술 발달을 위한
결정적 시기(민감기)가 있다.

(Shore, 1997, p. 18)

환경과 그 환경에 속한 사람과 아동의 상호작용은 뇌가 '연결'되는 방식에
영향을 미친다. 일관적이고 예측 가능하며 양육적이고 풍부한 경험을 가진 아
동은 신경생물학적으로 행복하고 생산적이며 창의적인 인간으로서 성장할
수 있다(Perry, 2009). 아동이 안전성, 사랑, 안정된 돌봄을 경험할 때, 뇌에 우
세한 신경물질은 옥시토신(oxytocin)과 오피오이드(opioid)이다. 이 물질들은
아동이 안전하고 진정되며 포근하다고 느끼도록 만든다. 아동이 이렇게 느낄
때, 경험들을 보다 즐길 수 있고 그 순간에 머물거나 떠나보낼 수 있는 능력을
발달시킨다(Sunderland, 2006).

아동이 환경적 경험 또는 성인과의 상호작용의 결과로 두려움과 분노를
느낀다면, 오피오이드와 옥시토신 수준은 감소하고 코르티솔(cortisol) 수준
이 증가한다. 에피네프린(epinephrine)과 노르에피네프린(norephinephrine)
수준 또한 스트레스에 따라 증가한다(Perry and Hambrick, 2008; Sunderland,
2006). 이러한 높은 신경물질 수준은 아동이 위협받고 안전하지 않으며 압도
당하고 있고 두렵고 비참하다고 느끼게 할 수 있다. 또한 아동이 계속해서 불
안하거나 화가 나 있어 신체를 도피 또는 투쟁 상태에 있게 한다(Sunderland,
2006). Perry는 외상을 유발하는 스트레스와 그와 연관된 코르티솔 방출이 그
상황에 반응하도록 하기 위해 뇌간을 과잉 사용함으로써, 아동의 스트레스 반
응은 시간이 지남에 따라 과민하고 과잉적이며, 역기능적일 수 있음을 밝혔다
(Perry and Hambrick, 2008).

2. 초기 양육은 인간이 자신의 감정을 조절하는 능력의 학습과 발달에 결정
    적이고 장기적인 영향을 미친다(Shore, 1997, p. x). 풍요로운 환경과 양
    육적이고 반응적인 성인의 상호작용은 뇌 발달에 도움을 준다. 아동의

감정에 대한 양육자의 반응은 아동이 자신의 감정을 조절하도록 돕는다. 이는 뇌간의 생존 기능, 중뇌의 감정 조절과 통제, 궁극적으로 상층 뇌의 고기능 통제를 가능하도록 돕는다. 풍요로운 환경과 놀이(신체 놀이를 포함)는 전두엽과 신피질의 신경망 발달을 돕는다. 탐색 놀이와 상상 놀이는 인간 뇌의 시냅스 연결과 신경망의 발달을 도우며, 하층 뇌(파충류 뇌)의 '탐색 체계'가 고등 뇌(인간 뇌)와 함께 작동하도록 한다. 풍요로운 환경은 스트레스 신경물질을 줄이고, 인간이 스트레스 상황을 보다 잘 다루도록 한다(Sunderland, 2006, p. 96). 뇌의 감정 조절 영역은 신체적인 상호 놀이에 의해 자극을 받고, 이는 아동이 감정을 보다 잘 처리할 수 있도록 돕는다(p. 104). 놀이와 풍요로운 환경은 뇌에게 선천적인 스트레스 감소 요인으로 작용한다. 뇌 연구는 "따뜻하고 반응적인 관계는 아동의 긍정적인 발달의 핵심"이라는 사실을 알려 주고 있다(Shore, 1997, p. xiii).

3. 인간 뇌는 놀라운 변화 능력을 지니고 있다. 아동은 생애 첫 단계에 상당한 밀도의 시냅스 양을 유지하면서, 성인보다 훨씬 많은 시냅스 연결을 한다. 뇌의 시냅스 연결에서 '사용하지 않으면 퇴화하는' 원칙이 관찰된다. 반복적인 활동은 신경망에서 신호의 강도를 높인다. 일정 활동 수준에 도달한 이상, 그것은 제거되지 않을 것이다. 이러한 방식으로 반복된 긍정적 또는 부정적 경험들은 뇌 구조를 갖춰 간다. 스트레스와 관련된 코르티솔 수준의 상승은 뉴런을 파괴하고 시냅스의 수를 감소시킨다(Shore, 1997).

4. 부정적 경험이나 적절한 자극의 부재가 뇌 발달에 보다 많은 영향을 미치는 시기가 있다. 영아가 성장할 때 엄마가 심각한 우울을 경험한다면 영아는 보다 심각한 위험에 놓이게 된다(Shore, 1997). 생애 초기에 반복해서 경험되는 외상 사건들은 미래에 아동을 취약한 상태에 놓이게 한다

(Perry, 2009).

5. 예방과 초기 개입에 대한 이해와 효과성이 밝혀지고 있다. Perry는 그의 치료법인 신경연속성 모델(Neurosequential Model of Therapeutics)에서 '임상에서 보다 발달적으로 민감한, 신경생물학 기반 접근'을 제안하였다. 그는 아동의 다양한 핵심 영역에서의 특정한 발달 욕구를 반영하고, 신경발달의 핵심 원리에 민감한 개입의 순차적 적용을 제안하고 있다 (Perry, 2009, p. 249).

이야기 놀이치료사로서 임상에 임할 때 뇌 발달 연구의 지식은 다음을 이해하는 데 도움을 줄 수 있다.

- 점진적이고 위계적인 본성의 뇌 발달
- 본능적인 반응에서 고차원적인 추론 능력까지의 아동발달을 뒷받침해 주는 양육적이고 따뜻하며 일관적인 관계의 중요성
- 스트레스의 신경생물학적 속성, 스트레스를 감소시키는 놀이의 가치, 자기 인식과 안녕감을 지원하고 발달시키기 위한 즐거운 관계의 가치

이야기 놀이치료

이야기 놀이치료의 기초

이야기 놀이치료는 아동이 그들의 경험을 조리 있는 이야기로 발전시키도록 돕는 놀이와 이야기의 발달적 잠재력을 끌어올리고, 어떻게 그것이 아동에게 영향을 미치는지를 연구하는 것으로 놀이치료의 한 유형이다. 이 치료는 아동이 스스로 놀이하기를 원하는 도구나 놀잇감을 선택하게 하는 아동 주도

적 방식을 사용한다. 놀이에서 아동의 현실과 가상 세계는 공존한다. 현실의 놀잇감을 상상하여 사용할 수도 있고, 가상의 물건들은 현실 세계를 창조하는 데 사용될 수 있다. 이야기가 창조되는 시작점은 아동의 놀이로부터이다. 치료사는 호기심을 많거나 '아직은 모르는' 자세를 취하면서 아동이 탐색하고 놀이하고 창조하며 이야기를 만들 수 있는 개방되고 안전하며 두렵지 않은 공간을 만들도록 촉진한다. 치료사는 숙련된 질문하기, 이야기에 대한 생각과 의견 교환 촉진하기를 통해 이야기의 공동 구성을 격려한다. 아동은 자신의 놀이 안에서 다양한 이야기를 만들며 대안적인 결말을 내리도록 지지받는다. 이는 아동이 인지적, 정서적 유연성을 갖도록 하며, 자신의 실제 세계에서 이를 활용할 수 있고 접근할 수 있게 된다.

놀이와 이야기 놀이치료에서의 이야기의 기능에 대한 근본적인 가설들은 다음과 같이 확인되었다.

- 이야기 놀이치료는 세상을 통제하는 하나의 방식이다. 이야기 놀이치료에서 이야기 말하기와 이야기 놀이는 아동에게 그들의 세계를 통제하는 기회를 제공한다. 아동은 놀이 참여자가 무슨 역할을 할지, 줄거리, 사건, 다가올 장애(방해)들, 이야기 또는 놀이의 결과가 무엇인지 결정할 수 있다. 이것은 가장(pretending)을 통해 일정 거리를 둘 수 있게 하고, 현실의 영향을 받지 않고 시도해 볼 수 있도록 한다.
- 이야기 놀이치료는 아동이 자신의 삶을 이해하고 공감을 발달시킬 수 있도록 한다. 놀이와 이야기에서 사건 구성이 실제일 필요는 없지만 나타나는 주제들은 일상생활의 주제와 유사하다. 아동은 다른 역할들로 놀이하거나 다른 캐릭터들이 어떤지를 상상하면서 타인에 대한 공감 능력을 발달시키기 시작한다.
- 이야기와 이야기 놀이는 치료사와 아동이 협력적으로 공동 구성하는 것이다. 이 공동 구성으로 관계가 발달된다.
- 사회구성주의와 이야기 치료의 이론적 틀은 정체성 발달에 대한 이해를

제공해 준다. 여기에서 정체성 발달이란 우리가 자신에 대해 말하는 이 야기와 타인이 우리에 대해 말하는 이야기에 기초한 것이다.

- 우리가 '살아가는' 인생에 이런 것들을 반드시 가져와야 하는 것은 아님을 알기 때문에 놀이와 이야기 구상에서 이야기를 전환하고 확장하며 변화시키는 방법들을 탐색할 수 있다.
- 이 접근은 아이들이 우리가 사물을 보는 방식에 영향을 미치는 모든 특정 시기와 문화가 있는 생태체계에 산다는 것을 확인한다.
- 이 공동 작업은 관계 맥락 내에서 아동이 주도한다. 아동은 작은 놀잇감으로 놀이를 할지, 그림을 그릴지, 무언가를 만들지를 선택한다. 놀이를 통해 아동은 자신이 무엇을 하고 있는지를 이야기한다. 성인의 역할은 그 이야기에 귀를 기울이고 질문을 하는 것이다. 때로 성인은 아동의 놀이와 일치되는 이야기들을 하기도 한다. 관계는 말하고 듣는 경험을 공유함으로써 깊어진다.

이러한 가설들은 이야기 놀이치료가 새로운 포스트모던 놀이치료 맥락에 있음을 설명한다. 이 틀에서 '자기'와 '문제'의 개념은 사회적으로 구성되는 듯하다.

자기

포스트모던 관점에서 자기는 환경 속의 체계와 타인과의 관계 맥락 속에 사회적으로 구축되는 듯하다. 인간은 자신이 말하기로 선택한 이야기들과 타인이 그들에 대해 말하는 이야기를 통해서 자신의 정체성을 적극적으로 확립해 가는 능동적인 주체라고 볼 수 있다. Cattanach에 따르면, Malone(1997)은 "각 개인의 삶은 대화의 연속으로 이루어진다. 이는 끊임없이 이어지는 상호 대화의 교환이며, 곧 자기는 실제가 된다"라고 설명하였다(Cattanach, 1999, p. 81). 대화는 자기 표현을 위한 상징적인 매개체가 된다. Engel은 아동의 이야기에 대한 자신의 연구에서 "아동이 말하는 모든 이야기는 아동이 볼 수 있고, 언급할 수 있고, 생각하고 변화시킬 수 있는 자기상에 기여한다"라고 하였다. 또한 자기상은 "타인에 의해 이야기를 말하는 그 사람을 이해하는 데 활용"된다(Engel, 1995: Cattanach 2006, p. 83에서 인용). 이야기 놀이치료에서 자기와 정체성은, 아동이 말하기로 선택한 이야기에서 아동은 이야기하는 사람이고 치료사가 공감적인 청중이 되는 아동과 치료사 간의 열린 공간에서 만들어진다. 이야기 구상 과정에서 공동 구성의 특성은 놀이와 이야기 내 상호적 대화와 가능한 자기(possible selves)의 상징적 표상을 지지해 준다.

문제

이야기 놀이치료에서 아동을 치료에 오게 만든 문제 또는 원인은 사회적으로 이해되고 정의된다. 그것은 문화적 관계 속에서 개인적인 상황들이다. 앞에서 논의한 뇌 연구에서 보다시피, 아동의 개별적인 유전자 구성은 발달상의 문제 일부분에 작용할 수 있다. 하지만 이러한 문제들은 아동이 양육되고 경험한 관계를 포함한 환경을 통해 개선되거나 악화될 수 있다. 예를 들어, 네 살인 잭이 다니는 학교 문화에서 기대되는 것은 학생들이 지루할지라도 앉아서 과제를 계속 하는 것이고, 일정 시간 내에 과제를 배우고 완수하는 것이었다. 잭이 이 문화의 요구에 따르지 못할 때, 산만하고 딴생각을 한다고 여겨지며, 부모와 교사들은 주의력 문제를 제기한다. 따라서 그의 행동은 사회적으로 이해되고 문화적으로 정의되었다고 할 수 있다. 포스트모던 관점에서 문제는 만족스러운 환경에서 경험들을 이야기할 만한 기회, 능력 또는 허용의 부족으로 이해된다. 이야기 놀이치료에서 이야기에 포함된 문제가 아동을 치료로 이끈다. 이는 아동이 다른 이야기들과 다른 자원들을 보지 못하게 한다(Cattanach, 2006). 이야기 놀이치료는 문제를 놀이와 이야기에서 표출할 수 있도록 기회를 제공해 준다. 또한 다른 이야기들과 대안적인 결말들을 시도해 볼 수 있는 기회를 제공한다. 이야기와 놀이를 구상하면서, 아동은 자신이 만족할 만한 이야기가 나타날 때까지 가능한 자기를 탐색할 기회를 갖는다.

장면 꾸미기 – 환경

치료에 쓰이는 도구 선별을 고려할 때, 이야기 놀이치료사는 아동의 발달 상 욕구와 발달의 연속선을 따라갈 수 있는 놀이치료 과정에서의 욕구를 고려해야 한다. EPR 발달단계는 놀이치료 환경을 위한 도구를 고려하는 데 유용한 틀이 될 수 있다(Cattanach, 1994; Jennings, 1993). 이러한 틀 안에서 제안하는 표현 도구의 범위는 다양하다. 사례연구는 아이들이 이러한 도구를 어떻게 사용하는지를 설명하는 데 유용하다. 여기서는 치료 공간을 창조하기 위해 고려해야 할 점도 포함한다.

감각적이고 동적인 표현 도구인 진흙, 모래, 글루프(gloop), 클레이, 플레이 도우, 핑거 페인트 등을 포함할 수 있다. 담요와 천 조각들은 아늑한 분위기와 둘러싸인 공간을 만들 수 있도록 해 준다. 또한 아동은 그것을 몸에 감거나 그 위에서 그네를 탈 수 있다. 큰 라이크라 조각은 두 가지 모두를 하기에 유용하다. 부드러운 대리석(구슬), 가보석, 스펀지와 붓은 감각적이고 동적인 표현을 위한 도구로 추가된다. 조(Joe)가 처음 놀이치료에 왔을 때는 다섯 살이었다. 그는 신생아 때 위탁가정에서 자랐고, 친모와 정기적인 만남을 가졌다. 하지만 한 살 때 6주간 위탁부모와 분리되어 친부모와 함께 있었다. 그 이후 현재 함께 살고 있는 또 다른 위탁부모에게 위탁되어 돌봄을 받게 되었다. 놀이치료를 시작했을 때, 그는 바닥에 모든 것이 텅 빈 혼돈상태를 꾸몄다. 조가 텐트 안에서 놀이를 할 때 치료사는 그에게 감각 도구들을 제공함으로써 놀이치료 회기에 적응할 수 있도록 촉진하였다. 그는 놀이치료실에 이불이 있음을 보고 그게 왜 거기에 있는지 의아해 했다. 치료사는 몇몇 아이들이 그것을 몸에 감거나 그것으로 그네 타는 것을 좋아한다고 알려 주었다. 조는 그것으로 몸을 감고 부드럽게 앞뒤로 흔들어 달라고 요구했다. 치료사는 안전한 아기에 대한 이야기를 들려주었고, 몸을 감싸며 다양한 자장가를 불러 주었다. 이 감각적이고 동적인 표현의 놀이는 6회기 동안 나타났으며, 그의 발달적 욕구의 반영이었다. 조는 그 후 방 안의 다른 놀잇감을 탐색하며 놀이할 준비가 되었다.

미술 재료, 찰흙, 작은 피규어, 구조물들과 야생동물, 애완동물, 원시적이고 신화적인 동물들도 아동이 투사적 놀이를 하도록 지지해 줄 수 있는 놀이치료 도구이며 놀잇감이다. 때때로 아동은 다양한 캐릭터로 이야기를 만들고 제공된 다른 재료로 장면을 꾸미며 놀이를 선택한다. 모래 위에 장면을 만들기 위해 미니어처(모형)들도 사용한다. 미술 재료들은 그림을 그리고 이야기를 만드는 데 사용된다. 놀이치료를 시작할 당시에 데이비드는 세 살이었다. 그의 부모는 계속되는 가정폭력 문제로 별거하였다. 데이비드는 처음 놀이실에 들어오면서 동물 상자에 관심을 보였다. 그는 여러 회기를 두 마리의 큰 동물과 두세 마리의 작은 동물들로 구성된 동물 가족을 찾으면서 상자 안에 동물들을 탐색하는 데 보냈다. 각각의 집단을 다른 바닥타일에 올려놓고, 동물인형의 머리를 움직여 마치 풀을 뜯고 있는 것처럼 머리를 숙여 놓았다. 회기 중에 데이비드는 더 많은 대상을 바닥에 추가하면서, '마치' 동물 가족이 살고 있는 환경처럼 꾸몄다. 계속 유사한 동물들을 함께 모아 놓기는 했지만, 각 집단에 두 개의 큰 동물이 필요하다는 욕구는 시간이 지나면서 사라지게 되었다.

역할놀이와 극놀이에는 전화기, 마이크, 모자, 안경, 신발 등과 같은 소도구가 보조로 사용된다. 주사기, 호흡기, 고무 칼, 집 모형, 손이나 손가락 인형과 같은 도구를 사용할 수도 있다. 역할놀이의 경우 아동은 연기자나 감독의 역할을 맡는 반면, 치료사는 아동의 안내를 따라가는 연기자의 역할을 한다. 아이들은 집에 있는 가구 등을 사용하여 사건이 일어나는 공간을 꾸민다. 제시카가 역할놀이를 시작하고 극놀이 도구를 처음으로 사용했을 당시에는 여섯 살이었다. 그녀는 해외에서 입양되었기 때문에, 18개월까지의 과거를 알 수 없었다. 그녀는 양모와의 안정애착 형성의 어려움으로 놀이치료에 의뢰되었고, 가족은 제시카의 행동을 통제하기가 어려웠다. 제시카는 몇 회기의 놀이치료가 진행되면서 의사 가방을 찾고는 그 안의 놀잇감에 호기심을 보이기 시작했다. 제시카는 각 놀잇감의 기능들을 탐색하면서 의사 놀이를 해도 되는지 물었다. 그녀는 놀이치료사에게 의사 역할을 지시하고, 자신은 환자가 되었다. 그녀는 방에 있는 소파를 병실 침대로 사용하면서 늘 "그냥 기분이 안 좋아요."라며 그녀의 불안을 표현하며 도움을 필요로 하였고, 의사는 많은 양의 보고서를 가져와 환자가 무엇이 잘못되었는지를 말해 주는 탐정 같은 역할을 하였다. 고통은 다른 곳으로 옮겨가고 잠시 완화되는 듯하였다. 치료사가 그녀에게 환자 역할을 하고 싶은지 물으면 그녀는 단지 알약이나 붕대로 고칠 수 있는 '간단한' 문제를 지닌 환자를 하겠다고 했다. 제시카는 환자로 역할을 바꾸자는 이야기를 하기 전 아주 짧은 시간 동안 의사가 되는 것을 경험했다.

이야기 놀이치료는 많은 맥락과 환경들에서 시행된다. 일부 치료사들은 장난감과 도구들, 허용 가능한 모래와 물, 신체 놀이와 극을 위한 넓은 공간이 있는 놀이실을 갖추고 있다. 다른 치료사들은 침실, 거실 혹은 교장실 등의 제한되고 협소한 공간에서 아동이 탐색하고 놀이하며 작업할 수 있는 수용적 환경을 위한 이동 가능한 수단을 제공하기도 한다. Cattanach(1992, 1994)는 치료사와 아동의 놀이를 위한 공간을 위해 놀이 매트 사용을 제안하였다. 이 매트는 치료를 시작할 때 펼치고, 놀이 상황에 담겨진 주제, 놀이, 이야기에 따라 회기가 끝날 때 치울 수 있다. 또한 놀이 공간과 '놀이하지 않는' 공간의 경계를 표시할 수 있다(Cattanach, 1999). 가상 놀이를 위해 이 두 공간을 만드는 것은 중요하다. 이는 놀이치료 개입이 제공해 주는 '나'와 '나 아닌' 극적 거리를 제공한다. 이는 상상의 이야기, 장소, 사람들, 사건들을 놀이할 수 있는 창조된 특별한 '가상' 놀이를 가능하게 한다. 이 '놀이하지 않는' 공간은 요청할 경우 방문할 수 있는 경계와 공유된 정보와 규칙들을 제공하고, 놀이공간을 일관되게 유지시켜 준다. 두 공간의 개념은 놀이에 몰입하는 데 있어 규칙과 경계를 지키기 어려운 아이들에게 유용함이 입증되었다. 놀이치료 환경을 만들기 위한 이동 가능한 테두리로, 크기가 큰 푸른색 방수 매트는 놀이치료 공간의 경계를 설정하는 데 활용된다. 앞에서 논의했듯이 광범위한 재료도 아동을 위해 활용될 수 있다.

나탈리는 일곱 살 때 놀이치료를 시작했다. 그녀는 혼란과 파괴라는 놀이 주제에 몰두하면서 '서로를 다치게 하거나, 장난감을 망가뜨려서는 안 된다.'는 규칙을 따르지 않았다. 혼란은 그녀의 특별한 시간을 침범하는 것으로 보였다. 놀이할 수 있는 공간과 놀이할 수 없는 공간의 개념을 나탈리에게 소개하면서, 그녀는 그 규칙들을 보다 잘 따를 수 있게 되었고, 이 규칙들을 상기시키고자 할 때 놀이할 수 없는 공간으로 옮겼다. 이는 혼란의 부정적 영향력을 줄여 주면서, 그녀가 안전하게 느끼고 놀이와 이야기에서 자신의 경험들을 계속해서 탐색할 수 있도록 도와주었다.

결론적으로, 이 발달적 틀 안에서 제공되는 장난감과 도구들은 탐색과 상징적 표현을 지지하면서 아동이 놀이와 이야기의 연속선상을 따라갈 수 있도록 돕는다. 개방되고 두렵지 않은 놀이 공간은 아동이 주의를 기울이는 성인과 함께 현실 세계와 가상 세계를 탐색할 수 있도록 허용한다. 이야기들은 아동의 놀이에 포함된 생각, 동기, 믿음을 담고 있는 다양한 줄거리, 행동, 인물들로 만들어진다. 이러한 환경의 촉진은 치료사와의 관계에서 창출되는 놀이와 이야기의 발달상의 잠재성을 허용해 준다. 치료사는 아동의 지시에 따라 그들의 가상 놀이 그리고 아동과 공동 구성한 이야기 안에 참여함으로써 아동의 세상에서 그들을 만난다. 이 치료 공간 안에서 치료사와의 관계를 통해 아동은 그들의 가능한 자기를 탐색하고 시험해 보고 정의 내리기 시작한다(Cattanach, 1999).

캐릭터를 만나기: 치료사와 다른 주요 인물의 역할

다른 치료사와 마찬가지로 이야기 놀이치료사의 역할은 아동과 아동의 삶에서 중요한 성인으로 관계 형성을 시작하는 것이다. 치료사와 아동은 놀이를 매개로 관계를 맺는다. 관계를 맺고 놀이를 하는 목적은 표현되는 이야기를 통해 아동의 세계를 이해하는 것이다(Cattanach, 1999). 이러한 관계는 안전하고 두렵지 않은 환경을 만들기 위해 초기에 형성된다. 규칙과 경계는 예

측 가능한 환경을 만들어 아동이 안전하다고 느끼도록 한다. 이야기 놀이치료
사는 호기심은 많지만 '알지 못하는' 자세를 취한다. 그들은 호기심과 궁금증
을 가지고 아동의 세계와 놀이에 들어가고, 아동의 이야기와 놀이가 아동에게
어떤 상징성을 갖는지에 대한 전문적인 해석이나 아동에 대한 선입견을 버린
채, 진정으로 아동과 만난다. 대신에 치료사는 아동의 지시를 따르는 놀이 참
여자나 그들의 이야기를 적는 기록자로 그들의 놀이에 들어간다. 아동의 놀이
와 이야기들은 아동의 이야기, 놀이, 이야기 설명에 대한 아동의 이해와 해석
을 이해하기 위한 적극적인 경청과 질문을 통해 공동 구성된다. 그러면 놀이
와 이야기를 창조하는 안전하고 두려움 없는 탐색을 위한 놀이치료실의 분위
기가 형성된다.

　아동의 부모나 양육자를 만날 경우, 이야기 놀이치료사의 역할은 아동이
문제에 대해 가져온 이야기들과 어떤 도움을 구하는지에 대한 이야기들을 듣
는 것이다. 아동이 그들의 이야기를 탐색할 때 아동을 지지해 주는 생태체계
내 활용 가능한 '충분히 좋은' 돌봄이 있는지를 파악하는 것이 중요하다. 때
로는 환경이 아동이 치료를 진행할 수 있도록 두려움 없는 적절한 지지를 충
분히 제공해 주지 못하는 경우가 있다. 이러한 상황에서는 아동과 치료를 시
작하기 전에 필요한 지원을 확인하여 가족과 체계를 지지하는 것이 치료사의
역할이 된다.

　이야기 놀이치료를 시작하는 경우, 아동은 치료사와 놀이치료 환경을 소개
받는다. 이는 개방되고 두려움 없는 환경을 만드는 과정의 또 다른 주된 요소
이다. 이 첫 만남은 주양육자의 참여하에 이루어질 것이다. 치료사는 아동과
그의 가족에게 일어난 슬프거나 두려운(때로는 심지어 행복한) 일에 대한 아동
의 인식을 공유한다. 아동이 일어난 일에 대한 감정을 해결하는 데 도움이 필
요할 수 있음을 알게 한다. 아동에게 이러한 감정을 해결하기 위해 놀이하고
이야기를 만드는 데 초대될 것임을 설명한다. "우리가 함께 만들 이야기와 놀
이가 너에 대한 것은 아니지만, 나는 틀림없이 네가 경험한 것과 같은 일들이
이야기 속의 사람들에게 일어났다고 확신해."라며 이야기가 아동 자신의 것

일 필요는 없지만 때때로 이야기에서 아동의 경험과 유사한 일들이 일어날 수 있음을 알린다(Cattanach, 1997, p. 36). 아동은 놀이실 안에서 사용 가능한 장난감과 도구들을 소개받는다. 또한 '여기에서(in here)' 그들이 원하는 것을 원하는 방식대로 놀이할 수 있고, 만일 이야기가 있다면 치료사가 그것을 적어 줄 수 있음을 알린다. 이는 이야기 놀이치료의 아동 주도적 특성을 소개해 주는 것이다. 일반적인 규칙과 경계들도 소개된다. 이는 놀이치료의 다른 모델과 유사한 것으로, 놀잇감이 방 안에 있어야 하고 각자와 놀잇감을 존중해 줘야 한다는 것과 만일 아동이 (뚜렷한 이유 없이) 방을 떠나기로 선택했다면 그 회기를 마치는 것을 선택한 것이라는 규칙들을 포함한다. 이야기 놀이치료의 역할과 책임, 규칙과 경계를 설명할 때, 치료사는 아동의 놀이에 들어가는 능력과 그들이 혼란스러움과 감정들을 해결하고 이해하기 위해 돕는 능력에 대해 알려 준다(Cattanach, 1999).

놀이치료 회기가 진행되면서, 이야기 놀이치료사의 역할은 아동의 지시에 따라 아동과 놀이를 하고, 그들이 만드는 이야기를 기록하는 것이다. 치료사는 치료 공간으로 가져오는 이야기에 대해 질문함으로써 아동이 살고 있는 사회적이고 문화적인 세계를 중재한다. 치료사가 하는 질문의 목적은 아동의 관점에서 놀이에서 무엇이 일어나는지에 대해 이해하고, 아동의 놀이와 이야기에서 일어나는 역할과 사건들이 빠르게 전환되도록 지속시키는 것이다. 이는 이야기와 놀이 과정의 공동 구성을 촉진한다. 치료에서 아동과 함께 놀이와 이야기를 만드는 초기에는 흔히 혼란스러움이 있다. 아동과의 놀이에서 치료사는 그 인물의 역할, 행동, 동기, 그가 연기할 사건의 순서를 명확하게 하고자 질문을 사용할 수 있고, 이로 인해 아동의 관점에서 역할놀이를 할 수 있다. 공동 구성한 이야기에서 사건의 순서, 새로운 인물의 소개, 인물의 동기 변화에 대한 설명 등에 관한 질문으로 기초를 형성한다. 그러므로 질문은 혼란을 해결하고 아동이 처음, 중간, 결말로 구성된 일관성 있는 이야기로 발전해 나갈 수 있도록 도움을 준다. 아동과 치료사는 아동이 살고 있는 세상과 일치하는 공유된 의미를 합의한다(Cattanach, 1999). 치료사는 이야기를 듣고,

기록하는 역할을 한다. 아동은 대안적 이야기와 결말에 대해 탐색하고 시험해 보도록 허용된다. Cattanach(2006)는 나쁜 마녀와 나쁜 용에 대한 네 살 메리의 이야기를 하고 있다. 처음 버전에서 마녀는 죽었다. 메리에게 그 죽음이 무엇을 의미하는지를 이야기하며, 그녀는 곧 마녀가 영원히 죽거나, 죽었다 살아나거나, 감옥에 가거나 좋은 마녀가 되는 이야기의 네 가지 추가 결말을 만들었다. 아동은 시간, 공간, 인물, 역할과 같은 이야기의 요소들을 자유롭게 변화할 수 있다. 때때로 회기의 결말은 이야기의 끝과 일치하지는 않지만, 각 장(chapter)의 끝과 일치해서, 몇 주 동안 계속 이야기가 이어질 수 있다. 장(chapter)의 개념으로 이야기를 생각하는 것은 아동에게 회기가 끝날 때는 자신의 놀이나 이야기를 끝맺을 수 있도록 도울 수 있다. 그것은 또한 다음 회기로의 교량 역할을 제공해 주고, 치료사에게 '이야기 지킴이'의 역할을 부여한다. 그 후 아동은 치료사의 도움으로 상기하고, 분리되어 있지만 관계 맥락 속에 있다는 정체감을 얻게 된다.

회기와 회기를 연결할 경우, 치료사는 '이야기 지킴이'로서 지금까지의 이야기를 말해 주는 스토리텔러가 된다. 치료사는 사용된 단어, 억양, 이야기의 분위기를 포함하여 아동의 기록된 이야기를 읽거나 떠올린다. 또한 치료사가 스토리텔러의 역할을 할 경우, 아동의 경험이나 감정 혹은 아동이 지어낸 것과 일치하는 아동을 위한 이야기들을 선택한다(Cattanach, 2006). 신화나 전설, 여러 다른 이야기들은 아동 삶의 공포와 두려움의 원천이 무엇인지 밝혀 주며, 새로운 희망을 제공한다. 조지는 치료를 시작할 때 네 살이었다. 그는 어려운 가정에서 아버지의 부재로 어머니가 양육을 전담하였지만 제대로 돌봄을 받지 못했다. 그는 정기적으로 지역사회 서비스에 임시 위탁되었다. 그는 임시 위탁되는 것이 힘들다는 것을 알게 되었고, 위탁기간 동안 학교에서의 행동이 악화되었다. 조지가 놀이할 때 생각해 낸 이야기는 헨젤과 그레텔이었다. 나는 조지에게 그 이야기를 읽어 주었고, 그는 그것을 다시 읽어 달라고 여러 번 요구했다. 조지는 아이들을 숲에 내버려둔 것이 과연 타당한지 물었고, 마녀의 집에 대한 생각과 '보이는 게 전부는 아니다'라는 개념으로 고

심했다.

　치료의 종결에서 공동 구성을 하여 마지막을 경험하도록 지지하는 것은 놀이치료사의 또 다른 역할이다. 이야기가 처음, 중간, 끝으로 구성되는 것과 마찬가지로, 치료의 종결을 아동에게 알려야 한다. 종결은 치료 가능한 회기 수와 보험회사나 법적 요구에 따라 치료를 위해 가능한 지출액, 자원봉사 기관의 대기리스트 등에 의해 결정된다. 치료사가 일하는 시스템 안에서 종결이 정해지거나 협상이 됐는지와 상관없이, 아동은 치료가 어떻게 끝날지에 대해서 공동 구성을 통해 지지받는다. 아동은 질문을 통해 치료의 종결을 위한 어떠한 기념이나 축하 행사에 참석하고 싶은지를 결정하도록 선택권을 부여받는다. 아동은 회기 가운데 만들어진 이야기, 미술품, 디지털 작품을 어떻게 하고 싶은지를 생각하도록 제안받는다. 몇몇 아동은 치료에서 나타난 자신의 이야기에 대한 책을 만들기를 원한다. 다른 아동들은 치료사에게 '이야기 지킴이' 역할을 지속해 달라고 요청한다. 이야기들을 어떻게 할지 결정할 때, 치료사와 아동은 치료에서 만들어진 이야기와 다른 작업들이 아동 삶의 중요한 사람들이 어떻게 받아들일지를 고려하는 것이 필요하다. 만일 아동이 이야기책 만들기를 선택한다면, 치료사는 그 책을 보여 주고 싶은 사람이 누구인지, 언제 보여 줄 건지, 아동의 실생활로 그것을 '옮길' 때 책을 안전하게 지키기 위해 어디에 보관할지를 의논할 수 있다. 그 후에 그 책은 공동 구성된다. 포함될 이야기와 그림들도 결정된다. 안나마리는 마지막 두 회기를 자신의 책 표지를 만드는 데 할애하기로 결정했다. 그녀는 색지와 금색 마커를 이용하여 나뭇잎 표지를 만들었다. 그녀는 치료 중 공동 구성되었던 이야기 중 오직 나무에 대한 이야기들만 포함시켰다(안나마리는 회기 진행 중 집에서 이야기 만들기 과정을 계속했고, 매주 새로운 이야기들을 가져왔다). 그 책은 그의 침대 밑으로 '옮겨졌고' 만일 그녀가 '나쁜 하루'를 보냈을 때 그것을 밤에 꺼내서 읽기로 결정했다.

이야기 기법

　이야기와 이야기 놀이는 이야기 놀이치료에서 주로 사용하는 방식이다. 이는 관계를 형성하고 아동의 세계를 이해하며 변화를 촉진하는 데 활용된다. 아동이 그들의 세계에서 표현하는 주제는 그들이 표현하는 가상 이야기에도 나타난다(Cattanach, 2006). 이는 어려움을 표출하는 과정을 시작하는 것이다. 치료 과정은 아동이 놀이에서 표현하는 이야기들이 나타나고, 이러한 이야기에 대한 생각들을 주고받도록 촉진된다. 치료사와 아동은 새롭고 보다 만족스러운 이야기를 표현하고 새로운 방법으로 발전될 때까지, 주제를 확장하고 의미를 바꾸고 전환시키며 대안적인 줄거리와 해결책들을 탐색하면서 함께 공동 구성한다. 그 이야기는 스토리텔러와 경청하는 청중이라는 관계 안에서 의미를 공유하며 합의되는 치료사-아동 간 공간이자 경험을 담아 주는 것으로 작용한다(Cattanach, 2006).

　이야기 기법은 이야기 놀이치료의 발전을 통해 나타났으며, 이는 이 책의 2부에 나오는 사례들을 통해 좀 더 살펴볼 것이다. 이 장에서는 Ann Cattanach와 훈련받은 실습생들의 경험에 대한 저서를 기반으로 네 가지 주된 이야기 기법을 개괄할 것이다. 성인-지시적 기법, 아동-주도적 놀이 기법, 아동의 놀이에 대한 스토리텔링 기법과 메타 스토리 기법이 여기에 속한다.

성인-지시적 기법

　치료 현장에서 아동과 청소년을 만날 때, 그들의 불안 수준은 스스로의 기대가 무엇이며 어떻게 행동하기를 기대하는지에 대한 불안을 포함한 많은 원인들로 인하여 증가할 것이다. 치료는 새로운 학교나 중학교로 올라가는 것에 대해 알게 되는 것과 같이, 친구나 형제를 통해 알게 되는 그런 것은 아니다. 아동이 공동 구성으로 이야기 만들기 과정을 진행하도록 지지하고 관계를 형성하는 성인-지시적 활동이 유용하다. 이는 초기 불안들을 감소시키고 안전하고 두려움 없는 공간을 만들 수 있도록 돕는다. 성인-주도적 기술들은 제3장에서 보다 자세히 소개할 것이다. 이 기술에는 집-나무-사람 그리기 (House-Tree-Person Drawing), 스퀴글 게임(Squiggle Game), 여섯 조각 이야기 만들기(6-PSM)[1], BASIC Ph 기법[2]이 포함된다. 다음의 이야기는 열한 살 재스민이 만든 것이다. 그녀는 자신의 정서적 건강에 대한 계속되는 걱정으로 치료에 임하고 있었다. 학교는 특히 어려운 곳이었고, 자신이 학업적 잠재능력을 온전히 성취하지 못할 거라고 느끼고 있었다. 치료사와 관계를 형성하고 치료 참여에 대한 불안을 감소시키기 위해, 재스민을 나무 그림 그리기에 초대하였고, 다음의 이야기가 공동 구성되었다.

〈나무〉

이건 크고 화려한 나무예요. 나이는 이백 살로 늙었어요. 이 나무는 숲에 혼자 있어요. 이건 매우 희귀해요.

많은 사람들은 희귀하고 매우 나이가 많다는 이유로 이 나무를 보러 와요. 그 숲에는 전부 색깔이 없는 나무들만 있어요. 색깔이 있는 나무는 이 나무만 빼고 모두 잘렸어요.

다른 두 세계에 대한 주제는 그림을 그리거나 모래 놀이를 통해 나온 이야기들로 치료 중 나타났다.

또 다른 성인-지시적 이야기 접근은 Alida Gersie와 Nancy King에 의해 개발된 이야기 만들기 접근방식에 기반을 두고 있다. 이 접근에서는 전통적이고 민속적인 이야기들이 구조화된 상태로 탐색된다. 이야기를 듣고 말하

---

1) [역자 주] 여섯 조각 이야기 만들기(6-PSM)는 종이를 여섯 조각으로 나누고, 주인공을 생각하며 그리기, 주인공이 해야 할 과제 그리기, 주인공을 도와줄 존재 그리기, 과제 수행의 방해물 그리기, 그 방해물에 대한 대처 방법 그리기, 결론으로 진행하는 방식의 기법이다.

2) [역자 주] BASIC Ph는 Mooli Lahad가 스트레스에 대응하기 위한 인간의 생존방식을 여섯 가지 요소로 소개하는 회복탄력성의 모델이며 Belief(신념), Affect(정서), Social(사회), Image(상상), Cognitive(인지) Physical(신체)로 구성되고, 개인이 스트레스 상황에서 어떻게 환경을 지각하고 대처 방식을 고안하는지 이야기 만들기를 통해 개인의 고유한 방식을 개념화한 진단이다.

는 것이 상상력을 자극한다는 신념을 가지고 있다. 스토리텔러와 청자는 함께 여정을 시작하고, 이야기의 내용과 주제에 대해 연관 짓기 과정을 통해 청자는 그 내용이 갖는 개인적인 의미들을 발견할 수 있게 된다(Gersie and King, 1990). Cattanach(1994)는 이 접근과 관련한 사례를 제공해 준다. 그녀는 Terry Jones의 모음집 『Fairy Tales』(1983)에 있는 '마녀와 무지개 고양이(The Witch and the Rainbow Cat)' 이야기를 들려준다. 아동에게 마녀가 거울을 통해 현재 그리고 미래에 본 것이 무엇인지 상상해 보도록 요구한다. 또한 다른 관점으로 이야기를 이어 가고, 이야기 주제를 찾는 방법으로 이야기의 결말을 찾도록 요청한다. 이 이야기를 통해 주인공을 위해, 역설적이게도 아동의 미래에 대한 생각이 무엇인지에 대해 탐색할 수 있다. 나는 이 접근을 아동을 위한 많은 이야기들에 활용하였다. 『오소리의 이별선물(Badger's Parting Gifts)』(Varley, 1984)은 사별을 경험한 아이들에게 활용하는 이야기 중 하나이다. 이야기에 나오는 주제와 인물의 경험을 활용함으로써 아동은 그 자신의 사별과 상실에 대한 감정들을 탐색하기 시작한다. 또한 이 접근은 이후에 설명할 스토리텔러 접근과 연결된다.

아동-주도적 놀이 기법

이야기의 핵심으로 다가가는 여정에, 치료사는 아동의 놀이와 이야기를 활용한다. 놀이에서 아마도 아동은 자신의 놀이 속 인물의 행동, 사건, 동기에 대해 중계방송을 할 것이다. 치료사는 아동이 말하고 있는 이야기를 기록한다. 치료사는 이야기의 구조와 연속성을 갖게 하고 이야기 속 다양한 인물의 행동의 의미를 명확하게 하고자 질문을 할 것이다. 예를 들어, 아동은 그들이 모래에 꾸민 장면에 대해 이야기를 만든다. 다음은 모래 위의 장면을 꾸미고 난 후에 재스민이 말한 또 다른 이야기이다.

〈두 세계 - 물과 땅〉
땅과 바다의 다른 세계

땅 위

어느 날 공룡 알들이 부화되었어요. 티라노사우루스와 트리케라톱스들이었어요. 모든 사람들은 땅으로부터 이 파티를 찾아왔어요.

바다 위

한 악어가 뱀을 먹으려고 빨간 눈을 가진 파란색 악어와 싸우고 있었어요. 그들은 그 뱀을 먹고 싶어 했어요. 다홍색 개구리는 싸움을 지켜보고 있었어요. 다른 두 형제 개구리들은 관심이 없었어요. 거북이는 노래를 부르고, 물개들은 춤추기 시작했어요. 그건 매우 이상했어요. 하마는 물개들 사이로 싸움을 멈추기 위해 다가갔어요.

땅 위

코뿔소들과 세 마리 호랑이, 검은 호랑이, 돼지들이 싸우기 시작했어요. 낙타는 그들을 지켜보고 있었어요. 모든 사람들과 동물들이 코뿔소들을 손뼉 치면서 응원하고 있어요(그건 동물들이 아니라, 정말 사람 같아요). 머리가 두 개 달린 공룡(엄마와 아빠)은 그들의 알을 지켜보고 있고, 트리케라톱스 아빠들도 그들의 알을 걱정하고 있어요. 막대와 붕대를 가지고 있는 머리가 두 개인 보라색 남자가 이 일행들에게 다가왔어요.

바다 위

큰 딱정벌레가 춤을 추려고 왔지만 너무 커서 들어갈 수가 없었어요.

끝.

스토리텔링 기법

치료사는 스토리텔러이며, 이야기 놀이치료에서 나타나는 주제의 '이야기 지킴이'이다. 이 역할에서 치료사는 아동이 말한 이야기부터 출판된 이야기, 많은 문화에서 구술로 전해지는 신화와 전설에 이르기까지 광범위한 이야기들을 알고 있다. 스토리텔링의 목적은 그 이야기의 주제와 아동의 갈등과 유사하거나 아동이 만든 가상 세계 중 아동에게 의미가 있는 이야기를 발견하는 것이다. Cattanach는 그녀가 이야기 지킴이로서 갖고 있던 많은 전통 신화와 전설의 예들을 설명하였다. 때때로 아이들은 '부기맨(boogie)'과 유령, 밴시(banshee)와 같은 그들의 문화에서 유래한 이야기들을 꾸민다. 또한 그들에게 울림을 주는 출판된 이야기들을 가져올 수도 있다. 루이즈는 한 이야기를 갖고 치료에 왔던 여아이다. 그녀가 가져온 이야기는 Janet과 Allan Ahlberg(1991)가 쓴 행복한 결말의 슬픈 이야기, 『안녕, 안녕 아가(Bye, Bye Baby)』였다. 그녀는 즉시 이 이야기를 확인하고 여러 회기를 이 이야기를 실연하는 데 보냈다. 그녀는 엄마에 의해 발견되기 전에 아기가 여행을 해야 하는 장애물 코스를 설정했다. 그 엄마는 이 아름다운 아기를 발견하기 위해서 양육적이고 즐겁고 재미있어야 했고, 아기는 이 양육에 동의했다. 이 놀이 순서는 이 이야기를 읽도록 요청하는 것으로 이어졌다.

스토리텔러는 아동을 위해 이야기를 만들 수 있다. 10장에서 Carol Platteuw는 입양모가 자녀를 위해 이야기를 만드는 과정을 묘사하고 있다. 그녀는 스토리텔링 모델로 이 이야기를 공유하였다.

메타 스토리 기법

메타 스토리 기법에서 치료사는 놀이치료 과정에서의 아동의 놀이를 이야기해 주는 과정에 참여한다. 이것은 개별 회기에서 이야기의 제한된 구조를 설정하는 것 또는 아동의 경험에 대해 이야기하고 많은 에피소드, 인물, 줄거리들을 가진 이야기를 만들기 위해 다양한 아동 놀이 요소들을 활용하는 것이 포함된다. 아동이 놀이할 때, 이것이 아동이 이야기에 추가하고자 하는 에

피소드인지 묻는다. 아동이 이 과정에 익숙해지면, 그들은 특정한 요소, 놀이 순서 또는 줄거리가 이야기에 추가되는지 요청받게 된다. 그 이야기는 치료에서 중요한 이야기가 된다. 제4장에서 Kate Kirk는 이 표출 과정에서 아동을 지지하기 위해 메타 스토리 기법 체계를 사용한다. 다음은 놀이 에피소드의 메타 스토리 기법의 사례이다.

〈이사하는 날〉

옛날에 두 사람이 새로운 집으로 이사를 하고, 저녁에 친구 몇 명을 초대하기로 결정했어요.

먼저, 한 사람은 그 집에 필요한 음식과 다른 물건들을 사러 쇼핑을 갔어요. 이 사람은 많은 '1+1(two for one)'을 제공하는 가게 주인을 발견했어요. 또한 그는 몇 개를 덤으로 주었고, 손님들과 이야기를 하면서 산 것을 싸는 걸 도와주었어요. 그 후에 새로운 집에 물건들을 배달하는 것까지 도움을 주었지요.

산 물건들이 도착했을 때, 치울 물건들이 많이 있었어요. 한 사람은 물건들을 새로운 집 어디에 두어야 할지, 냄비와 팬들은 어디에 놓아야 할지, 오븐은 어떻게 작동하는지, 냉장고는 어떻게 정리하는지 등의 많은 문제들을 해결하였어요. 또 이 사람은 매우 훌륭한 요리사였고, 저녁에 먹을 훌륭한 피자와 치킨, 신선한 과일이 있는 맛있는 케이크를 만들었지요. 그는 누가 저녁식사에 올지, 언제 먹을지 계획을 세웠어요. 그는 매우 독립적이고 체계적이었지요. 다른 사람은 식탁을 세팅하고 몇 군데 전화를 하는 등의 일들을 도왔어요.

모든 것이 준비되고 6시가 되었지요.

치료사는 다음 회기에 그 이야기를 들려준다. 이것은 회기와 회기 사이에도 아동을 생각하고 있었다는 느낌을 줄 수 있다. 아동은 일어난 일들에 대한 설명에 만족할 수 있도록 변화나 수정을 요청받는다. 또한 메타 스토리 기법은 아동의 놀이와 거기에 나타난 발전되는 주제들을 기록한다.

결론

이야기 놀이치료는 아동이 놀이와 이야기를 통해 상황을 충분히 이해할 수 있도록 지지하는 놀이치료의 한 유형이다. 이러한 이해는 이야기의 공동 구성을 통해 얻어진다. 치료사의 호기심이 많지만 '알지 못하는' 태도와 아동의 놀이 세계로의 참여는 개방되고 안전하며 두려움 없는 환경을 만들도록 도와주고, 관계의 진전을 지지해 준다. 이는 아동이 새로운 이야기들과 결말들을 탐색하고 알아볼 수 있도록 허용한다. 이야기 만들기를 위한 매개로서 아동이 활용 가능한 발달상 여러 범위(종류)의 놀잇감과 도구들이 있다. 많은 이야기 기법들이 밝혀졌다. 이야기는 질문하기와 말하기를 통해 공유된 의미가 합의될 수 있는 치료사-아동 간의 컨테이너로서, 혹은 공간으로서 작용한다. 아동은 아동이 살아가는 세계로 전이 가능한 가상 세계에서 많은 가능한 이야기들과 결말들을 창조해 보도록 지지받는다.

📖 참고문헌

Ahlberg, J. and Ahlberg, A. (1991). *Bye Bye Baby: A Sad Story with a Happy Ending*. London: Mammoth.

Bruner, J. (1990). *Acts of Meaning*. Cambridge, MA: Harvard University Press.

Bruner, J. (1991). 'The narrative construction of reality.' *Critical Inquiry, 18*, 1-21.

Bruner, J. S. and Luciarello, J. (1989). 'Monologue as Narrative Recreation of the World.' In K. Nelson (Ed.) *Narratives from the Crib*. Cambridge, MA: Harvard University Press.

Cattanach, A. (1992). *Play Therapy with Abused Children*. London: Jessica

Kingsley Publishers.

Cattanach, A. (1994). *Play Therapy. Where the Sky Meets the Underworld.* London: Jessica Kingsley Publishers.

Cattanach, A. (1997). *Children's Stories in Play Therapy.* London: Jessica Kingsley Publishers.

Cattanach, A. (1999). 'Co-Construction in Play Therapy.' In A. Cattanach (Ed.) *Process in the Arts Therapies.* London: Jessica Kingsley Publishers.

Cattanach, A. (2006). 'Narrative Play Therapy.' In C. E. Schaefer and H. G. Kaduson (Eds.) *Contemporary Play Therapy. Theory, Research and Practice.* New York: Guilford Press.

Cattanach, A. (2008). *Narrative Approaches in Play with Children.* London: Jessica Kingsley Publishers.

Engel, S. (2005). 'The narrative worlds of what is and what if.' *Cognitive Psychology, 20,* 514-525.

Gersie, A. and King, N. (1990). *Storymaking in Education and Therapy.* London: Jessica Kingsley Publishers.

Jennings, S. (1993). *Playtherapy with Children. A Practitioner's Guide.* Oxford: Blackwell Scientific Publications.

Jones, T. (1983). *Fairy Tales.* London: Penguin Books.

McLeod, J. (1997). *Narrative and Psychotherapy.* London: SAGE Publications.

Nicolopoulou, A. (2005). 'Play and narrative in the process of development: Commonalities, differences and interrelations.' *Cognitive Psychology, 20,* 495-502.

Perry, B. and Hambrick, E. (2008). 'The neurosequential model.' *Reclaiming Children and Youth, 17,* 3, 38-43.

Perry, B. (2009). 'Examining child maltreatment through a neurodevelopmental lens: Clinical applications of the neurosequential model of therapeutics.' *Journal of Loss and Trauma, 14,* 240-255.

Shore, R. (1997). *Rethinking the Brain: New Insights into Early Development.* New York: Families and Work Institute.

Sunderland, M. (2006). *The Science of Parenting: How Today's Brain Research*

Can Help You Raise Happy, Emotionally Balanced Children. London: DK Publishing.

Trevarthen, C. (1995). 'The child's need to learn a culture.' *Culture and Society, 9,* 2, 5-19.

Varley, S. (1984). *Badger's Parting Gift.* London: Random Century.

제3장

이야기 놀이치료의 사정, 기록보관과 평가

Aideen Taylor de Faoite

개관

사정, 기록보관, 평가는 모든 전문가 입장에서 중요한 요소이다. 전문가들은 그들의 결정과 치료를 기록할 의무가 있다. 다른 치료의 영역과 마찬가지로 놀이치료에서 이는 치료사가 작업하는 조직이나 상황에서 요구된다. 치료사의 전문가 자격과 관련하여 법으로 명시된 요구이며 실제 절차이다. 영국의 교육표준청(Ofsted)과 같은 질 보장과 사찰제도는 전문가들에게 내담자의 안전을 보장하기 위해 요구한다. 다음과 같은 사정, 기록보관 그리고 평가는 이야기 놀이치료의 이론적 체계와 실제를 반영하며 이러한 요구들을 접목하여 이야기 놀이치료를 지지하기 위해 개발되었다.

사정

사정과 관련한 세 가지 주요 맥락은 이야기 놀이치료를 검증하는 수단이 된다. 세 가지 주요 맥락은 아동과 함께 부모/양육자 관계 맥락, 환경 안에서의 아동들의 맥락 그리고 아동-치료사 관계 맥락이다.

부모/양육자의 맥락 내에서 사정

부모/양육자 관계 맥락 내에서 사정의 목적은 다음과 같다.

1. 가족이 아동에 대해 말하는 '문제가 드러나는' 이야기를 확인하라.
2. 부모가 그들의 자녀에 대해 이야기를 하는 것과 부모 외의 학교, 보육센터, 기타 전문가들의 이야기에 귀를 기울여라.
3. 아동에 관해 공유될 수 있는 희망과 회복탄력성의 이야기를 확인하기 시작해라.(예: 다르다고 느꼈던 적이 있는가? 당신은 자녀와 함께한 긍정적인 경험을 기억할 수 있는가?)

부모/양육자와 의뢰인의 첫 번째 만남은 아동을 치료에 데리고 오게 된 이야기를 들을 수 있는 기회가 된다. 때로 가족들은 그들 자신의 '문제가 드러나는' 이야기를 하기도 한다. 이것은 포괄적이기도 하지만 오히려 그들의 자녀와 관련한 다른 '문제가 드러나는' 이야기에 부담을 가중시키기도 한다. 부모/양육자가 얼마 동안 계속 대기자 명단에 있을 수 있는데, 이것 또한 치료사가 이야기를 처음 들을 때 영향을 준다.

사례연구

자녀의 행동에 관해 중재서비스를 받고자 의뢰된 가족이 있었다. 아이는 매우 활동적인 4세 아동으로 수업에 집중하지 못하여 교사는 인원이 많은 학급에서 그의 행동을 관리하는 데 어려움을 겪는다고 보고하였다. 부모는 학교 활동과 선택 활동 모두에서 과제를 수행하지 못하는 문제가 가정에서도 비슷하다고 하였다.

아동과 가족은 처음 외뢰되고 6개월 이후 사정이 이루어졌다. 사정 팀은 의뢰된 이야기에 근거하여 놀이를 기본으로 한 발달 사정을 세팅하기 전에 움직임이 편하도록 넓은 공간을 준비했다.

　아동과 부모는 초기 사정을 할 때, 아동은 차분하고 흥미를 보이는 아이로 보였다. 이야기 속에 묻어난 문제는 변화되었다. 그는 활동을 위한 준비나 과제를 마무리하는 데는 다소 어려움을 보이는 반면, 학교와 가정에서 그의 행동은 조절되었다. 최초 의뢰로부터 6개월은 학기말과 새로운 학년의 시작과 맞물려 있었다.

　아동의 환경에서 성숙과 변화의 시간은 의뢰 이유를 변화시킬 수 있다. 대다수의 이야기는 기다리는 시간이 길어지면서 더 큰 부담이 된다. 가족과 의뢰인의 관점에서는 변화될 수 있지만 어려움들은 여전히 남아 있을 수 있다.

　부모/양육자가 참여하는 초기 사정은 어려움이 지속된 기간, 다른 성인의 입장과 부모의 우선사항으로 보는 어려움의 다른 정도를 확인하는 시간이다. 희망과 회복탄력성에 관한 이야기를 인식할 필요가 있다. 문제가 발생하기 전, 아동과 함께한 긍정적인 사건과 경험을 기억하여 긍정적인 행동들을 확인하고 지금과 달랐던 때에 발견한 이야기들을 다룬다. 부모는 그러한 희망과 회복탄력성을 어렴풋이 인식하는 데 어려움을 주는 것에 다른 사람들로부터의 압력이 있거나 자신의 정신건강의 어려움이 있는지 살펴볼 수 있다.

　부모/양육자와 함께하는 초기 면접 이후, 아동이 참여하는 회기는 아동과 부모들이 즐겁게 과제에 반응하는 정도를 증명하는 데 도움이 될 수 있다. 놀이다운 상호작용을 지지하면서 치료사가 개입하는 가운데 부모의 심리적 부담감이 감소하는 것으로, 스퀴글 게임(Squiggle Game)이 유용하다. 이 게임은 정신분석학자이자 아동 정신과 의사인 Derek Winnicott에 의해 개발된 게임이다(Winnicott, 1991, p. 16).

가족이 함께하는 스퀴글 게임

　가족이 스퀴글 게임이라는 새로운 게임을 배우기 위해서는 연필, 크레용, 마커 그리고 다양한 크기와 색깔의 종이가 필요하다. 먼저, 한 사람이 종이 한

장과 색깔이 있는 필기구를 하나 선택하고 그 위에 선을 그리도록 한다. 다음 사람은 그 위에 연결하여 그린다. 두 사람은 번갈아 가며 종이 위에 마커로 그린다. 만약 부모와 아동이 복수라면, '라운드 로빈'[1] 방식으로 다음 사람에게 스퀴글 선을 원으로 돌아가며 완성하도록 할 수도 있다. 모든 사람이 그림을 시작하고 마칠 수 있는 기회를 가지도록 지시에 변화를 줄 필요도 있다.

변형: 스퀴글 선을 돌아가며 하다가 누군가 그림을 그리기 전에 차례를 몇 번씩 할지 협의할 수 있다. 또 다른 변형은 벽에 그림을 고정시키고 성인과 아동이 미술 갤러리에 온 것처럼 각각의 그림들 위에 제목을 붙이도록 한다. 치료사는 갤러리 큐레이터로서 제목을 기록하고 사람들이 붙인 제목에 대해 설명하도록 할 수도 있다.

📜 사례연구

아버지와 아들이 평가를 위해 회기에 참여했다. 아버지에게 모델링을 하도록 처음에는 치료사와 아동이 스퀴글 게임에 참여하여 그 게임을 소개했다. 아버지는 그 후 게임에 초대되었고 치료사는 한 걸음 물러섰다. 그들은 누가 먼저 할지를 논의하고 아버지가 먼저 시작했다. 그는 오른쪽 모서리에 맞춰서 수직선을 그렸다. 그는 아동이 그림을 완성하도록 하고자 먼저 시작하였던 것으로 보인다. 회기 안에서 '대상'의 색에 대해 아버지가 힌트를 주는 추측 게임이 되다가 최종적으로 여행에 대한 대화가 되었다. 결국 아동은 무엇을 추측하며 그림을 완성했다. 아버지가 아동의 질문에 대답하지 않을 경우 아동이 어려워하는 모습이 보였지만 아동은 끊임없이 상호작용하였다. 분위기는 경쟁적인 느낌을 바탕으로 친근하면서도 장난스러웠다.

스퀴글 게임 후 아버지와 아들은 모래에서 즐겁게 놀이하며 시간을 보냈다. 이것은 아이에게 친숙한 활동이었다. 아동은 모래에 장면을 구성하는 반면, 아빠는

---

1) [역자 주] Round Robin: 한 사람이 그리기 시작하고 그다음 사람이 그 뒤를 계속 받아 이어나가는 방법.

보이는 장면에서 흥미로운 것과 관련지어 질문하였는데, 이 과정에서 아동과 관련된 친숙한 장소와 장면을 연결지어 이야기를 하면서 만드는 과정에 대해 기술적으로 설명했다. 나는 이 회기에서 법원에서의 배석판사의 역할을 하듯 이 장면을 볼 수 있는 특권을 누렸다.

아버지와 아동은 게임을 그들의 것으로 만들었으며, 자신의 상호작용 스타일을 보여 주었다. 아버지는 아동과 함께 모래에서, 아동은 아버지와 함께 추측 게임을 하면서 서로의 세계로 이동할 수 있었다. 그들이 함께 공유하는 경험은 대상을 추측하고, 그들이 방문한 곳과 유사한 장면을 재회상하는 등의 장난스러운 상호작용으로 나타났다. 각자 개인적인 대화에서 증명되지 않았던 풍부한 정보를 제공함으로써 이야기의 줄거리가 깊어졌다. 이처럼 스퀴글 게임은 구조적인 방법으로 부모/양육자 관계를 관찰하기 위해 이야기 사정 도구로 놀이치료에서 사용될 수 있다.

자연스러운 환경에서의 아동 평가

가능하면, 자연스러운 환경과 어려움이 일어난 맥락에서 아동을 관찰하는 것을 추천하고 싶다. 아동을 관찰할 때 유념해야 하는 사항은 다음과 같다.

- 아동이 생태체계에서 다른 사람과 연결되기 위해 사용하는 전략이 무엇인가?
- 행동 문제는 무엇인가? 누구의 문제인가?
- 행동이 전달하는 것은 무엇인가?
- 잘못된 행동의 목표를 확인하라.
- 문제 행동이 발생하지 않을 때는 언제인가?

그들의 환경에서 아동을 관찰하고, 그러한 환경 가운데 아동을 지원하는 어른과 토론을 시작할 때, 나는 Adler 학파의 결정적인 Cs와 잘못된 행동의 목표(goals of mis behaviour) 구성개념이 유용하다는 것을 발견했다. 그 가설은 행동에는 의도된 목표가 있으며 아동의 목표와 상호작용한다는 것이다. Crucial Cs는 관계(connect), 능력(capable), 가치(count)와 용기(courage)로 정의된다(Lew and Bettner, 1998). 아동은 관계가 있다고 느낄 때, 소속감을 가지게 되며 자연스럽게 협력하는 행동을 한다. 아동은 능력이 있다고 느낄 때, 할 수 있다고 느끼며 행동의 목표에 자신감을 보인다. 아동은 가치 있다고 느낄 때, 차이를 만들 수 있다고 느끼며 행동의 목표에 기여한다. 아동은 용기를 가질 때, 예상한 것과 예상하지 못한 것을 그들의 방식으로 관리할 수 있고, 그들의 행동 목표는 회복탄력성이 있다(p. 63). 행동의 구성에서 Crucial Cs는 아동이 성취하려고 노력하는 목표이며 그들의 행동은 이러한 목표를 성취하도록 한다. 잘못된 행동의 목표는 이러한 목표를 성취하기 위해 잘못 이해한 시도들로서 구성된다. Dreikurs와 Soltz(1964)에 의해 처음 소개된 잘못된 행동의 네 가지 범주들은 관심 끌기, 힘, 보복, 무능력감(추후 회피로 변화함; Lew and Bettner, 1998)이다. 잘못된 행동의 각각 목표는 Crucial Cs와 연결된다. 관계, 수용, 소속감은 이러한 목표를 성취하기 위해 관심 끌기를 활용한다(Kottman, 1995). 행동의 목표로서 힘을 사용하는 아동은 통제 안에 있을 때만 능력이 있다는 잘못된 생각을 한다(Lew and Bettner, 1998). 잘못된 행동 목표로의 보복은 수용되지 못하고 원치 않는다고 느낄 때 능력이 있다고 느끼기를 원하는 아동에 의해 자주 사용된다(Kottman, 1995). 회피라는 잘못된 목표를 사용한 아동은 성공하지 못할 것이라며 종종 낙담하고 결국 노력을 포기한다. 아동의 잘못 이해한 행동 목표를 이해하고자 할 때 치료사를 돕는 정보의 세 가지 요소는 아동의 행동과 감정, 아동과 상호작용하는 성인의 감정과 반응, 그리고 비난이나 처벌에 대한 아동의 반응이다(Kottman, 1995, p. 107).

사례연구

제인이 평가와 중재를 목적으로 의뢰되었을 때 그녀는 7세였다. 그녀는 집에서 지속된 행동의 어려움이 있었고 학교에서도 마찬가지였다. 교실에서 아동을 관찰하면서 제인이 교사에게 관심을 끌기 위한 전략을 사용하고 있음을 인식했다. 그녀가 질문에 대답할 때 두 손을 드는 것과 같은 일부 행동은 긍정적이었다. 그 외에는 우스꽝스러운 행동을 하거나, 손을 들고 차례를 기다려야 할 때에 무례하게 답을 하거나, 교실을 가로질러 교사에게 소리를 지르거나 다른 아동을 때리며 교실을 걸어 다녔다. 교사는 이러한 행동을 무시하려고 애쓰고 있었다. 그녀의 감정과 반응은 다소 제인의 끊임없는 관심 끌기 시도로 인한 짜증스러운 감정이었다. 이러한 행동은 그 후 Crucial Cs 개념에서 다룰 때 아동이 그룹에서 관계를 맺고 소속감을 필요로 한다는 새로운 이야기로 나타났다. 이러한 요소들이 평가에서 발견되어 중재에 중점을 두게 되었다.

아동-치료사 관계 맥락에서 평가

아동-치료사 관계의 맥락 내에서 초기 평가의 목표는 다음과 같다.

1. 치료적 관계를 발전시켜라.
2. 놀이의 매체에서 참여하려는 아동의 능력을 확인하고 치료적 관계라는 맥락에서 놀이를 즐거워하는지 확인하라.
3. 창의적이고 재구성적인 이야기와 치료적 관계 맥락에서 이야기를 시작하라.
4. 사정에서 그들이 나타내는 주제들을 확인하라.

사정 과정의 초기에서 아동과 치료사의 관계는 치료사가 아동의 이야기들을 들어 줌에 따라 아동 자신에 관한 아동의 지각을 알 수 있도록 돕는다. Cattanach는 "아이스 브레이커와 그림을 그리는 순간 아동이 자기 자신을 어떻게 지각하는지에 대한 초기 사정"(1994, p. 84) 활동으로 투사적 기법인 '보호막'을 개발했다.

<u>보호막</u>

방법:

- 보호막을 그리고 그것을 여섯 개 구역으로 나누어라.
- 아동이 당신과 유사하게 자신의 보호막의 윤곽선을 그리도록 하라.
- "나는 너에게 몇 가지 질문을 할 거야. 그리고 너는 그 구역에 내 질문의 답을 그려보자. 처음에는 너의 생각에서 나온 것을 그리렴. 네가 원하는 만큼 많은 색깔을 사용할 수 있어. 보호막이 완성되었을 때 이야기를 나눌 거야."라고 말하면서 보호막을 소개하라.
- 아동이 그리기를 마쳤을 때 아동에게 자신이 그린 것이 무엇인지 설명하도록 요청한다.
- 원래 보호막에 대답들을 써 내려가라. 아동에게 각각의 그림이 의미하는 것이 무엇인지 우리가 기억하도록 돕기 위함이라고 설명하라.
- 만일 아동이 아이디어들을 구성하기 어려워할 경우 아동에게 가능한 제안을 하라. 아동의 생각들을 격려하고 강화하는 것이 부족할 경우 아동은 치료에 실패하게 되고 '그럭저럭한' 그들 자신의 이야기를 제안하게 되며 격려의 경험이 적을 수도 있다.

〈표 3-1〉은 보호막의 구역을 나타내며 질문들은 각각의 보호막의 구역과 관련된다.

〈표 3-1〉 보호막의 구역

1구역 당신에게 일어났던 가장 좋은 사건은 무엇인가?	2구역 당신의 가족(혹은 어떤 가족)에서 당신에게 일어났던 가장 좋은 사건은 무엇인가?(보호시설에 사는 아동은 많은 가족들을 경험한 적이 있다.)
3구역 당신에게 일어났던 가장 나쁜 사건은 무엇인가?	4구역 당신이 당신의 가족은 아니지만 당신과 같은 연령의 다른 사람으로부터 원했던 것은 무엇인가?
5구역 만일 당신이 오직 1년을 살 수 있고 당신이 원하는 만큼의 돈을 가지고 있다면 당신은 1년 동안 무엇을 할 것인가?	6구역 지금 사람들이 당신의 장례식에 와 있다. 사람들이 당신을 기억하며 당신에 대해 말할 것 같은 세 가지는 무엇인가? 능청스럽게 말해 봐라(치료사는 단어를 쓸 수 있도록 제안한다.)

출처: Cattanach, 1994, p. 83에서 재인용.

제7장에서 Sharon Pearce는 부모와 분리를 경험한 아동에 대한 사정과 놀이치료 속에서 이루어진 진전에 대한 평가를 하면서, 보호막의 다른 버전을 활용하여 사례연구를 제시한다. 제9장에서 Ann Marie John은 이야기 가족 놀이치료에 관련된 사정 도구로서의 보호막 채택을 제시하고 가족들이 치료에서 보호막을 어떻게 활용했는지에 관해 기술했다.

또 다른 보호막 버전으로 나는 단지 네 구역을 활용하였다. 그 구역은 다음과 같다.

- 아기 혹은 어린 아동으로서의 나
- 지금의 나
- 나이 들었을 때의 나
- 만일 세 가지 소원을 들어준다면 내게 일어나길 원하는 세 가지

📜 사례연구

　　만성적이고 삶을 단축하는 질병을 가진 어린 아동 그룹에서 활동하면서 이러한 사정 도구가 매우 흥미롭다는 사실이 증명되었다. 그룹은 처음 그들의 보호막을 개별 작업했으며 그 후 각각의 요소에 관련하여 그림을 그리며 그들의 생각들을 공유하였다. 일부 그룹의 구성원들은 '나이 들었을 때의 나'를 힘겹게 그렸다. 나이 들었을 때라는 그림은 보통 그들의 다음 생일을 말한다. 그룹의 구성원들이 병원에 있을 것이므로 모두들 '지금의 나'를 불편한 건강 상태, 건강의 어려움들을 반영하여 그렸다. '아기로서의 나'는 흔히 고운 아기로 이상화했다. 반면에 세 가지 소원은 그들 자신의 병뿐만 아니라 병원에서 지내며 익숙해진 많은 질병들의 치료법을 찾는 것과 관련된 희망과 이상화로 가득 찼다. 그룹의 초기에서 매우 저조한 기분을 보인 한 그룹 구성원은 처음에는 세 가지 소원을 생각하지 않았다. 그러나 그녀는 치료가 이루어지는 것처럼 보이는 다른 구성원들의 열정이 그들과 유사한 상황을 가진 다른 아동들을 지지함에 따라 점차 영향을 받게 되었다.

이야기 완성과제

　　이야기 완성과제(Story stems)는 시간이 제한되어 있는 사정 기간 혹은 아동들이 이야기 치료 활동에 참여하기 어려워할 때 유용하다. 어떻게 이야기를 시작할 지 아동이 정하거나 이야기 후반부를 놀이하고 극화하여 이야기를 완성하는 것에 초대된다. 이야기 완성과제 사정 절차의 범위들은 지난 반세기를 걸쳐서 개발되었다. 처음으로 그들은 감정과 판타지들에 접근하는 방법을 개발하였다(Moore and Ucko, 1961 참조). 최근에 이야기 완성과제 사정 프로파일은 "가족에 관련된 직접적인 질문들을 아동에게 묻지 않은 채 스트레스 혹은 불안을 일으키는 가족의 역할, 애착 그리고 관계에 관한 아동들의 지각과 기대"에 접근하기 위해 개발되었다(Steele et al. 2007, p. 168). 아동은 내재하는 딜레마를 지닌 익숙한 일상적인 사건들을 강조한 이야기 도입부를 표현하였다. 아동은 "다음에 무엇이 일어날지 나에게 보이고 나에게 말해 보세요"라고 요청을 받는다. 치료사는 이야기 완성과제에 어떻게 아동이 언어적이나 비언어적으로 반응하는지 관찰하고, 표준화된 평가척도를 사용하여 정서적으로 감동적인 이야기 도입부를 완성하기 위해 아동이 무엇을 말하고 행동하는지를 점수화한다(Steele et al, 2007).

이야기 완성과제 사정 프로파일, Manchester Children Attachment Story Task(MCAST)(Goldwyn et al. 2000)와 CMCAST(MCAST의 컴퓨터 버전; Minnis et al. 2008)는 아동의 애착과 관계들을 이해하기 위한 표준화된 사정 도구들을 제공한다. 또한 이들은 앞서 정의된 사정 목표들을 다루기 위해 이야기 놀이치료사에게 가치 있는 구조들을 제공한다.

아동과 함께하는 스퀴글 게임

스퀴글 게임은 아동-치료사 관계의 발달을 지지하는 가치 있는 도구이다. 나는 스퀴글 게임이 특히 '놀이하기'를 못마땅해 하는 나이 든 아동이나 청소년들과 함께 활동을 시작하는 데 있어 도움이 됨을 발견했다. 스퀴글 게임은 상호작용적인 구조이며 신체적으로 '담아내는' 환경이자 유용한 의사소통 도구이다. 게임은 부모와 아동이 함께한 활동과 유사한 방식으로 놀이한다. 아동과 나는 서로 제공된 구불구불한 선을 기반으로 그림을 그릴 것이다. 우리는 그림에 제목을 붙이며 가끔 공동 구성한 이야기를 기반으로 하여 그림을 활용할 것이다. 게임은 공동 구성을 위한 뼈대를 제공한다. 처음에는 그림을 함께 그리고 마지막에는 제목을 짓거나 이야기를 완성한다.

집-나무-사람 그리기

집-나무-사람 그림은 처음 Buck(1948)에 의해 개발되었으며 지적기능 사정에 활용된 Goodenough의 사람 그리기 검사(Drew-A-Person)로 발전하였다(Deffenbaugh, 2003). 그러나 Buck의 목표는 아동의 성격을 평가하기 위함이지 아동의 인지기술을 평가하기 위함이 아니었다. 그리고 주제들은 아동들이 그리고 토론할 수 있도록 아동들에게 친근한 주제들로 선택되었다. 치료 초반 이야기 놀이치료에서 아동과 치료사 사이에 치료적 관계의 발달을 지지하기 위한 도구로서 그리고 이야기를 구성하고 스토리텔링할 수 있는 방안으로서 집-나무-사람 그림을 채택하였다. 아동은 집이나 나무 혹은 사람을 그리도록 요청된다. 나는 주로 나무 그림으로 시작하지만, 어린 아동들을 위해 그리기에 조금 더 친숙한 집 그림으로 시작할 수도 있다. 종이 크기와 색깔들의 범위는 아동이 이용할 수 있는 것이어야 하고, 연필, 크레용, 마커, 접착제, 반짝이, 콜라주 천과 같은 미술재료의 범위도 그렇다.

아동은 집 그림을 그리는 데 초대된다. 그 후 그들은 나에게 집에 관해 이야기하길 요청받는다. 나는 그들의 반응을 적어 내려간다. 집의 이야기가 나타나기 시작한다. 이야기의 공동 구성을 촉진하도록 질문을 한다. 공통된 질문들은 다음과 같다.

1. 집은 얼마나 오래되었습니까?
2. 집은 어디에 위치하고 있습니까?
3. 집 주변에 무엇이 있습니까? 혹은 집 한 채만 있습니까?
4. 집 안에 누군가가 있습니까?
5. 그들은 집에 대해 어떻게 생각합니까/느낍니까?
6. 집은 사람들에 대해 어떻게 생각합니까/느낍니까?
7. 오가는 사람들은 집에 대해 어떻게 생각합니까? 예를 들어, 좋은 집, 무서운 집, 화난 집, 행복한 집, 상처 난 집 등?
8. 집은 스스로 뭐라고 말합니까?
9. 집의 종류는 무엇입니까?

질문에 반응함에 따라 자세한 집의 전기(biography)가 드러나기 시작하며 이야기는 쓰이기 시작한다. 이야기는 항상 '옛날 옛적에 집이 있었다. …… 집'(매우 오래된, 지은 지 얼마 안 된)으로 시작하는데, 집의 나이 그리고 아동이 그린 집을 묘사할 때 사용된 단어 또는 목소리 톤에 따른다. 치료사가 이야기를 기록하면 치료사와 아동 사이에 공동 구성은 계속된다.

종종 이야기와 그림들은 종결 시까지 치료사가 보관하고 아동은 치료사와의 토론에서 이야기에 어떤 일이 일어날지 결정할 수 있다. 때때로 아동은 치료에 관한 이야기책의 일부가 될 이야기와 그림을 원한다. 이야기에 무슨 일이 일어날지 결정하면서 책을 만드는 것은 치료의 종결과정의 일부가 된다. 일부 아동은 치료사가 이야기들을 안전한 장소에 보관하길 요청한다.

'나무'와 '사람' 그리기는 유사한 방법으로 종종 실시하지만 나는 연이은 회기들에서 그것을 따르지 않고 치료과정들을 통해 그것을 배치한다. 각각의 이야기에서 주제들과 관련 있는 이야기들이 나타나기 시작한다. 집에 아무도 살지 않으며 아무도 지나가는 사람이 없는 인적이 드문 집에서 혼자 살고 있다는 이야기에는 외로움이 포함된다. 나무가 강한 바람에 쓰러진다는 이야기에는 파괴가 포함된다. 아무런 근심 걱정이 없는 노인, 즐거운 날 아동은 친구들과 놀이하면서 지나간다거나, 죽어 가는 나이 든 나무의 생각을 말했지만 그 후 아동은 묘목이 나무로 성장하며 지금 묘목은 빛을 받고 크고 강하게 성장한다는 이야기에는 양육과 보상이 포함된다. 이야기들은 다시 읽혀지고 필요한 수정들이 이루어지면서 스토리텔러와 듣는 사람들이 만족하게 된다. 다시, 치료적 대화를 시작하고 이야기를 공동 구성하기 위해 포함된 활동을 제공한다. 이야기 전반에서 주제가 기록되고 따라가게 되며 치료 내에서 놀이장면들이 재생된다. 이러한 사정 회기들에서 나타나는 주제들은 그 후 치료 작업이 되며 부모, 양육자, 그리고 의뢰인에게 유용하고 구체적인 정보를 제공한다.

BASIC Ph와 여섯 조각 이야기 만들기(6-PSM)

이것은 이야기 놀이치료에서 또 다른 유용한 사정 도구이다. BASIC Ph는 '치료사가 내담자의 언어를 이해하는 것을 기반으로 하여 내담자와 관계를 발전시키도록 돕기 위한 대처방식들에 대한 빠른 사정'으로서 Mooli Lahad

박사에 의해 개발되었다. BASIC Ph의 근본적인 가정은 "동화와 신화의 요소를 기반으로 한 투사된 이야기를 말하기 위하여, 우리는 세상을 만나기 위해서 현실에서 조작할 수 있는 자기 투사 방식으로 이해할 것"(Lahad, 1993, p. 11)이라는 것이다.

BASIC Ph는 요소와 기제를 재정립하고 분류하는 것이 "회복탄력적인 개인-환경관계의 발달"(p. 7)을 위해 중요하다는 것을 나타낸다. 이것은 대처기제들의 범위 그리고 스트레스의 상황에서 개인의 회복탄력성을 정의하도록 돕기 위한 복합양식 접근법이다. BASIC Ph는 머리글자로 만든 말이며 요소들은 다음과 같다.

- Belief(믿음): 상황에 관한 당신의 믿음은 무엇인가? – '그것은 하늘의 뜻이다.' '그것은 운명이다.'
- Affect(감정): 당신은 상황에 대해 어떻게 느끼는가? – 압도된, 통제불능, 조절, 분노, 놀람, 충격
- Social(사회): 당신의 지지 네트워크는 무엇이며 그들은 의지할 수 있는가? – 당신에게 도움을 줄 사람은 누구인가?
- Imagination(상상): 당신은 무엇이 일어날 거라고 상상하는가? – 당신은 선택 가능한 결말 혹은 해결책들을 상상할 수 있는가?
- Cognitive(인지): 당신은 무엇을 아는가? – 당신은 무슨 기술/정보를 가지고 있는가?
- Physical(신체): 당신은 무엇을 할 수 있는가? – 당신은 무엇인가를 하기 위해 활동적으로 할 수 있는가? – 당신은 긴장을 이완할 수 있는가? 당신은 다른 사람들 혹은 당신 자신을 위해 긴장이완을 할 수 있는가?

여섯 조각 이야기 만들기(6-PSM)는 아동의 이야기 만들기를 지지하기 위해 Alida Gersie의 방법들(Meldrum, 1994)을 근거로 개발되었다. 이야기의 분석은 BASIC Ph의 체제를 활용하여 치료사가 아동의 대처방안 차원을 사정

하는 것을 도울 수 있으며 이러한 대처방안들을 통해 아동과 함께 관계를 형
성하는 것을 지원한다.

아동이 이야기의 여섯 개 조각에 그림을 그리도록 이끌어진다. 나는 보통
그림을 그리고 아래에 글자/대본을 쓰도록 공간을 마련한 여섯 개의 상자로
된 만화를 제공한다. 이러한 이야기 요소들은 전세계의 동화에서 확인되어
왔다(von Franz, 1987). 〈표 3-2〉는 각각의 여섯 개 상자들로 채워진 이야기
의 구역을 나타낸다.

〈표 3-2〉 여섯 조각 이야기

1. 주인공: 영웅 혹은 여걸. 그들은 실재하거나 혹은 상상할 수 있다. 그들은 어 디에 사는가?	2. 주인공의 업무 혹은 임무. 인물의 미션은 어떻게 할 당되었는가?	3. 누구 혹은 무엇이 주인공 을 돕는가?
4. 누구 혹은 무엇이 아동의 과제 혹은 미션을 전달하 는 인물을 방해하는가?	5. 영웅 또는 인물이 어떻게 업무나 임무에 대처하는가?	6. 그 후 무슨 일이 일어났는 가? 그것은 끝났는가? 혹 은 계속 진행되는가?

출처: Lahad, 1993, pp. 11-12에서 재인용.

아동은 그 후 아동의 그림을 가지고 이야기를 말하며 이것은 그대로 기록
된다. Lahad는 치료사가 이야기를 말하는 데 사용된 목소리 톤, 이야기의 맥
락과 메시지를 포함하여 이야기의 우세한 대처양식을 확인하면서 몇 단계에
따라 이야기를 듣도록 제안한다(BASIC Ph의 요소는 아동이 말하는 이야기를 통
해 나타난다). 이것은 대처기제를 확인하기 위해 비상시에 사정을 활용하는 방
법이다. 6-PSM과 BASIC Ph의 구조는 역할극이나 인형, 모래상자 속 캐릭터
로 이야기가 만들어지던 놀이실에서 생성된 다른 이야기들을 사정하고 이해
하기 위해 활용될 수 있다. 만들어진 이야기의 주제들은 아동의 우세한 방식
을 확인하기 위해 분석될 수 있다. 아동의 우세한 주제들과 대처방식을 알면

치료자가 아동이 선호하는 방식을 활용하여 의사소통할 수 있다. 이러한 정보는 아동과 아동이 고통을 받고 있을 때 도울 수 있는 언어를 더 잘 이해하기 위해 부모/양육자와 공유할 수 있다. 예를 들어, 아동이 신체적인 부분이 우세한 유형이라면 잠자기 전에 이완활동을 하는 것이 아동의 어려움을 다루고 아동과 부모/양육자와의 관계를 지지하는 데 도움이 될 수 있다.

BASIC Ph와 6-PSM은 치료사에게 이야기 놀이치료 사정 도구를 제공한다. 이 도구는 자기감으로 소통하면서 아동을 지지하고 치료에서 나타나는 사정 주제들에 관한 틀을 제공한다. 제6장에서 Alison Webster는 학교에서 아동들의 활동에서 6-PSM의 활용을 설명한다.

기록보관

이야기 놀이치료는 놀이치료 과정에서 두 가지 주요 요소에 중점을 두는데, 이야기들이 창조되는 것이며, 놀이의 발달 방식이 이 이야기들을 창조적으로 만드는 데 활용된다는 것이다. 그러므로 기록보관은 이러한 두 가지 주요 요소를 반영한다. 치료사들은 다른 매체를 활용하여 다른 방식으로 이야기들을 기록한다. 모래나 다른 감각재료나 작은 모형들로 꾸민 장면들은 사진을 찍어 보관하거나 놀이치료에서 나타난 주제와 이야기를 녹음한다. 치료사는 아동들이 구술하거나 혹은 스토리텔러와 듣는 사람들 사이에서 공동 구성된 이야기를 적는다. 일부 치료사들은 이러한 이야기들을 적을 수 있는 특별한 책을 가지고 싶어한다. 그리고 책은 치료 도구의 일부가 되며 기록보관 과정의 일부이다. 나는 다음 회기에 이용할 수 있도록 종종 아동이 이야기를 구성하고 받아쓰고 편집한 대로 이야기를 적고 타이핑한다. 그 후 이것은 사진들이나 치료에서 만들어진 어떠한 미술작품으로도 저장된다. 놀이의 방식, 즉체현, 투사, 역할극, 규칙을 가진 게임(Jennings, 1993)도 기록보관 과정들에서 확인된다. 이러한 자료를 통해 놀이의 본질이 기록될 수 있다. 예를 들어, 소재의 탐구, 즐거움, 가상 혹은 상상을 가지고 참여하는가? 표현되고, 탐색되고 혹은 상연된 감정들이 기록된다.

아동의 놀이의 본질에 대한 위험이나 의식(ritual)의 관찰 또한 기록할 수 있다. Jennings는 아동이 이미 확립한, 알고 있고, 안전하고 반복적인 의식들이 놀이 안에서 의례적으로 나타난다고 확인하였다(Jennings, 1993, p. 138). 다음과 같은 질문들은 위험이나 의식의 연속에서 아동이 어디에 있는지 확인하도록 돕는다.

- 아동은 놀이방에서 처음에 무슨 놀이를 하는가?
- 아동은 매주 같은 놀잇감을 가지고 시작하는가?
- 아동은 매주 같은 방식으로 놀잇감을 가지고 놀이하는가?
- 아동은 항상 극놀이에서 같은 인물로 놀이하길 원하는가?
- 아동은 항상 같은 방식으로 집안에 가구를 배열하는가?

의식의 패턴은 많은 회기를 걸쳐 나타날 것이다. 위험이 관찰된다는 것은, 놀이치료실에서 아동이 시도했던 일상적인 접근들에 무언가 일반적이거나 새로운 변화들이 시작되는 것과 새로운 것들을 시도하는 것을 포함한다. 아동은 새로운 장난감을 테스트하고, 새로운 풍경들 그리고 놀이 장면들을 창조하며 감각놀이에서 새로운 촉감을 사용하고 새로운 극놀이 역할을 시도하거나 모래에서 새로운 그림을 창조하는가? 아동은 다른 이유로 위험과 의식 사이에 참여할 것이다. 어떤 아동들은 연속되는 의식의 가닥에 묶여 있다면 정리정돈을 통해서 안전감과 안정감을 찾을 것이다. 아동들의 놀이가 연속적으로 의식적인 가닥에 묶여 있을 때, 치료사는 또한 이것이 외상적 놀이인지 고려해야 한다. 놀이에서 아동의 통합과 변화와 다양성에 관한 관용과 참여 그리고 놀이에서 보는 즐거움 혹은 안도감의 있고 없음 또한 기록되어야 한다. 연속적인 과정의 끝에서 위험에 처한 아동은 새로운 놀잇감과 역할을 탐색하고 시도하는 데 안전감을 느낄 수도 있고, 새로운 관점, 즉 기록과정의 모든 요소들에 대해 생각하고 그것을 취하기 시작할 수도 있다. 아동의 탐색 능력, 과제에 대한 지속성과 호기심은 아동의 애착경험을 반영하는 것일 수 있다(Creasey and Jarvis, 2007). 발달지연 아동이나 전반적 발달장애 아동이 혼합된 그룹에서 다운증후군을 가진 4세 아동의 경우 아기의 역할을 배정받아 놀이에서 엄마 역할을 원하는 소녀들이 돌보는 모습이 관찰된다. 아동은 질릴 때까지 아기 역할을 하는 것을 즐거워했고 그제서야 "그만, —나는 이제 엄마"라고 말하고 저녁밥 짓기 놀이를 진행했다.

[그림 3-1]은 이야기 놀이치료에서 놀이치료 과정들을 기록하기 위해 요인들의 확인을 반영하는 기록지를 제안한다.

이야기 놀이치료 기록양식

　아동 ＿＿＿＿＿＿＿＿＿＿＿＿＿　　날짜 ＿＿＿＿＿＿＿＿＿＿＿＿＿

　회기 번호 ＿＿＿＿＿＿＿＿＿＿＿＿＿

　부모/후견인으로부터 분리:

체현 놀이

　활용된 소재들:(목록)

　공동 구성된 이야기:

　관찰된 감정들:(목록)

　의식　　　1　　2　　3　　4　　5　　　위험(적절한 곳에 ○로 표시하시오.)

　소견:

　주제: 탐색, 건설, 양육, 공격, 보호(적절한 곳에 ○로 표시하시오.)

　기타: ＿＿＿＿＿＿＿＿＿＿＿＿＿＿＿＿＿＿＿＿＿＿＿＿＿＿＿＿＿＿

투사 놀이

활용된 소재들:(목록)

공동 구성된 이야기:

관찰된 감정들:(목록)

의식   1   2   3   4   5   위험(적절한 곳에 ◯로 표시하시오.)

소견:

주제: 탐색, 건설, 양육, 공격, 보호(적절한 곳에 ◯로 표시하시오.)

기타: _____

역할놀이

활용된 소재들:(목록)

공동 구성된 이야기:

관찰된 감정들:(목록)

의식   1   2   3   4   5   위험(적절한 곳에 ◯로 표시하시오.)

소견:

주제: 탐색, 건설, 양육, 공격, 보호(적절한 곳에 ◯로 표시하시오.)

기타: _____

게임놀이
　　활용된 소재들:(목록)

　　공동 구성된 이야기:

　　관찰된 감정들:(목록)
　　의식　　1　　2　　3　　4　　5　　위험(적절한 곳에 ◯로 표시하시오.)

　　소견:

　　주제: 탐색, 건설, 양육, 공격, 보호(적절한 곳에 ◯로 표시하시오.)
　　기타: _____

[그림 3-1] 이야기 놀이치료 기록 양식

평가

　　이야기 놀이치료의 평가는 나타난 주제들과 이러한 주제들에서의 해결방안인 결말의 범위를 정의하고 탐색하는 능력을 확인하고, 성인들이 아동을 수용한다는 변화하는 이야기를 확인하는 것이 목표이다.

　　사정 영역에서 확인된 몇 가지 투사 기법의 재탐색은 치료가 끝나감에 따라 변화하는 이야기들과 아동의 자기감을 확인하는 데 도움이 될 수 있다. 예를 들어, 보호막 활동을 재탐색하고 현재 반응들을 기존 반응들로 재검토하는 것은 아동의 긴 여정의 이해와 중재의 평가에 도움이 된다.

　　이야기 주제들을 재검토하고 이러한 주제들에서 변화들을 추적하는 것은 치료사에게 도움이 된다. 종종 치료사가 이런 변화에서 관찰하는 것은 더 넓은 이야기 범위, 더 넓은 제안된 결말의 범위, 그리고 아동이 지금 취할 수 있는 관점이다.

또한 아동은 종결과정에서 치료의 평가를 시작할지도 모른다. 아동은 종종 치료가 끝날 때 "당신은 우리가 슬라임을 만들었을 때 당신이 나의 이야기를 써 내려간 일을 기억하세요?"라고 하면서 그동안 했던 것들을 회상하기 시작할 것이다. 아동은 이야기들이 그들에게 다시 읽혀지도록 요청하며 청중으로서 즐긴다. 이야기들, 미술활동 그리고 모래 트레이 활동에 대해 사진 찍은 것을 포함하여 창조된 소재를 가지고 무엇을 할지 결정하는 것은 아동의 치료과정 평가의 일부가 될 수 있다. 아동은 현재 자기감의 한 부분으로 이야기들을 이해하고 더 이상 그들 자신에 관해 담고 있지 않은 이야기들을 거부한다.

오랜 시간에 걸쳐 진행된 위험/의식 관찰들에 대한 평가는 종종 놀이치료의 후반부의 방향을 제공할 것이다. 아동은 위험과 의식 사이를 이동하기 시작하고 균형이 이루어진다. 외부가 치료 안으로 이동하기 시작하고 아동은 더욱 긴장을 이완하고 '문제'에 덜 중점을 두는 목소리 톤으로 그들의 일상생활 경험들을 이야기한다.

주제들과 양육자/부모들과 함께 변화하는 이야기들을 공유하면서 그들의 이야기들은 또한 문제에는 중점을 덜 두고 회복탄력성에 더욱 중점을 둔다. 일부 이야기들은 지속되지만 이야기의 강렬함이나 이야기에 퍼져 있던 어려움은 약화되는 것으로 보인다.

결론

사정, 기록보관 그리고 평가는 전문적 실제의 주요 요인이다. 이 장에서는 이야기 놀이치료 이론과 실제에 관련된 전문적 체제를 지지하기 위해 활용될 수 있는 전략의 범위를 설명하였다. 그들은 이 책에서 기록된 실제의 범위와 이야기 놀이치료 임상가로서 그들의 욕구를 반영시키기 위해 다른 사람의 접근들을 어떻게 채택했는지를 보여 준다. 치료사가 활동하는 사회적 그리고 문화적 문맥에 적합하도록 개정될 가능성의 여지가 있다.

📖 참고문헌

Buck, J. N. (1948). 'The H-T-P Test.' *Journal of Clinical Psychology, 4*, 151-159.

Cattanach, A. (1994). *Play Therapy: Where the Sky Meets the Underworld.* London: Jessica Kingsley Publishers.

Creasey, G. and Jarvis, P. (2007). 'Attachment in the Preschool Years.' In O. Saracho and B. Spodek (Eds.) *Contemporary Perspectives on Socialisation and Social Development.* Charlotte, NC: Information Age Publishing.

Deffenbaugh, A. M. (2003). 'The House-Tree-Person Test with kids who have been sexually abused.' Available at www.eric.ed.gov/PDFS/ED482760.pdf, accessed 13 February 2011.

Dreikurs, R. and Soltz, V. (1964). *Children: The Challenge.* New York: Penguin Books.

Goldwyn, R., Stanley, C., Smith, V. and Green, J. (2000). 'The Manchester Child Attachment Story Task: Relationship with parental AAI, SAT and child behaviour.' *Attachment and Human Development, 2,* 1, 71-84.

Jennings, S. (1993). *Playtherapy with Children: A Practitioner's Guide.* Oxford: Blackwell Scientific Publications.

Kottman, T. (1995). *Partners in Play: An Adlerian Approach to Play Therapy.* Alexandria, VA: American Counseling Association.

Lahad, M. (1993). 'Basic Ph—The Story of Coping Resources.' In M. Lahad and A. Cohen (Eds.) *Community Stress Prevention* (vol. 2). Kiryat Shmona: Community Stress Prevention Centre.

Lew, A. and Bettner, B. L. (1998). *Responsibility in the Classroom: A Teacher's Guide to Understanding and Motivating Students.* Newton Centre, MA:

Connexions Press.

Meldrum, B. (1994). 'Evaluation and Assessment in Dramatherapy.' In S. Jennings, A. Cattanach, S. Mitchell, A. Chesner and B. Meldrum (Eds.) *The Handbook of Dramatherapy.* London: Routledge.

Minnis, H., Putter. S., Read, W., Green, J. and Schumm, T. -S. (2008). 'The Computerised Manchester Child Attachment Story Task: a novel medium for a measure of attachment patterns.' Available at www.scss.tcd.ie/conferences/TIMH/12-Minnis.pdf, accessed 2 October 2010.

Moore, T. and Ucko, L. G. (1961). 'Four to six: Constructiveness and conflict in meeting doll play problems.' *Journal of Child Psychology and Psychiatry, 3,* 21-47.

Steele, M., Henderson, K., Hodges, J., Kankuik, J., Hillman, S. and Steele, H. (2007). 'In the Best Interest of the Late-placed Child: A Report from the Attachment Representations and Adoption Outcomes Study.' In L. Hayes, P. Fonagy and M. Target (Eds.) *Developmental Science and Psychoanalysis Integration and Innovation.* London: Karnac Books.

von Franz, M. (1987). *Shadow and Evil in Fairy Tales.* Dallas, TX: Spring.

Winnicott, D. W. (1991). *Playing and Reality.* London: Routledge. (Original work published 1971)

제4장

외현화 과정으로서의 이야기

Kate Kirk

개관

이야기 놀이치료는 아이들이 전개하는 이야기를 경청하고 목격하는 것이다. Parry와 Doan(1994, p. 1)에 따르면 다음과 같다.

> 아주 옛날 모든 것은 이야기를 통해 이해되었다. 이야기는 항상 이해할 만한 것들이어야 했다. 이야기들은 항상 '왜'라는 질문을 다루었다. 대답들은 문자 그대로의 사실이 아닐 수 있다. 예를 들어, 그것들은 단지 답을 제공하므로 영혼을 위한 것보다 마음을 위한 것으로 사람들의 호기심을 덜 만족시켰다. 영혼을 위한 대답들이 사실이지만, 진실이 사실적인지 혹은 '단지' 은유적인지를 물어서 이야기를 방해하는 사람은 거의 없다. 그 질문은 훨씬 후에 한다.

Byng Hall(1999, p. 132)은 행동은 이야기를 말할 수 있다고 제안한다. 즉, "아이들과 함께 일하는 기쁨 중에 하나는 그들이 그들의 이야기를 장난감이나 그림으로 상징적 놀이를 하며 생동감 있게 말할 수 있다는 것이다." 내가 그들의 신랄한 이야기를 통하여 외현화된 그들의 두려움, 불안들 그리고 걱정들을 목격하는 것은 아이들의 놀이라는 매체를 통해서이다. 아이들은 자신에게 상처를 입히고 문제를 일으키는 것의 해결방법을 찾기 위해 재저술하거나 새로운 의미를 추가하여 이야기를 만든다.

Roberts(1999)에 따르면, "Cox와 Theilgaard(1987, p. 252)는 개인적으로 각자 그들의 관점에서 세상을 바라보는 방식을 강조하였고 '관점의 세상' 속에서 살아가는 것이라고 하였다"(p. 6). Roberts는 계속해서 다음과 같이 말했다.

> 많은 부분 속에서 우리는 우리 안에 있는 우리를 통한 생활의 기본 의미를 구성하는 삶의 이야기들 혹은 삶에 대한 이야기들에 관심을 가진다. 하지만 아마 객관적으로 고려될 수 있는 혹은 역사적으로 정확한 방식으로 그들의 삶의 이야기를 전해 주거나 경험하는 사람은 거의 없을 것이다. 우리가 가지고 있는 것은 우리가 인생의 여러 단계에서 상당히 다른 방식으로 이야기할 수 있는 삶의 경험에 대한 해석이며, 우리의 욕구에 따라서 우리 이야기를 듣는 사람에게 다른 반응을 유발하거나 불러일으키려고 한다(pp. 6-7).

이 장은 다른 배경을 가지고 있는 두 아이들과 함께했던 나의 작업에 기초하여 설명하려고 한다. 놀이 속에서 그들이 만들어 낸 그 이야기들은 그들이 삶 속에서 앞으로 나아가도록 그리고 과거에 덜 매이도록 하는 데 도움이 되었다. 나는 활동 속에서 이야기 놀이치료를 살펴보는 두 개의 사례연구를 선정하였다. 나는 6세, 8세 자매와 10세 소년을 선택했다. 나는 1년 동안 치료과정을 통해 이 아이들을 추적했다. 형제자매를 연구할 때, 나는 아이들을 개별적으로 봐야 한다는 것을 알고 공동 회기를 열기로 선택했다. 나는 돌봄 과정 중에 초기 면접 평가 이후에 그들의 관계가 변화를 보이는지 궁금했다. 모든 아이들은 지역의 아동위탁기관에 있었다. 그 후 형제자매는 성공적인 적응을 보였으며 폴은 양부모의 집에서 오랜 기간 매우 잘 관리받고 있다. 이 사례연구들에서 사용된 모든 아이들과 가족들에 대한 정보는 그들의 비밀을 보호하기 위해서 바뀌었다.

이야기 놀이치료란 무엇인가? Freeman, Epston과 Lobovits(1997)에 따르면, 이야기(narrative)라는 용어는 사람과 문제들에 대해 듣고 이야기하기 또는 다시 이야기하는 것을 암시한다. 이야기 놀이치료는 모래놀이 속에서 그들을 투사하고 장난감과 인형을 사용하여 이야기를 말하도록 촉진해서 아이들이 자신과 가족에 대해 말하는 이야기들로 구성한다.

Cattanach(2008)는 이야기 놀이치료의 기능 중의 하나는 아이들이 자기 세계를 통제하여 세상에서 일어나는 일들을 통제하는 방식을 획득하는 것이라고 했다. 힘이 약한 아이라도 다양하게 힘을 실어 주는 경험을 할 수 있다. 이야기와 스토리의 사용은 우리가 생활과 경험들을 의식하도록 돕는다. 돌봄 체계 속에 있는 아이들의 이야기는 종종 항상 그들을 도울 방법이 없고 두드러진 문제들로 가득 찬 이야기들을 그들로부터 미래에 대한 희망을 빼앗을 정도로 자주 반복하여 말한다고 기록된다.

Freeman과 동료들(1997)은 이야기치료에서는 문제로부터 사람을 분리하는 외현화라고 불리는 언어적 장치를 사용한다고 설명한다. Greenburg와 동료들(1997)은 외현화라는 용어는 일반적으로 부정적인, 순응하지 않는, 공격적인, 언짢은 기분과 다른 지나치거나 미성숙한 제한된 감정적 반응을 포함하는 도전적이고 적대적인 행동들의 핵심으로 요약될 때 사용된다고 말한다. 그러나 이 기술이 치료적으로 적용될 때 Freeman과 동료들(1997)은 치료사의 주된 임무는 아동과 가족이 문제 해결에 실패했던 시간에 접촉하는 것을 돕는 것이라고 제안했고 이것은 그들 삶에서 문제들이 우세했던 것을 접어 두고 독특한 성과를 발견하는 것으로 묘사될 수 있다.

나는 그들의 욕구가 간과되고 모든 유형의 가정폭력과 학대에 노출된 외상과 흔히 타협하며 살고 있는 아이들을 본다. 외현화 기법을 사용하는 것은 아이들에게 힘을 실어 주고 그들이 놀이를 통해 외상을 다루어 갈 수 있게 한다. James(1989, p. 1)는 외상을 "개인의 심리발달에 지속적인 손상을 일으키는 잠재적인 정서적 쇼크"로 묘사한다. 그녀는 "외상이 계속해서 무력감, 취약함, 안전에 대한 상실과 통제에 대한 상실을 느끼게 하여 심리적으로 희생자들에게 충격을 주는 압도적이고 통제되지 않는 경험"이라 말한다. 이러한 증상들은 아이들이 외현화 기법을 사용하여 외상이 겉으로 드러나게 하는 나의 첫 번째 사례연구에서 생생하게 묘사되었다. 이 연구에서 나오는 모든 아이들은 지각과 감각 수준에서 외상에 대한 지식을 가지고 있음을 보여 주었다. Penny의 연구에서 우리는 그녀가 아버지의 말을 복사하듯 따라 하고 그의 총을 가지고 그를 거울처럼 반영하는 것을 관찰하였다. 유사하게, 두 번째 연구에서는 어느 누구에게도 의미 있는 애착이 없는 Paul이 그에게 행해졌던 일들에 대한 것을 생생하게 기억했다. 기억놀이는 외상을 다루어 가고 그것에 대해 우리가 어떻게 느끼는가를 바꾸어 가는 데 매우 중요한 역할을 한다.

놀이치료로 아이들과 함께하는 나의 작업에서 외현화는 장난감, 인형 그리고 모래상자를 활용하여 일어난다. 이러한 대상들을 통하여 아이들은 자신과 문제 간에 공간을 만들 수 있다. 치료사들은 아이들이 드라마틱한 놀이, 예술, 모래놀이 혹은 인형놀이를 통해 그들의 생활에 대한 이야기를 구성하도록 활발한 상호작용, 호기심, 감탄을 통하여 아이들을 도울 수 있다. Anderson과 Goolishian(Cattanach, 2008, p. 22)은 치료사에게 대화로부터 일관성 있는 주제 혹은 새로운 의미가 떠오를 때까지 이야기를 전개하도록 허용하라고 말한다.

사례연구 1

나는 법원에서 놀이평가를 할 때, 용감한 8세의 페니를 만났다. 페니와 그녀의 여동생인 6세 프랜시스는 위탁가정에서 살았다. 페니는 짜증을 내는 경향이 있고 아무데서나 폭발하는 아이로 묘사되었다. 그녀의 어린 여동생 프랜시스는 편한 기질, 평온한 본성으로 입양되기 더 쉬운 반면, 페니는 그렇지 않아 초기에는 입양이 쉽지 않아 걱정스러웠다. 아이들은 둘 다 시골에서 왔다.

그들은 방치되었고 아버지는 정신 건강이 미약하고 어머니는 술로 위안을 삼는 가운데 아이들은 아버지가 소총으로 어머니를 죽이겠다고 위협하는 것을 목격했다. 그들은 1989년에 제정된 아동 법률에 따라 응급 보호 명령으로 위탁가정으로 옮겨졌다.

사냥하고 총 쏘고 낚시하는 시골의 생활방식은 그들의 아버지에게는 일상의 일부였다. 그는 종종 페니를 데리고 토끼 사냥을 하고 그녀 앞에서 가죽을 벗기고 내장을 제거했다.

위탁가정에서의 페니의 행동은 걱정을 야기했는데 그녀가 아버지의 폭력과 괴상한 행동들로부터 심각하게 영향을 받은 것이 분명했다. 하지만 그녀는 아버지를 그리워하기도 했으며 누구도 아버지에 대해 이야기해 주는 사람이 없어서 그가 떠오르면 겁을 먹기까지 했다. 여동생 프랜시스는 외할머니 집에서 많은 시간을 보냈고 그녀의 행동은 페니가 했던 외상과 같은 모습을 보이지 않았다.

페니는 아버지의 폭력을 많이 목격했다. 그녀는 위탁가정에서 그녀 자신의 방식대로 할 수 없을 때 그녀의 아버지가 집에서 그녀의 어머니에게 명령했을 때 들었던 공격적인 언어를 사용하였다. 내가 짐작하기로는 가정 내에서 그녀의 경험들로부터 행동이 학습되었다고 본다.

법적 절차는 연기되었지만 장기적인 보호자로서 다른 가족 구성원이 평가받았다. 하지만 이것은 성공적이지 않았다.

놀이치료 중재

나는 내 방에서 아이들을 만났고 우리가 놀이하는 동안 우리의 안전을 지키기 위한 규칙에 대해 개략적인 설명을 했다. 내가 장난감을 때리거나 부수지 말 것을 설명하는 동안 페니는 작은 인형 머리를 부수었다. 나는 그 회기가 끝나기 전에 5분 동안 인형을 고치는 것을 돕도록 그녀에게 제안했고 그녀는 이러한 제안에 동의하지 않고 반대했다.

프랜시스는 모래상자에서 분실물 찾기 놀이에 열광했고 모래 안에 한 장면을 구성하였다. 자신의 이야기를 말하기 위해 모래, 물, 장난감을 사용하는 그녀의 놀이 행동은 Jennings(1999)가 말하는 체현화이다. 프랜시스는 젖은 모래의 냄새를 맡았고 "싫은데 좋은"이라고 말했다.

　　모래 속에서 프랜시스의 이야기는 분실물이 중심이 되었다. 그녀는 인형 두 개와 반짝거리는 보석들을 모래 속에 묻었다. 그녀는 그녀가 모래 속에서 엄마 인형을 찾는 동안 내가 보석들을 찾길 원했다. 프랜시스는 명백히 걱정하지 않았으나 "나는 엄마가 보고 싶어. 아빠는 나쁜 사람이야."라고 짧게 말했다. 그녀의 말이 메아리쳤고 우리는 멈췄다. 보석은 그녀 자신의 일부이며 치료사가 찾아 주는 행동으로 아동은 안전해진다.

　　반면, 페니는 방을 탐색했고 인형 상자를 발견했다. 그녀는 사나워 보이는 공룡을 집어 내 얼굴 쪽으로 똑바로 들이밀었다. 나는 그녀를 제지시켰고 우리는 안전해야 할 필요가 있고 함께 놀이하는 동안 서로를 다치게 해서는 안 된다는 것을 상기시켰다.

　　페니는 인형을 던져 버리고 모래상자에서 그녀의 여동생과 합류했다. 페니는 중간 크기의 뱀을 들고 다시 내 얼굴을 향해 들이밀었다. 다시 나는 그녀를 제지했고 제한을 상기시켰다. 그녀는 "아빠가 총을 가지고 나가서 내가 당신을 만나러 왔어요."라고 말하고 팔을 뻗어 총을 쏘는 행동을 했다. 그때 그녀는 입을 크게 벌린 커다란 하마를 찾아 다시 내 얼굴에 들이밀며 "입 닥쳐."하고 소리 질렀다. 그녀는 나를 보며 미소를 지었고 그 회기가 거의 끝날 때까지 모래에서 놀았다. 그녀는 부서진 인형을 내게 가져와 함께 그 머리를 고치려고 했다. 그녀는 조용했다. 나는 부서진 물건은 종종 수리된다고 부드럽게 말하고는 더이상 말하지 않았다. 나는 그녀가 희망의 하나로 그녀 자신의 이야기를 재저술할 수 있다고 느끼길 원했으며 그러한 여정이 출발될 것 같았다. 나는 두 자매에게 그들의 이야기를 나의 책에 쓸 거라고 말했다. 그들은 동의하지도 거절하지도 않았다.

　　프랜시스에 대한 나의 첫인상은 그녀의 놀이가 감각발달놀이였다는 것이다. Jennings(1999, p. 5)는 이런 종류의 놀이를 체현화와 투사로 묘사했다. 체현화란 주로 아이들이 신체를 넘어서 외부 세상과 관련하여 감각과 투사를 통해 신체화 된 놀이로 표현하는 것이다. 모래 속에 숨박꼭질 게임은 잃어버리고 찾기 그리고 안전해지고 싶은 욕구에 대한 상징이다. 그들은 어머니의 상실로 표현되는 슬픔이 있다 할지라도 그녀의 나이나 발달단계를 고려해 볼 때 충분히 놀이 공간으로 끌어들일 만큼 관계를 맺는 능력을 보였다. 이 단계에서 그녀의 할머니에 대한 설명은 없었다. 그녀의 전반적인 표현은 조용히 순응하고 기쁨을 나타내는 것이었다. 애착 이론가 중에 한 명인 Crittenden(1997)은 양육자가 아동의 정서적인 표현을 처벌하는 경우 아동은 강압적인 전략을 사용하지 못하고 사용할 필요가 없게 된다. 그럼에도 불구하고 그들은 양육자의 도움을 이끌어 내는 것이 필요하므로 수줍어하는 행동을 통해 양육자들이 좋아하는 미소와 다정함을 보여 준다. 결국 양육자에게 거부 당하거나 강압적인 양육자를 가진 아동은 실제로는 놀라고 화가 날 때도 행복한 척하는 방법을 배운다. 그들은 애착 대상으로부터 원하는 양육적인 반응을 얻기 위해 감정을 조작해서 표현하는 것을 배운다.

　순응과 미소의 두 전략들은 프랜시스를 위한 보호적인 요소였고 가족들 속에서 살아남기 위해 그녀를 도울 수 있는 더 차분한 기질을 갖도록 했다. 프랜시스의 페르소나는 치료 내내 같은 방식으로 유지된 반면, 페니는 위탁가정에서 스트레스 받고 협조하지 않았고 오줌싸개였으며 치료를 위한 처음 12주 동안 스랜시스와 다르게 표현하였다. 나는 나를 향한 페니의 공격적인 수준에 놀랐고 보호자가 왜 그녀에 대해 걱정했는지가 이해되었다. 나는 페니가 그녀의 동생이 말하는 것과 꽤 다른 이야기를 가지고 있다는 것을 알았다. 어떻게 아이들이 그들의 경험을 존재하는 정신구조로 받아들이고 소화하느냐 하는 Piaget의 이론들(Cattanach, 2008)은 현재에도 적절하고 계속해서 유효할 것이다. Cattanach는 또한 아이들이 다른 학습 경험들 속에서 신념과 행동의 근거를 제공하는 아동의 세계에 대한 정신적 사진들을 만든다는 구성주의의 다른 견해를 주장한다.

이렇게 초기 발달단계에서는 이 어린 소녀가 견디기에는 취약한 정신 단계에 비해 과도하게 보고 듣는 경험을 한 것으로 보인다. 페니의 외상은 폭력과 공격적인 이야기 속에 이미 퍼져 있는 증거에서 알 수 있다. 아이들의 반복적인 놀이 주제들은 그들이 감당할 수 없어 깊게 뿌리박힌 감정들의 반영이다 (James, 1989).

2회기

페니가 그녀를 위한 첫 개별 회기에 참여하러 내게 왔을 때 그녀는 내게 "나는 오고 싶지 않았으나 안나[양육자]가 나를 데려왔어요."라고 말했다. 그녀는 방을 둘러보고 "이 사람들은 화가 났어요."라고 큰 소리로 말하며 그 인형들을 거칠게 모래 속으로 던졌다. 페니는 작은 총을 찾아 나를 정조준하며 "내가 당신을 죽일 거야. 당신은 죽을 거야. 우리 아빠는 여우와 꿩들을 사냥해."라고 말했다. 페니는 총을 내려놓고 화장실에 가겠다고 하였다. 돌아와서 그녀는 총은 무시하고 모래에 한 장면을 만들었다. 그 장면은 터널로 연결되었고 많은 나무들이 있었다. 페니는 그때 상자 위에 세 명의 기사들을 배열하고 있었다. 나는 이곳에서 그녀가 전에 살았던 적이 있는지 물었다. 그녀는 "입 닥쳐."라고 말했다. 기사들은 각각 죽을 때까지 말을 타고 싸웠다. 페니는 생기가 넘쳤고 힘으로 기사들을 세게 때리며 "죽어라, 죽어라."라고 외쳤다.

페니는 갑자기 모래상자를 떠나 인형을 발견하고는 첫 회기에 사용했던 공룡을 찾았다. 그녀가 그것을 내 얼굴에 밀어붙이려는 순간이었다. 나는 그녀를 멈추게 했고, 우리가 서로 상처 주지 말아야 하고 그녀가 여기에서 안전할 것임을 상기시켰다. 규칙은 그녀의 안전을 지키기 위함이었다. 나는 그때까지 그녀의 이야기에 대해 언급했다. "옛날 옛적에 큰 나무가 있었고 기사들은 아름다운 색깔의 옷을 입고 있었어요. 그들은 서로 싸웠지만 많은 사람들은 왜 싸우는지를 알지 못했어요." 페니는 끼어들어 "그들이 알고 있었지만 잊어버린 것을 넣으세요."라고 말했다. 나는 주의 깊게 이것을 기록했다. 나는 그녀에게 기사들이 싸우지 않던 시간을 기억하도록 요구했다. 그녀는 나에게 "그들은 지금 피를 흘리고 있지만 나을 수 있어. 하지만 지금은 아직 안 돼."라고 말했다.

다시 페니는 외현화 기법의 이해를 보여 주었다. 즉, "그들은 지금 피를 흘리고 있지만 나을 수 있어요."라고 말했다. 페니의 새로운 이야기(narrative)는 앞으로 무언가 더 나은, 더 건강해지는 희망을 포함하고 있다. 이 회기에서 페니의 주요 감정은 두려움, 걱정, 분노 중의 하나였다. 그녀가 지금까지 묘사한 이야기는 모두 죽음에 관한 것이었고 그 장면이 불러일으킨 불안을 관리하기 위해 치료실을 떠나는 것이 필요할 정도로 그녀에게 고통을 주었다. 페니는 그녀의 아버지가 여우들과 꿩들을 사냥한다는 것을 그 누구보다 더 잘 알았다. 이것은 그녀에게 의미론적이고 삽화적인 기억으로 저장되었고 그녀는 이것을 통해 놀이할 필요가 있었다. 그 회기 시작에 있어서 놀이는 그녀를 만족시키지 못했지만 두려움을 통해 작업하므로 그녀는 조금 편안해졌고 그녀는 이번 회기에서 첫 회기의 인형처럼, 기사들이 나을 수 있다는 아이디어를 제공했다. 그녀는 주변의 물건을 던지고, 치료사를 위협하고, 모래에서 그녀의 살인적인 분노를 표현하는 것으로 혼란을 표현했다. 나는 소멸할 것이라는 페니의 두려움이 그녀의 외상경험에 뿌리를 두고 아마 이 삽화적 회상은 그녀의 분노와 두려움을 다시 일깨웠다는 것을 알아챘다.

전조작기 아동이 사용할 수 있는 새로운 대뇌피질의 능력은 절차기억 체계인 전의식의 감각운동의 스키마(schema)보다 더 정교한 정보를 표현하는 것이다. 정보의 한 가지 유형(아마도 유아들에게서 나타나는)은 불안(편안한, 분노와 두려움의 욕구를 포함하는)과 편안한 감정을 이끌어 내는 내용들과 밀접하게 연결되어 있다. 이 정보는 지각된 감각 이미지들의 형태로 존재한다. 또 하나, 의미론적 기억으로 분류되는 더 정교한 정보는 언어의 일반화(즉, 어떻게 사람 혹은 상태가 미래에 존재할 것인지에 대한 예견을 촉진하는 제안들)를 포함한다.

Crittenden(1997, p. 61)은 의미론적 기억은 자연스럽게 인식되며 문제 해결 행동을 조절한다고 주장한다. 한편으로 삽화적 기억은 특별한 사건에 관한 정보와 관련이 있다. 정서적 정보와 인지적 정보 모두 시간적 순서에 따라 기억되어 전개되고 여러 가지 양식으로 감각적인 정보로 전개되어 통합된다. 페니의 외현화는 영향을 강력히 끼쳤고 시간적 축에도 자리 잡았다.

3회기

이전 회기에서 나는 위탁가정의 양육자와 사회복지사에게 이야기할 기회가 있었다. 그들 모두는 페니가 위탁가정에서 다소 공격적으로 보인다고 했다. 페니는 위탁모에게 물건이 깨져도 고칠 수 있기 때문에 걱정하지 말라고 말했다. 페니의 이런 제안이 깨진 것들도 수리될 수 있다는 희망에 대한 새로운 이야기를 시작하게 됐다고 믿는다.

페니는 매일 밤 침대를 적시고 그녀의 양육자인 안나는 관리하기가 극도로 힘들다는 것 알아 가는 중이었다. 나는 안나에게 '엉큼한 쉬, 엉큼한 응가'(White and Epston, 1990)를 소개했다. 내 용어로 '침대에 쉬'를 사용했다. 이것은 아이들이 그것보다 한 수 앞설 수 있다는 자신감을 줄 수 있는 문제의 외현화이다. 그녀는 나에게 시도해 보겠다고 했다. 또한 나는 잠자리에 들기 전에 페니의 유동식을 줄일 뿐만 아니라 그녀 스스로 잠자리에 들기 전에 화장실에 다녀올 것을 권유했다.

페니가 내 방에 들어왔다. 나는 미소를 보았다고 생각했는데, "오늘 오고 싶지 않았어요."라고 한다. "재미있는 장난감이 없어요. 나는 이런 것을 좋아하지 않아요. 당신은 이것들을 언제 구입한 건가요?" 왜 이렇게 말하는지 궁금했다.

페니는 농장의 동물들에 관심을 보이기 시작했고 상자를 옮겨 달라고 부탁했다. 그녀는 내용물을 살피다가 칠면조를 발견했다. 그녀는 "칠면조는 농장에 살아요."라고 했다. 그리고는 닭들과 토끼들 그리고 한 마리의 여우를 찾았다. 그녀는 그것들을 줄을 세우고는 외면했다.

그녀는 말을 들어서 그것이 뛰게 만들었다. 그녀는 "엄마는 말에 올라타고 점프했어요."라고 했다. 나는 엄마가 말을 타고 점프할 만큼 용감하다고 말해주었다. 나는 우리가 만들어 낸 이야기를 기록했다. 그리고는 그녀가 타고 점프할 수 있는지 물었다. 그녀는 짜증이 난 듯 보였으며 놀이를 멈추었다. 그녀는 인형에게 가서 공룡으로 보이는 맹수를 찾았다. 내가 그녀에게 멈춰 섰을 때 그것을 내 얼굴에 밀어붙였다. 그녀는 "입 닥치세요."라고 소리를 질렀다.

나는 이야기에 등장하는 소녀가 간혹 정신 나간 여자에 의해 괴롭힘을 당한다고 눈에 띄게 기록했다. 나는 소녀가 왜 그녀 내부에 정신 나간 여자를 남겨 놓아 그녀의 일을 망치게 하는지 궁금했다. 페니는 나의 언급을 무시하며 농장으로 돌아갔다. 그녀는 콘도르와 독수리를 찾아서 다른 동물들과 함께 줄 세웠다. 그녀는 말을 타는 사람이 장애물보다 더 높게 점프하도록 했다. 두 명의 기수는 두 번의 점프를 완벽하게 성공하고 일부 점프에서는 조절하지 못했다.

페니는 소총을 찾아서 농장으로 돌아갔다. 그녀는 모든 동물을 쏘았다. 그리고는 "아빠는 나를 쏘려 했어요."라고 하면서 방아쇠를 당기며 "넌 죽었어."라고 말했다. 그녀는 화장실에 가기 위해 방에서 나갔다. 그녀가 불안에 압도되었기 때문에 화장실에 가는 것은 가능한 것이었고 이야기는 중단되었다. 이 지점에서 나는 그녀에 대한 새로운 이미지를 형성할 필요가 있으며 그녀의 두려움을 아는 것과 이러한 두려움보다 한 수 앞서는 그녀의 용감성을 알아차렸다.

그녀는 돌아와 총을 무시하고 조용하게 허밍을 하며 모래를 가지고 놀았다. 나는 어느 정도까지만 그녀의 이야기를 이해했으며 소녀가 이야기에서 용감했는지 여부를 물었다. 그녀는 컨테이너에 모래를 담으며 그 놀이를 반복했다. 나는 그 소녀가 여전히 용감했지만 무서워했고 그녀가 정말 무서워했던 이야기 중의 한 부분을 적었었다고 이야기했다. 나는 그 소녀가 용감한 소녀처럼 어떻게 그렇게 용감할 수 있도록 조절했는지 궁금했다.

비록 순간이었지만 페니가 처음에 보여 주었던 종합적인 효과는 그녀가 방에서 즐거워 보였는데, 이러한 기분은 내가 그것을 보았는지를 의심할 정도로 빠르게 사라졌다. 그녀의 놀이 행동은 그녀가 전체를 통제할 필요가 있다는 것을 보여 주었으며 나는 회피와 두려움의 애착 패턴을 보여 주는 것이라 여겼다. 나는 또한 그녀가 강압적인 전략을 사용한다는 것을 알았는데 그녀는 생존을 위해 아빠를 앞설 수 있다는 신념을 갖게 되었다. 어쨌든 다른 면에서 보면 페니는 위탁가정 양육자를 힘있고 다른 사람을 겁먹게 하기 위해 싸움을 거는 아버지와 어느 정도 동일시하고 있다는 것을 언급할 수 있다.

나는 농장 동물의 학살이 그녀의 기억에 저장되어 있다고 느꼈다. 이것은 아버지가 그녀를 쏘려고 위협했다는 첫 번째 언급이었다. 그녀의 실제 두려움은 그녀도 다른 동물처럼 학살될 수 있다는 것이다. 페니의 삶이 학살되었다. 분노의 강렬함은 이 작은 소녀가 자신의 삶을 두려워한다는 반증이며 모든 회기에서 놀이가 중단되고 놀이를 계속할 수 없는 명백한 증거가 보였다. 방을 떠나 화장실에 간다는 것은 그녀가 방을 떠남으로써 긴장을 해소하기 위한 것으로 아이들의 참을 수 없는 긴장을 반영하는 것이다.

그러나 내가 안심한 것은 페니가 망가진 일들도 해결할 수 있다는 은유를 내재화하고 있다는 것이다. 그녀는 부활과 모든 것을 새로 시작할 수 있다는 희망이 필요했다.

양육자는 Miss Angry, Miss Rude 그리고 Miss Fearful과 같이 원하지 않는 감정에 이름을 붙임으로써 집에서 그녀의 분노를 외현화시킬 수 있도록 노력하고 있다고 보고했다. 양육자로 하여금 페니에게 주도록 내가 격려한 메시지는 명확했다. "너는 관심과 보호, 사랑과 보살핌, 그리고 안전함을 기대할 권리를 가지고 있단다." 이것은 페니에게 그녀 자신이 문제가 아니라는 것을 이해시키는 데 도움이 된다. 페니가 버릇없이 굴 때, 양육자와 그녀는 Miss Rude가 그녀를 위해서 무언가를 망치지 않도록 나무 수저를 사용해서 Miss Rude를 쳐서 멀리 보낸다. Miss Fearful은 더 어려웠다. Miss Fearful이 들어올 수 없도록 문과 창문을 닫았다고 페니를 안심시키는 것에 실패했기 때문이다.

나는 회기를 끝낸 후 위탁가정 양육자에게 그녀가 아버지에 대한 것을 털어놓을 수 있으므로 주의하라고 말했다. 이것은 역사적 폭로이며 페니는 어린이 보호 팀과 함께 기록 인터뷰를 하고 나서야 그것이 실제 일어났던 일이라고 믿었다. 안나(양육자)는 페니가 지난 회기 이후 그것에 대해 말했다고 했다. 그녀는 화는 덜 냈지만 침대를 적시는 것은 이전보다 더 나빠졌다. 그녀는 그것을 관리하기 힘들다고 했다. 그녀는 페니가 양육에 있어 당황스럽게 하여 입양인이 그녀와 협력할 수 있을지 의심이 간다고 했다. 그녀는 페니의 분노뿐만 아니라 그녀의 언어로 인해 충격을 받았다. 그녀는 페니가 아빠를 칭찬한다고 하며 특별히 원하는 것을 언제나 갖는 사람을 존경한다고 했다. 이것은 누구의 이야기인지에 대한 문제를 제기했다. 나는 페니의 관점에서 그 이야기가 만들어진 것이라고 믿는다.

8회기

페니가 치료실에 도착했다. 그녀는 잠깐 미소를 보이고는 나에게 "나는 오고 싶지 않았는데 안나가 데리고 왔어요. 지난 밤에는 침대를 적시지 않았어요."라고 말했다. 나는 박수를 치며 '침대를 적시는 것'을 어떻게 조절하는지 물었다. 그녀가 꾸며낸 것을 나에게 말하러 와서는 자신이 침실에서는 어떤 음료도 마시지 않는다고 하면서 "그것을 해냈어요."라고 말했다. 나는 다시 박수를 쳤다. 나는 '침대를 적시는 것'을 알고 있다는 것을 말해 주고 어떻게 작은 소녀들이 침대를 적시게 되는지를 이야기했다. 그녀는 나를 보지는 않았지만 주의 깊게 들었다. 나는 그녀에게 다시 어떻게 '침대 적시는 것'을 처리했는지 물었다. 페니는 나에게 "당신은 당신의 책을 적어야 하나요? 침대 적시는 것보다 내가 더 영리하고 나는 해냈다라고 쓰세요."라고 요청했다.

페니는 재빠르게 소총을 들고 다른 손에는 권총을 들었다. 그녀는 "이것은 진짜가 아니에요. 아빠는 늘 차에 작은 총이 있어요."라고 나에게 말했다. 나는 그것은 단지 안전을 위해서 준비하는 것이라고 말해 주었다. 페니는 정조준하며 "당신은 죽었어."라고 했다. 그녀는 반복하며 "아빠는 나에게 쏘려 했어요."라고 반복했다. 나는 매우 무섭다고 말했고 그녀도 정말로 무서운 것이 틀림없었다. 페니는 "그는 늘 여우들을 쏴요."라고 말했다. 페니는 방을 떠나 화장실로 갔다. 그녀가 돌아올 때 그녀는 총을 무시하고 농장놀이를 했다. 그녀는 박스에서 도끼를 찾아내고는 "이것으로 사람을 찍을 수 있어. 찍어. 찍어. 찍어."라고 말했다.

그녀는 도끼를 버리고 말 타는 사람들이 점프에 성공하는 데 집중했다. 그녀는 "아빠는 쇼에서 점프를 하고 승리의 메달을 받지만 엄마는 더 잘 점프해서 아빠를 미치게 만들어요. 나는 집에 가고 싶지 않아요. 아빠는 나를 잡을 거예요." 나는 아빠가 더 이상 집에 있지 않을 거라고 말해 주었다. 그녀는 "아빠는 병원에 있어요. 그렇죠?" 나는 아빠는 병원에 있어야만 한다는 데 동의했다.

나는 아빠가 친절한 아빠였던 적이 있는지 궁금하다고 말했다. 나는 그녀의 원하는 생각을 알고 싶었고 이것을 이야기에 추가할 수 있었다. 그녀는 질문을 무시했다. 그녀는 "나는 집에 가고 싶지 않지만 프랜시스는 엄마를 그리워해요."라고 말했다. 그리고는 처음으로 모래를 사용할 수 있는지 질문했다. 그녀는 작은 물건들을 숨기고 나는 그것을 찾아야 했다. 그리고는 그녀의 차례였다. 나는 그녀가 눈을 감고 잃어버린 대상을 찾기 위해 신호를 기다리는 것을 보고 놀랐다. 그녀는 회기를 남겨 놓고 조용히 "다음에도 선생님을 보러 올 거예요."라고 해서 나를 놀라게 했다.

"서둘러, 어서."와 "그는 날 잡을 거예요."라는 최근의 긴장은 이미지나 절차나 의미상 두려움과 외상을 포함하는 것으로 외상에 대한 분명한 증거이다. 다시 기억하기는 그녀의 아빠가 학대적이고 거부적으로 행동했기 때문에 그녀의 삶으로부터 제외하고 싶은 소망을 갖는 페니를 보호하기 위해 필요하다. 그녀가 답변하지 않았기 때문에 나는 이러한 질문을 밀고 나가기에 적당한 때가 아니라고 생각했다.

1년의 과정에 걸쳐 많은 짧은 이야기가 계속되었으며 결국 그녀는 집으로 돌아가지 않고 그녀와 그녀의 동생은 총이 없는 집에서 함께 안전하게 있을 거라는 희망적인 이야기가 만들어졌다. 그녀는 아빠가 언제나 무섭지 않은 사람이 아니라는 사실을 알 수 있었다. 그럼에도 불구하고, 그녀는 그와의 접촉을 원하지 않았고 집에 가기를 원하지도 않았다. 그녀의 어머니는 치료에 특별히 포함하지 않았으며 페니가 엄마에 대해 유일하게 이야기한 것은 엄마가 그들과의 만남에 나타나지 않을 때였다.

페니와 여동생이 입양가정으로 이사할 때 나는 입양자들에게 Webster Stratton Parenting 코스에 참석하도록 추천했다. 또한 입양 후 1년 이상 이야기 놀이치료 접근의 관점에서 적어도 20회기 정도의 가족 놀이치료 회기를 갖는 것을 추천했다. 그 소녀는 성공적으로 적응하고 새로운 가족이 페니의 생활에 공감적으로 대하며 잘 지내고 있다. 나는 새로운 이야기가 입양가정에서 정서적 생활적응을 충분히 나타낸다고 믿으며 그들은 앞으로도 계속해서 풍요로울 것이라고 믿는다.

사례연구 2

폴은 이동이 어려운 신체적 장애를 가진 10세 소년이다. 그는 7세 때까지 기관에서 지냈다.

내가 그를 만났을 때 그는 새로운 위탁가정으로 간 지 오래되지 않은 상황이었다. 전문가로서의 가정위탁자는 폴이 순서 지키기에 대해 전혀 모르고 예절을 지키기를 너무 싫어해서 양육하기 힘들다는 것을 알았다. 그의 행동은 기관에서 아이들에게 일어나는 다양한 특성을 보여 주고 있었다. 일상생활과 먹는 것이 그에게 전부였다. 이러한 일이 어떤 방식으로든 방해받게 되면 폴은 분노발작을 보이며 매우 파괴적이 되었다.

나는 양육자에게 놀이치료 중재에서 이루고자 하는 바를 묻고 그들이 원하는 결과가 무엇인지를 질문했다. 두 양육자 모두 폴이 균형감과 나눔과 대부분의 가정에서 기대하는 예의 바른 행동을 발달시키기를 바랐다.

나는 폴의 애착에 대한 작동모델에 관한 생각을 알아보기 위해 이야기 줄기 완성하기(narrative stems; Hodges, Steele and Hillman, 2004)를 활용하여 평가했다. 폴은 어머니가 무엇을 했는지에 관한 생각을 갖고 있지 않았고 자신의 욕구를 적절히 얻는 유용한 방법을 배운 적이 없었다.

양육자는 가정에서 그리고 가족을 향한 폴의 행동을 자세하게 설명해 주었다. 그들은 폴의 분노발작이 시작될 것인지에 대한 두려움으로 걱정했다.

내가 결국 폴을 만났을 때 나는 그가 마치 낯선 외국에 있는 것처럼 가족과의 친밀한 생활을 하는 것이 얼마나 힘들어 하는지를 이해했다. 그는 가족의 규칙과 가치를 인식하는 데 부족했다. 나의 첫 번째 작업은 놀이치료의 과정에 그를 참여시키는 것이었다.

나는 그에게 나를 만나는 이유를 물었다. 나는 도울 수 없었지만 폴이 자신의 상황을 묘사할 때 그의 통찰력에 감탄했다. "나는 좋은 아이가 아니에요. 오크스(The Oaks)에서 더 이상 살 수 없기 때문에 거기 살고 있어요." 거기엔 지금의 상황을 둘러싼 아쉬움과 슬픔이 있다. 그는 나에게 "나에게 엄마가 있었지만 가 버렸어요. 아빠도 있었지만 가 버렸어요. 나는 도와주는 사람들이 정말 많지만 그들 또한 가 버려요." 즉시 상실에 대한 이야기가 나타나고 나는 그에게 옛날 옛적에로 시작하는 이야기를 쓰도록 했다.

나는 아이에게 그 이야기가 진짜 진짜 매우 용감한 소년의 이야기인 것 같다고 말하고 내 책에 이 이야기를 적고 싶다고 말했다. 나는 그에게 이야기의 제목이 무엇인지 물었다. "용감한 소년의 이야기라고 할 수 있어요." 나는 만약 우리가 소년의 이름을 어떻게 부를 수 있는지 물었다. "그는 black beauty 이후에는 블랙키라고 불러요." 나는 이 이야기가 잘생긴 블랙키라는 소년에 대한 이야기라고 말해 주었다. 희미한 미소가 번졌지만 어떤 눈맞춤도 일어나지 않았다. 폴은 나에게 등을 돌리고 가게 놀이를 했다. 그는 가게 주인과 손님 역할 모두를 했다. 그는 단지 이야기를 적을 때만 나를 필요로 했다. 나는 그가 뛰어난 독자라는 것을 재빨리 알아차렸는데 그가 내 책을 확인할 때는 내가 그가 말한 것을 이해하지 못할 때나 그가 어떤 변화를 원할 경우였다.

첫 달의 회기는 이처럼 가게 놀이를 통해 관계 놀이로 흘러갔지만 나는 초대받지 못했고 단지 창조한 이야기의 목격자로 있을 수 있었다.

그의 애착이나 관계를 설명하는 이러한 단계는 그의 삶의 역사가 잔혹했음을 보여 준다. 나는 심각한 수술에서 살아남아서 자신의 감정을 전달하기 위해 지속적으로 노력하는 아이를 만났다. 내 입장에서 그는 자신이 할 수 있는 한 최선을 다하고 있다. 이 작은 소년이 그의 삶의 시작에서 안정된 애착을 발달시키는 것은 불가능하였을 것이다. 그가 자신의 부모와 만나는 것은 거의 드문 일이다. 도움을 주는 사람들이 오고간다. 일부는 매우 특별한 사람이었지만 대부분은 그렇지 못했다. 일상에서 폴의 자기표현은 내가 그에게는 상관 없는 사람처럼 느끼게 했다. Rutter(1997, p. 26)는 Sameroff와 Emde(1989) 그리고 Dunn(1988)의 이야기를 인용한다.

다른 사람과 아이들의 관계는 복잡하고 다른 차원과 기능을 보인다는 증거에 주의를 기울일 필요가 있다. 이것은 연결성, 감정의 공유, 통제력의 균형, 친밀감 그리고 긍정적 감정의 공유를 포함한다. 만약 우리가 관계 사이의 상호 연결을 이해한다면 수반되는 것으로 보이는 차원의 범위에 유념할 필요가 있다. 이것이 애착을 수반한 단일 과정이나 안전감 혹은 기타 특정 능력에 의해 축소될 것 같지는 않다.

외견상으로 폴은 아무와도 진정한 유대감이 나타나지 않았다. 폴의 위치에서의 외로움은 부러운 것이 아니었으며 그의 이야기들 속에서 매우 명확하게 이야기되었다.

도와주는 사람들과 사회사업가는 이런 아이들이 가족을 가질 수 있도록 노력했고 이러한 배치는 기관을 떠나서 살고 싶은 그의 마지막 소망이었다. 그의 가족은 공감적이고 그를 간절히 필요로 해서 그를 어떻게 도와줄지 알기 원했다. 그들은 이것이 굉장히 힘든 여정이지만 여전히 그를 격려하고 지지하고 회유했다.

폴의 첫 네 번의 회기는 관계 놀이가 중심이었다. 그 후 폴은 모래에 두 개의 말이 서로를 비벼 대는 장면을 만들었다. 그는 나에게 그들이 안녕이라고 이야기한다며 "봐, 그들은 털손질을 하고 있어."라고 했다. 이 장면은 곧 혼돈으로 옮겨갔다. 말들이 사람들을 위협하고 그러면 개가 나오고 독수리가 날아오르고 빛을 낚아챘다. 그는 나에게 "개와 말들은 무엇을 해야 하는지 알지 못하기 때문에 싸우는 거예요."라고 말한다. 그는 "혼란, 혼란, 혼란, 어디서나"라고 말한다.

나는 아무것도 알지 못하는 것은 어려운 일이며 혼란은 사라져야 한다고 반영했다. 간혹 모르는 것은 혼란이 될 수 있다. 나는 빛이 낚아채인다는 것이 그의 삶에서 빛을 통한 즐거움의 결핍에 대한 은유가 될 수 있는지 궁금했다.

치료의 첫해 그의 다음 이야기 주제는 말과 개였다.

폴이 나에게 적으라고 한 것은 다음 내용이다.

블랙키는 최고의 말이에요. 블랙키는 아름다운 흑마의 줄임말이에요. 남자는 화장실을 수리하고 있어요. 개와 말은 길을 달리며 경주를 하고 있고, 처음엔 구보로 하다가, 그들은 위급상황이라 외치며 아주 빨리 갔어요. 남자는 화장실 수리를 멈추었는데 화장실에 필요한 것이 무엇인지 아는 사람은 아무도 없었어요. 블랙키는 날뛰고 울부짖고 갑자기 속도를 올려서 의사가 왔어요. 그는 혈압을 쟀어요. 그는 블랙키에게 소량의 근육주사를 놓아요. 블랙키는 흥분했어요. 의사는 블랙키의 심장소리를 들어요. 자, 그래 착하지. 그는 겁먹고 고통스러웠기에 주사를 맞아요. 그는 혈액샘플을 가져왔고 의사가 말이 괜찮은지를 체크해요. 블랙키는 굉장히 흥분하고 화가 났어요. 말은 다른 말들의 피를 수혈 받을 수 없어요. 죽게 돼요. 착하지, 착하지. 지금 그는 몸이 무거워지는 것을 느껴요. 끝.

이는 그가 겪는 무서운 외과적 수술에 대해 누구에게도 말하지 않은 환아들의 가슴 아픈 이야기이다. 폴은 치료 회기에 오는 것을 좋아하게 되었다. 나는 그가 말한 이야기를 타이핑하고 이는 그에게 즐거움이 되었다. 몇 회기가 지나고 그는 나에게 "옛날에 샘이라고 부르는 소년이 살았어요. 그는 이야기를 만드는 것을 좋아했고 지금도 그는 이야기를 만들고 있어요. 당신 책은 어디 있나요? 개들이 모였어요. 나에게 앰뷸런스를 불러 주시겠어요. 머리 둘 달린 공룡이 아이를 가졌어요." 그는 앰뷸런스 사이렌 소리를 냈다.

용이 앰뷸런스에 올라타자 빨리 빨리 아이는 어디 있어? 샘은 괴성을 지르며, 아이가 어디 있는지 나와! 오, 개들아, 이리 와. 나는 무서운 개는 싫어하지, 이리 와 이리 와, 나가자. 하지만 아이가 어떻게 되었다고?

우리는 회복되어야 하지만 나는 우리가 아이를 살려 냈다고 생각했어요. 용은 너무 무섭다고 말했어요. 이리 와, 나는 개가 용에게 이야기하는 것에 놀랐어요. 이것은 당신의 아기야라고 샘에게 이야기했어요. 구급의사는 용 애나벨을 불러서 이상한 아이 취급을 하며 피식피식 소리를 내며 웃었어요. 그녀는 정신을 차리고 뛰어올라 나는 엄마 아빠가 싫어요. 엄마 아빠는 어디에도 보이지 않아라고 했어요.

나는 폴이 자신을 뒤처진 그 아이처럼 느끼는지 혼자 궁금해했다.

폴의 이야기는 같은 주제로 지속되었다. 일부는 다른 것보다 더 슬픈 이야기였으며 나는 그가 만든 이야기를 기록했다. 단지 회기 안에서뿐만 아니라 위탁가정 안에서 그는 여전히 학교에서 친구와 분쟁이 있고 외로우며 신뢰는 그에게 문제가 된다. 그는 "나는 승리한 개이고 나는 무리의 리더예요. 거기엔 21마리의 개가 있는데 나는 무리의 리더예요."라고 말했다. 폴은 나누는 것을 배우고 위탁가정에서 차례를 기다리게 되었다. 양육자들은 이 아이에 대해 놀라고 있다. 그들이 그의 세계를 열어 주었다. 여전히 계속 가야 할 길이 있고 지금은 '나는 가족이 있어요'라는 그의 새로운 이야기가 있다.

결론

나는 이 장의 두 아이 이야기가 Brunner(Engel, 1995, p. 70)의 무엇이 이야기(narrative)인지에 대한 기준에 적합하다고 여긴다. 즉, 그 규준은 "이야기는 반드시 어떤 유형의 해결책을 충족시키는 긴장감과 줄거리를 포함해야 한다. 이야기는 사실이든 아니든 이야기로 남겨져야 한다."이다. Engel(1995)은 이 장의 첫 부분에서 페니가 아버지에 관한 이야기를 한 것처럼 아이들은 그들의 생각과 경험을 통합하여 이야기한다고 주장하였다. 그녀는 폴이 어느 누구와도 터놓고 이야기할 수 없었던 경험에 겁먹고 직면하는 반면에, 사무실 안에서 겁먹는 경험을 통하여 치료과정을 견뎌 간다. 지금은 그는 "나는 아주 좋아."라고 확신에 차서 말할 수 있으며 이야기는 풍성하고 희망찬 미래를 암시한다. 이 모든 아이에게 이야기 치료가 그들의 남은 삶에 도움이 되는 전환점이 되었다. 이야기 놀이치료는 이 모든 아이에게 긍정적인 작업이었으며 그들의 남은 삶의 희망적인 시작점이 된다.

📖 참고문헌

Byng Hall, J. (1999). 'Creating a Coherent Story in Family Therapy.' In G. Roberts and J. Holmes (Eds.) *Healing Stories: Narrative in Psychiatry and Psychotherapy*. Oxford: Oxford University Press.

Cattanach, A. (2008). *Narrative Approaches in Play with Children*. London: Jessica Kingsley Publishers.

Cox, M. and Theilgaard, A. (1987). *Mutative Metaphors in Psychotherapy: The Aeolian Mode*. London: Tavistock Publications.

Crittenden, P. 'Patterns of Attachment and Sexual Behaviour.' In L. Atkinson and K. Zucker (Eds.) (1997). *Attachment and Psychopathology*. New York:

Guilford Press.

Dunn, J. (1988). *The Beginnings of Social Understanding*. Oxford: Blackwell.

Engel, S. (1995). *The Stories Children Tell: Making Sense of the Narratives of Childhood*. New York: Freeman.

Freeman, J., Epston, D. and Lobovits, D. (1997). *Playful Approaches to Serious Problems: Narrative Therapy with Children and Their Families*. New York: Norton.

Greenburg, M., De Klyen, M., Speltz, M. L. and Endriga, M. C. (1997). 'The Role of Attachment Processes in Externalising Psychopathology in Young Children.' In L. Atkinson and K. Zucker (Eds.) *Attachment and Psychopathology*. New York: Guilford Press.

Hodges, J., Steele, M. and Hillman, S. (2004). *Little Piggy: Narrative Stem Coding Manual*. London: Anna Freud Centre, Great Ormond Street.

James, B. (1989). *Treating Traumatised Children: New Insights and Creative Interventions*. New York: Free Press.

Jennings, S. (1999). *Introduction to Developmental Play Therapy Playing and Health*. London: Jessica Kingsley Publishers.

Parry, A. and Doan, R. (Eds.) (1994). *Story Re-Visions: Narrative Therapy in the Post Modern World*. New York: Guilford Press.

Roberts, G. and Holmes, J. (Eds.) (1999). *Healing Stories: Narratives in Psychiatry and Psychotherapy*. Oxford: Oxford University Press.

Rutter, M. (1997). 'Clinical Implications of Attachment Concepts.' In L. Atkinson and K. Zucker (Eds.) (1997). *Attachment and Psychopathology*. New York: Guilford Press.

Sameroff, A. J. and Emde, R. N. (1989). *Relationship Disturbance in Early Childhood: A Developmental Approach*. New York: Basic Books.

White, M. and Epston, D. (1990). *Narrative Means to Therapeutic Ends*. New York: Norton.

제5장

이야기보따리 풀기
슈퍼비전의 이야기적 맥락

David Le Vay and Ann Marie John

제목에서 유추할 수 있듯이, 이 장의 저자인 우리는 가족치료 분야에서 사회 구성주의의 기틀을 마련하는 데 큰 공헌을 한 Hoffman, Anderson, White 등의 학자들의 입장과 뜻을 같이한다. Hoffman(2010)에 의하면 인간은 자신만의 렌즈를 통해 사회를 보는데, 이 렌즈는 개개인이 살아온 인생을 바탕으로 형성된다. 이러한 관점에서 볼 때, 이야기 렌즈(narrative lens)라는 개념은 다양한 이야기의 중요성을 부각시키고, 더 나아가 이야기의 다양성이 슈퍼비전에서 어떻게 영향을 미치는지 논할 수 있게 관점을 바꿔 준다. 이는 어떤 슈퍼비전이 옳은가 혹은 유익한가를 논하는 관점과는 다르다. 이는 Hoffman의 가족치료에 대한 접근과 유사한데, Hoffman은 내담자가 치료사를 대하는 태도에 있어, 이 치료사가 과연 옳은 말을 하는 사람인지 틀린 말을 하는 사람인지 판단하는 렌즈를 갖기보다 이 치료사가 하는 말 중 어떤 것이 내담자 본인에게 도움이 되는지 탐색과정을 거치는 것이 오히려 도움이 된다는 입장을 취하기 때문이다. 물론 슈퍼비전 상황에서는 슈퍼바이저가 종종 '전문가'와 동일시되거나 적어도 권위자로 여겨지는 잠재적인 문제가 존재하기에, 이와 같은 문제는 윤리에 대한 고찰 부분에서 다루도록 하겠다.

우리는 그림이나 모래상자 혹은 역할극에서도 보이는, 슈퍼비전 관계 역동 안에서 이런 이야기들이 어떻게 반영되고 투영되는지에 대한 아이디어에도 흥미가 있다. 우리는 이런 병렬/미러링(mirroring) 과정이 수련자들의 치료과정에 기여할 수 있는 다시 이야기하는 방법에 대한 경험을 도울 수 있다고 제안한다. 우리 두 저자는 슈퍼비전 과정에 대한 임상적 서술에 대하여 다소 다른 이야기들을 준비했다는 것을 이 장을 고안하면서부터 이미 인지하고 있었음을 밝히는 바, David Le Vay는 외현화의 이야기를, Ann Marie John은 반영과 투명성에 관한 이야기를 담았다. 우리는 또한 영국의 놀이치료 분야에서 말하는 이야기적 접근은 고사하고 슈퍼비전에 관하여 문서화된 이야기를 찾는 것 자체가 얼마나 어려운 일인가를 알고 있는데 가족치료나 연계된 예술치료의 분야에서는 Jones와 Dokter(2008), Lahad(2000), Shohet(2008) 그리고 Tselikas-Portman(1999)과 같이 문헌 작업이 꽤 진행된 것과 대조를 이룬다. 이에 대해 우리는 우리 스스로가 수년간 그래 왔듯이 다른 놀이치료 슈퍼바이저들 역시 자신들의 사례 이야기를 구두로만 나누었을 뿐 문서화하지 않았기 때문이라 여기는데, 이 장이 이런 점을 어느 정도 바로잡음으로써 놀이치료 슈퍼바이저들과 다른 이들에게도 도움이 될 것이라 기대한다. 이 장에서는 이야기 놀이치료와 슈퍼비전 과정에서의 대화 혹은 그 대화를 통해 형성된 이야기에 의한 공동 구성을 통해 이야기 놀이치료 과정과 슈퍼비전 과정을 미러링하는 데 중점을 두었다. 언제나 이것은 쉽지 않은 일이지만, 가장 적절한 접근이라고 생각된다.

학문적 배경

우리 두 저자는 함께 대화하고 집필하면서 우리가 어느 정도 각자 다른 위치에서 이 장에 접근해 나간다는 것을 깨달았다. 두 사람 모두 연극치료사이자 놀이치료사(놀이치료의 이야기 모델)의 자격이 있으며, Ann Marie John은 이야기 모델적 가족치료에 있어서 구성주의자이고, 반면, David Le Vay는 공인된 사회복지사 자격이 있다. 즉, 슈퍼비전을 할 때 가족치료와 놀이치료 관점을 모두 다루되, 놀이치료에 더 집중했음을 밝힌다. 이 장의 목적은 두 저자의 슈퍼비전 이야기를 통해 어떻게 이야기로 구성된 이야기(narrative) 접근방식이 슈퍼비전 과정의 어느 면에 있어서 유용한지를 알리고 궁극적으로는 내담자 본인이 풀어 나갈 과정에 어떻게 도움이 되는지 우리의 견해를 제시하고자 한다. 이 과정에서 우리는 치료과정을 미러링하기 위해 최대한 슈퍼바이지와 협력하였다. 최근 논문의 인용의 경우 새로운 실제 모델을 제시하려는 것이 아니라 단지 우리 상황에 맞는 세팅을 제시하기 위함이라는 것도 밝힌다.

슈퍼비전의 윤리

치료 상황과 마찬가지로, 슈퍼비전은 아동보호와 전문적인 기준 없이 이야기될 수 없는 윤리적 영역을 바탕으로 한다. 그러므로 슈퍼비전에 있어서 슈퍼바이저와 슈퍼바이지는 서로 어느 정도의 제한성을 가지고 있다고 볼 수 있다. 슈퍼비전 유형에 따라서 Harré와 van Lengenhove(1999)가 제시한 '권리, 의무, 책임'의 영향을 받는다. 슈퍼바이저와 슈퍼바이지 사이의 주도권 조절은 놀이치료 과정을 그대로 미러링하게 되는데 어떤 권리나 의무, 책임은 계약 사항에 따라 절충 가능할 수도 있고 그렇지 않을 수도 있다.

슈퍼바이저에 따라서 슈퍼비전에 임할 때 어떤 것이 윤리적으로 적합한가에 대해 본인만의 도덕적 기준을 가지고 있을 수 있으며 슈퍼바이지 또한 자신만의 잣대를 가지고 있을 수 있는데, 이는 서로 비슷할 수도 다를 수도 있다. 이는 그들이 어디까지 함께 작업할 수 있는지 여부를 결정하기도 한다.

슈퍼비전과 치료의 성공적인 결과와 관련된 다수의 연구(Holloway and Carroll, 1999)에 의하면, 슈퍼비전 관계의 질은 핵심 요인이며, '충분히 좋은' 슈퍼비전으로 이끄는 주요 요소이기도 하다. 슈퍼비전 과정은 특성상 양적으로 정량화하기 어려운데, 예를 들면 어떤 요소를 통제변인으로 설정하는가 하는 문제는 슈퍼비전이라는 환경 그 자체가 이미 윤리적 문제를 가지고 있다고 볼 수 있다. 이러한 특수성 때문에 보다 서술적이고 질적인 접근의 평가 방법이 더 중요하게 여겨지는데, 이런 평가에서는 슈퍼바이지, 내담자 혹은 폭넓게 보자면 치료적 서비스 전체에 대한 슈퍼비전의 경험과 영향력에 대한 이야기를 수반한다. 이 장은 학문적 연구보다는 슈퍼비전 실제에 대한 '조사' 및 질의의 성격을 가지고 있다. 슈퍼비전에서의 기술은 헬리콥터(helicopter) 과정 같은 것이라고 묘사되어 왔다: 내담자, 치료사 그리고 슈퍼바이지의 위치 사이를 이동하는 능력. 이야기 모델(narrative model)은 여기서 한 단계 더 나아가, 우리는 이 세 역할이 서로 분리된 관점을 가진 것이 아닌 서로 영향을 주고받고 긴밀하게 연관된 이야기의 합으로서, 슈퍼비전은 곧 이야기라는 실들이 서로 짜여서 어떤 의미를 지닌 수공예품이 되는 것을 목표로 한다고 본다. 실뜨기 작업이라 하면 낮에는 실을 짜고 밤에는 실을 푸는 저주를 다룬 그리스 신화의 페넬로페의 이야기가 연상되는데, 슈퍼비전에서 실을 풀고 짜는 작업은 훨씬 의미가 있으며 목적이 있는 것으로 간주한다.

이야기 놀이치료 슈퍼비전 과제에 대한 의문

우리 견해로는, 임상훈련 중인 치료사와 자격이 있는 치료사를 슈퍼비전하는 과정은 매우 다르다고 본다. 임상훈련 중인 치료사의 슈퍼비전은 평가영역을 수반함과 동시에 실짜기에 있어서 하나의 축을 더 생성하게 하는 과정을 동반하는데 이는 쌍방 모두가 관여된 외부 기대치나 요구의 관점에서 볼 때 꽤나 중요한 이야기라고 할 수 있다. 임상훈련 중인 경우는 본인의 슈퍼비전 사례에 있어서 부정적 입장을 가지고 자신의 성장에 저해되는 이야기를 늘어놓음으로써 슈퍼비전 중 이러한 경험을 이해시키고 재구성하는 데 시간이 걸리기 쉽다. 판단과 평가가 전제된다는 생각은 이를 더 복잡하게 가중시키는데 임상훈련 중인 치료사의 이야기가 과연 전문성을 띠는지 그렇지 않은지에 대한 평가가 사회구성주의 입장이 아닌 경험주의적 관점에서 이미 결정된 채점

기준으로 제시된 증거를 분석하여 결정되기 때문이다. 이와 같은 문제점과 임상훈련 중인 치료사의 슈퍼비전에 대한 채점기준표의 존재 때문에 이야기 슈퍼비전 접근이 과연 임상훈련자와 훈련기관, 상담소의 필요를 얼마만큼 충족하는가에 대한 의문이 생겼다. 이러한 이슈와 슈퍼비전 훈련에 대한 한계 때문에, 우리 두 저자는 이 문제를 계속 언급할 텐데 이는 또한 이야기 접근이 다른 접근방법에 비해 슈퍼비전에서 덜 효율적인 상황에 대한 의문을 또 야기시킬 것이다. 이 장에서 다룰 이야기들은 전문가 자격을 갖춘 치료사들이 우리에게 슈퍼비전을 받았던 사례들로 한정하였는데, 임상훈련 중인 치료사의 이야기를 접할 때 야기되는 의문들을 피하기 위해서이며, 우리 두 사람이 이야기를 접할 때에 공동 구성의 관점을 취하기 때문이다. 여기서 다루는 전문 용어에 대한 입장 또한 흥미로웠는데, 엄밀한 의미로 '슈퍼비전'을 사용할지 혹은 '자문'으로 사용할지가 그렇다. 슈퍼비전 관계에서의 주도권에 대한 문제 또한 중요한데 '자문'에 임하는 슈퍼바이지(혹은 자문 받는 사람)의 경우 자신의 일에 대한 책임감을 더 느낀다고 볼 수 있으며 이러한 문제들은 아마도 좀 더 심각하게 따로 다루어야 할 문제로 본다.

슈퍼비전에서의 이야기 주제들

우리는 슈퍼비전에 가져오는 슈퍼바이지의 이야기에서 수많은 주제가 반복된다는 것을 발견했다. 치료사의 무능력에 대한 주제는 아마도 치료사가 놀이실의 과정에서 분리된 느낌을 가지면서 뭔가가 '잘못된'이라는 개념을 감지한 이야기를 가져올 때, 혹은 '과연 내가 놀이치료사 자질이 충분한가?'와 같은 고민이 대표적이며 '내가 무엇을 놓치고 있는 것인가?' 혹은 '내가 너무 욕심을 부리고 있는 것인가?'라는 의구심이 들 때 본인의 능력에 대해 고민하게 된다. 슈퍼바이지가 자신의 능력에 관한 이야기를 슈퍼비전에서 꺼내는 것은 이 아동이 놀이치료를 하며 겪는 일에 대한 Cattanach(1993)의 이야기를 연상시키는데 수치심이라는 감정을 치료에 가져오는 아동은 괴물이야기 형태로 재연하고 다시 이야기하기를 반복하여 마침내 회복탄력성과 적응기제를 얻게 되는 것과 비슷하다고 볼 수 있다. 슈퍼비전에서 말하는 이야기는 때로는 아동과 치료사가 겪는 것들이 뒤엉켜 있기도 하다. 따라서 슈퍼바이지가 하는 이야기를 먼저 해체/분해하는 작업이 중요한데, 이 과정을 통해 이야기의 근원이나 시작점을 찾을 수 있기 때문이다. 이는 질문 기법과 같이 실질적인 접근으로도 가능하지만 연상 이미지나 모래상자를 통한 이야기 접근과 같이 창의적인 기법이 더 나을 수 있는데, 슈퍼바이지가 본인의 치료관계 안에서 이야기에 더 분명하게 접근할 수 있는 귀중한 기회가 될 수 있기 때문이다. 외현화된 이미지 또한 우리가 보지 못했던 것을 보게 하거나 깨닫게 하기도 한다. 우리는 놀이치료사로서 상징적인 놀이 과정이 종종 언어를 통해 구성되는 우리의 무의식적 방어(natural defences)를 우회해서 우리의 어려운 문제들을 탐색하고 안전하게 작업할 수 있게 허용해 준다는 것을 알고 있다.

다음의 두 가지 예시에서 슈퍼비전 과정에서 이야기와 놀이를 통한 즐거운 창조의 과정이 어떤 과정을 거쳐 숨겨진 이야기를 수면에 떠오르게 하고 새로운 이야기를 탄생시키는지 볼 수 있다. David Le Vay의 사례에서는 창의적인 슈퍼비전 과정을 글로 쓴 후 이야기적 모래놀이(narrative sandplay)와 이미지 기법(image making)을 통해 고찰하는 방식을 볼 수 있다. Ann Marie John의 사례는 슈퍼바이지와 함께 슈퍼비전 중 모래상자를 만드는 것의 중요성과 이 작업이 슈퍼바이지와 아동에게 미치는 영향을 보여 준다.

이야기 놀이치료 슈퍼비전(David Le Vay)

나는 슈퍼비전을 실을 짰다가 풀었다가 하듯이 '이야기보따리를 풀기' 과정으로 생각한다. 놀이치료사는 마치 아동의 외상과 조각난 기억들 사이를 오가는 시간여행자로 자신을 느끼기도 한다. 이 과정에서 우리는 아동과 함께 잔혹하게 괴물을 죽이고, 도망가다가 숨기도 하고, 길을 잃기도 하고, 싸움을 하기도 하다가 괴물을 정복할 수 있게 된다. 이런 과정의 일부는 아동이 마주할 수 있는 이야기의 실타래를 푸는 것에서 시작되는데 여기서부터 내적 이야기를 구성하여 이 이야기를 통해 아동이 무질서하고 무서운 일상 속에서 맥락과 방향을 잡을 수 있게 하는 것을 포함한다. 치료사도 마찬가지로 실타래가 필요한데 아동이 마주한 큰 그림을 이리저리 안전하게 살펴볼 수 있으며, 치료사로서의 역할과 정체성을 잘 성립시키게 해 주는 데에서 실타래를 풀어 나가야 한다. 이 실타래는 많은 방식으로 풀 수 있는데 본능, 이론, 훈련, 경험 등이 있으며 물론 슈퍼비전도 그중 하나이다. 슈퍼바이저와 슈퍼바이지로서, 나의 경험은 '이야기보따리 풀기'였다. 그것은 놀이치료실에서 구성된 이야기를 체계화시키는 경험이며, 반영하는 과정이다. 암벽 등반가 혹은 동굴 탐험가에 대한 그림은 집단적인 안정을 꾀하는 것으로 함께 묶이는데, 나는 간혹 이러한 이미지를 슈퍼비전 관계 안에 두려고 한다.

놀이치료는 창조적인 과정이며, 비언어적이고 상징과 은유로 표현된다. 놀이치료 슈퍼비전은 이러한 과정을 반영해야 하며, 슈퍼비전 관계는 치료사와 아동 사이의 치료관계를 반영해야 한다고 본다. 치료의 언어는 다양하고 일반적으로 이런 것들은 동일한 과정을 묘사하는 데 사용되는 단순히 다른 언어이지만 우리가 작업하는 것을 이해하기 위해 우리는 다른 이론적인 렌즈를 사용한다. 하지만 치료사와 슈퍼바이저가 같은 언어로 소통하는 것은 중요한데, 통역 과정에서 많은 부분을 잃어버릴 수 있기 때문이다. 따라서 이야기 놀이치료 안에서, 놀이치료사는 놀이의 창조적 과정을 통한 놀이의 구조와 함께 작업해야 하며, 필요할 경우 슈퍼비전이 이러한 과정을 반영하는 것은 중요하다.

Ann Marie와의 논의 과정에서, 이러한 자료를 통해 얻게 된 훈련과 경험 그리고 특별한 시각으로 인해 '이야기 슈퍼비전'에 대한 이해가 서로 다르다는 것을 알았다. 예를 들어, 이야기 놀이치료에서 사용하는 '외현화'의 용어가 가족치료에서는 다르게 사용된다. 아마 가족치료와 놀이치료가 만나는 지점에서 흥미로운 대화가 존재할 것이다.

이야기 가족치료에서의 외현화(Freeman, Epston and Lobovits, 1997)는 일반적으로 다른 관점이나 입장으로 '문제'를 바라보는 가족을 초대하여 질문하고 대화하는 활동을 제공한다. 이야기 놀이치료에서 외현화를 이야기할 때 나는 아이들이 하는 그들의 이야기, 역할놀이, 대상놀이의 과정에서 표현하는 것을 통해 말한다. 하지만 서로의 접근이 이론과 임상의 측면에서 다르다 해도, 몇 가지 유사한 점이 있다. Freeman과 동료들(1997, p. 147)은 다음과 같이 말했다.

> 문제와 함께 그림을 그리고, 조각을 하거나 연극을 하는 과정은 자연적으로 문제에 대한 본능적인 감각을 일으킨다. 아이들이 상징적이지만 신체적으로 경험된 방식으로 외현화된 문제를 표현하는 것은 안도감을 준다. 이것은 그들에게 문제를 더 쉽게 숙고하도록 허락하고 문제를 더 쉽게 알도록 허락한다.

상징놀이를 통한 외현화의 개념은 Edward Bullough(1912)에 의해 처음으로 만들어졌다고 믿는 용어인 '미학적 거리'의 개념과 연결된다.

> 미적 거리(aesthetic distance)는 현실적인 욕구와 목적을 통제하여 개인 자신의 호소와 대상을 분리함으로써 얻을 수 있다. 따라서 대상에 대한 고찰(contemplation)은 혼자일 때 가능하다. 그러나 이것이 자신과 대상 사이의 관계 그리고 대상이 '비인격적인' 범위로까지 깨진다는 것을 의미하지는 않는다.

놀이치료 과정의 핵심에는 아동이 이미지, 역할, 대상 그리고 이야기에 자신의 압도적인 감정들을 투사하여 이동시킬 수 있다는 의미가 놓여 있다. 단순히 자기 자신을 '나쁜 사람'으로 여기는 것 대신에, 외현화 과정은 아동들이 상징 놀이의 안전성을 통하여 그들이 느끼는 경험에 참여하고 관찰하도록 허용한다. 이러한 방식으로 아동은 참을 수 없는 것을 참을 수 있게 된다. 미학적 거리의 개념은 슈퍼비전 과정 안에서 본질적인 역할을 한다. 슈퍼바이지가 가져온 대상 혹은 이미지에 개입한다는 것은 언어적으로 가장 쉽게 표현될 수 없는 느낌의 탐색과 가치 있는 반영을 촉진할 수 있다. 내 경험으로, 슈퍼비전의 도전은 슈퍼바이저로서 나의 역할이 무엇인지 아는 것을 적용하는 데 확신을 가지는 것이다. 때때로 이야기하는 것이 편안하고 쉽기 때문에 나와 슈퍼바이지 둘 다 창조적 이야기(narrative) 이미지를 사용하는 것으로 바꾸는 데 저항한다는 것을 깨달았다.

이야기 놀이치료는 대부분 사회구성주의 이론으로 설명되지만(Burr, 1995) 또한 삶의 체계적 맥락과 이러한 체계의 상호 연결된 특성을 강조하는 생태학적 치료 모델(Bronfenbrenner, 1979)로 설명되기도 한다. 사회구성주의 접근은 자기감이 다른 사람들과의 상호작용을 통하여 어떻게 발달해 왔는지와 경험의 주관성을 인식한다. 놀이치료를 통해 아동은 치료적 관계의 맥락 안에서 자신의 이야기를 구성한다. 이러한 관점에서 치료적 이야기는 아동과 치료사의 관계 안에 들어와 아동 경험의 복잡성을 만들고, 명령하고, 차례로 배열하고, 분류하는 과정으로 전개된다. 유사하게, 놀이치료 슈퍼비전의 이야기 모델의 경우 슈퍼바이저와 슈퍼바이지는 창조적 공간으로 이야기를 가져와, 관계를 통한 의미를 공동 구성한다. 이는 슈퍼비전 관계의 중요한 요소이다. 우리는 슈퍼비전 관계를 인식할 필요가 있으며 존재하는 임상적 자료를 이해하는 데 필요한 특별한 '시각'을 인식할 필요가 있다. Jane Speedy(2000)는 이야기의 세계관, 삶과 일에 대한 이야기가 만들어지는 곳으로서의 세상에 대한 관점이 어떻게 심리치료, 상담 그리고 슈퍼비전에 대한 매우 인간적인 노력을 탐구할 수 있는지에 대한 다른 입장을 제공하는지에 대해 이야기했다. 이런 의미에서 명백한 이야기 용어의 도입은 슈퍼비전 내 우리가 위치하는 방식을 바꿀 수 있다.

슈퍼바이지 중에서 잔(Jan)은 놀이치료를 진행하면서 전체적인 놀이 서비스 제공을 관리하는 의학적 환경에서 아이들을 치료하는 놀이치료사로 일하였다. 놀이치료사로 일하는 것은 복잡한 일이고, 잔이 작업한 아이들은 갑작스러운 사고와 질병을 통한 상실, 상처, 외상이라는 매우 중대한 정도의 경험을 가지고 있다. 내가 생각하기로, 그녀는 치료의 목표가 의학적인 모델로 여기지는 환경에서 아동중심 놀이치료사로 자신의 위치를 개척하고자 몸부림쳤는데 다수의 놀이치료사들도 마찬가지로 병원 환경에서 일하면서 이러한 경험을 할 것이다. 그러나 그녀는 헌신적인 치료사이며 외상과 상실에 필요한 '목격자'와 '숙달'에 관련된 어린이의 정서적 욕구에 대한 인식을 높이기 위해 기꺼이 적극적으로 해왔으며 조직 내에 놀이치료의 인지도를 높이기 위해 많은 노력을 기울였다.

슈퍼비전 내 문제 중의 하나는 우리가 언젠가 다루었던 감정에 대한 주지화 경향성으로 감정을 느끼기보다는 언어를 사용하는 패턴에 우리를 빠지게 하는 것이다. 잔은 지적이고 명확한 여성이며 방어 형태로서의 언어의 개념은 우리 둘이 인식해 온 슈퍼비전의 역동이다. 내가 때때로 놀랐던 것처럼, 여기에는 이미 공모된 무의식적인 양식들이 나타나는 것일까? 우리가 피하길 원하는 것은 무엇일까? 흥미로운 이야기적 관점에서부터, 우리는 보호의 한 형태로서 언어의 역할에 대한 개인이 가진 뜻 그대로의 이야기를 가지고 있다. 때때로 우리는 함께 그것에 닿을 수 있다. 나는 양극성 장애를 가진 아버지와 함께 자랐던 나의 개인적인 경험들을 명확하게 연결할 수 있다. 그는 학구적이며 말이 앞섰고 명확하게 자신의 감정을 표현할 수 없는 사람이었다. 나는 나의 개인적인 이야기를 분명히 슈퍼비전 관계 안으로 가지고 간다.

우리가 함께하는 동안에 다양한 측면에서, 모래상자나 이미지를 사용하는 것과 같은 더 창의적이고 비언어적인 방법으로 재료를 탐구하는 아이디어를 소개했다. 나는 가끔씩 잔과 심지어 내 스스로에게도 이것에 대해 저항이 있는지 궁금했다. 우리가 조금씩 그녀가 무의식적인 방법으로 작업할 때 고통스럽고 다시 그럴 수 있다는 두려움을 표현하고 조금씩 이것을 탐색할 때, 말로 할 수는 없었지만 우리는 둘 다 그것을 계속 피해 왔다. 이것을 염두에 두고, 우리가 '문제를 처리하기' 위해 함께 다룰 수 있는 좀 더 창의적인 방식으로 움직이는 것에 대해 슈퍼비전에서 다룰 것이다.

잔은 피터라고 불리는 8세 아동과 함께하는 치료에 대해 이야기했다. 피터는 뇌출혈로 고통을 받았다. 그리고 집중적 재활프로그램 기간 동안 병원에 있게 되었다. 그의 치료의 일부분은 복잡한 기관절개를 포함하였다. 만약 목에 찬 튜브가 제자리를 벗어나게 되면 그는 숨을 쉴 수 없게 되어 즉시 죽을 수도 있었다. 이것은 피터가 긴급한 의학 치료를 필요로 하는 상황에서 끊임없는 감시 아래에 있어야만 하는 것을 의미했다. 피터는 수술을 기다리고 있었고 그는 기관을 절개할 필요 없이 스스로 다시 숨을 쉴 수 있게 되는 결과를 희망했다.

나는 피터가 한 놀이의 주제에 관한 이 회기의 이슈에 감명을 받았는데, 잔이 슈퍼비전에 가져온 자료뿐만 아니라 그의 신체적 상황과 그것이 잔과 그 과정에 영향을 미치는 것에 대한 것이었다. 나는 '피터의 세상'을 표현하기 위해 모래상자를 사용하라고 제안하였다. 그녀는 처음엔 조금 주저했지만 시도하기 시작했다. 나는 잔에게 모래를 꾸미는 과정에서는 침묵할 것을 제안하고, 그 이후에 이야기할 수 있다고 해 주었다.

[그림 5-1] 피터의 세상

나는 피터의 세상을 설명해 달라고 잔에게 요청했다([그림 5-1]). 그녀는 오른쪽 아래의 작고 둥근 지역이 놀이치료실을 나타냈다고 말했다. 그녀는 오아시스로 그것을 설명했다. '있기 어려운' 산이 있었으며 세 개의 돌은 놀이치료 과정을 나타냈다고 했다. 잔은 가장 큰 바위를 그녀 자신와 연결하기 시작했다. 왼쪽 아래에 가장 큰 파란 지역 그리고 그곳으로 이끄는 길은 피터가 곧 하게 될 수술을 나타낸다고 했다. 피터는 피규어를 통해 가족, 친구, 학교의 회복을 향한 정상적인 생활로 돌아가는 '긴 여정'을 만들었다. 피규어는 피터가 긴 여정을 거쳐 회복을 통해 가족, 친구 그리고 학교의 일상성으로 돌아오는 것을 보여 주었다. 잔은 피터의 취약성과 그녀 스스로의 보내야 하는 것과 관련된 힘든 감정을 말했다. 그녀가 피터로 인해 그녀가 편안하고 안전하다고 느낀 장소에서 벗어난 오아시스에서 어떻게 빠져나왔는지 우리가 함께 알아차린 그녀의 이미지에 대해서 이야기했다.

모래상자를 보면서, 나는 그 이미지의 본능적인 질에 대해 생각하고 있는 내 자신을 발견했다. 그것은 내게 기도, 튜브, 구멍 그리고 오아시스의 상징이 생존의 장소라고 생각하게 만들었다. 또한 그것은 숨쉬는 것과 숨 막히는 것 그리고 '멈춤'이라는 생각이 끔찍한 무언가가 일어나는 것과 어떻게 연결되었는지에 대해 생각하게 만들었다. 나는 내 생각을 잔에게 말하면서 이것이 회기 안에서 피터에 대한 그녀의 경험과, 만약 그녀가 생각과 말이 멈춘다면 무슨 일이 일어날지에 대한 그녀 자신의 불안과 연결되어 있음을 인식하였는데, 즉 그녀가 가진 정서적 반응에 의해 숨 막히게 될 것인가에 대한 것이었다. 이 대화를 통하여 잔은 감정을 보호하려는 의도로 '주지화'하려는 그녀의 경향을 인식하기 시작하였고 우리 모두는 방어의 수단으로 말을 사용하는 슈퍼비전의 형식으로 빠져들었음을 인식하게 되었다. 이것이 병행과정의 또 하나의 예이며 우리에게 슈퍼비전 관계에 새로운 발판을 제공하고 새롭게 이름 붙일 수 있는 무언가가 있었다.

몇 주 후에, 나는 잔을 다시 만났다. 그녀는 직장에서의 분쟁에 대한 이슈와 그 기관의 관료적 성향과 성격에 대해 어떻게 침묵을 지킬 것인가에 대한 어려움을 토로하였다. 잔은 때때로 잘못된 일을 이야기하는 것을 걱정하면서 그녀는 오해했고 이로써 좌절의 감정을 느꼈다고 말했다. 이 모든 일의 과정에서, 잔은 또한 치료하는 말하지 않는 소녀에 대해서도 언급했다. 잔은 그 소녀에게 말을 해야만 했고 그 소녀의 감정을 잘못 해석할까 봐 걱정했다.

나는 목소리를 찾고 있는 어려움을 반영하려 하는 그 모든 시도에 감동을 받았으며 그녀가 그 과정에서 갈등을 해소하는 것이나 그것을 오해할 것에 대한 두려움을 느낀다고 생각했다. 마치 어린 소녀가 놀이실에 와서 느끼는 것처럼, 기관에 대해 조용히 해야 한다고 느끼는 것 같았다.

그녀가 경험하고 있는 현재 기관의 투쟁에 대해 언급하면서, 나는 그녀가 전에 만들었던 오아시스의 이미지를 언급했다. 그녀는 이것이 현재 그녀가 느끼는 감정에 맞지 않는다고 말했고 나는 그녀에게 새로운 이미지를 만들어낼 것을 제안했다.

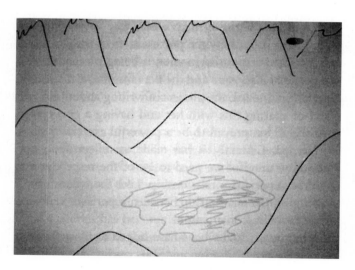

[그림 5-2] 잔의 이미지

나는 잔의 그림([그림 5-2])에 담겨 있는 이야기를 질문했고 그녀는 높은 산과 노란 색의 사막을 놀이실의 치료 공간으로 표현하였다고 이야기하였다.

작은 원형 지역은 오아시스였지만, 산으로 둘러싸이고 매우 멀리 떨어져 있어서 닿기 어려웠다. 나는 잔의 즉각적 감정 반응이 그녀의 이미지에 어떤 영향을 미치는지 궁금했다. 그녀는 '아주 힘들고… 힘든 장소'라고 느낀다고 말하면서 아동이 놀이실에 가져오는 감정과 연결지었다. 그녀는 그때 방어로서 그녀가 어떻게 언어를 사용하고 있는지에 대해 이야기하면서 자신이 치료사로서 너무 통제하고 있다는 것을 걱정했다. 잔은 그 기관을 통해 영향력을 빼앗긴다고 느끼며 그녀는 아이들과 함께하는 회기가 때때로 그녀 자신의 놀이성과 통제에 관련된 욕구가 드러나는 장소가 되는 것에 대해 의아해했고 이런 관점에서 자신의 욕구가 아이들에게 영향을 미칠 수 있다는 것을 걱정한다. 잔의 '행동하는 것'과 그녀가 함께하는 아동의 경험은 명확하게 연결된 느낌이 들었으며 그런 의미에서 놀이실은 둘의 욕구를 조절하는 장소가 될 것으로 보였다. 그리고 내 삶의 나름의 과정을 생각해 볼 때, 이 자료는 내 삶에 적용되는 것이었다. 나는 내 슈퍼바이저에게 언어와 지식이 공격과 방어의 형태로 사용되면서 어린 시절부터의 반항을 일으키는지를 말했다. 나는 또한 우리가 함께하는 병행과정의 복잡성에 놀라움을 경험했다. William(1995; Worsket, 1999, p. 225)은 이 과정이 '일방통행의 가치보다는 여러 차선의 고속도로'가 될 수가 있다고 하였고 Val Wosket(1999, p. 225)은 이 과정이 "슈퍼바이저의 개인적 반응에 의해 빈번하게 작용하는 것"이라고 말했다. Wosket은 또한 자기공개와 가끔은 슈퍼비전에서의 위험을 감수하는 것의 이점에 대해 말했다. 사실, 잔의 슈퍼비전에 대한 기록의 과정과 그녀와 나눈 대화는 우리 둘 모두가 배우게 된 굉장한 경험이었다. 확실히, 그것은 우리가 슈퍼비전 관계에서의 이야기가 서로의 과정에 얼마나 중요한지를 반영하는 것이다. 아동과 치료사와의 관계와 마찬가지로, 슈퍼바이저와 슈퍼바이지의 관계는 공동 구성의 동등한 과정이다.

하지만 중요하게, 그리고 내가 여기서 설명하고자 하는 것은 창의적인 외현화를 어떻게 사용하는가 하는 것이며 상징적 이미지에 관한 이야기 창조는 슈퍼비전 관계에 존재하는 차단과 방해를 찾는 데 도움을 줄 수 있다. 재즈 음악가 Miles Davis는 "있는 것을 연주하지 마라. 없는 것을 연주하라."고 했다. 데이비스에게는 창조라는 노트공간이 늘 있었듯이, 창의적인 치료사와 슈퍼 바이저는 주의를 집중하는 언어의 공간에 있어야 한다.

슈퍼비전 대화(Ann Marie John)

나는 우리가 사용했던 주제들이 함께 실을 짜는 것이라고 한 David의 용어 에 감명을 받았다. 어떻게든 우리는 아동, 치료사, 슈퍼바이저의 내적 세계의 부서지기 쉬움에 대하여 함께 당겨 주고, 받쳐 주는 것으로서 슈퍼비전의 이 은유적인 개념을 공유한다는 것에 관심을 두고 있다. 나는 우리가 동일한 방 식에서 외현화를 사용하고 있는 많은 방식, 즉 다른 방식으로 무엇인가를 보 도록 허락하는 것들을 생각한다. 모래놀이치료, 역할놀이 혹은 예술 작업을 통해서든 아니든, 상징적 외현화의 활동은 무엇인가 진행되고, 새로운 의미 혹은 이야기가 나타나도록 허락할 수 있다.

이야기 가족치료에서 외현화는 가족의 한 구성원을 비난하지 않는 작업의 방식으로, 즉 치료적 중립을 유지하기 위한 기술로서 종종 사용된다. 나는 최 근에 방귀소리가 나는 찰흙으로 보라색 푸우 괴물을 만드는 아이를 도우면서 그의 엄마가 없을 때 괴물이 말을 안 듣게 함으로써 물건들을 어떻게 망칠 수 있을지 이야기했다. 전체 가족은 괴물들을 가지고(엄마와 아빠는 소리 지르는 괴 물) 엄마는 소리 지르는 괴물을 통제하는 것을 배우고, 아빠에게도 보여 주었 다. 나는 가정에 이런 괴물이 얼마나 많을지에 대해 언급했다. 우리는 비록 화 장실 변기 속으로 괴물들을 버릴지라도 괴물들은 파이프 안에 숨어 있기 때문 에 제거하기 어렵다는 것에 동의했다. 이 접근은 유뇨증 소년의 외현화를 악명 이 높은 '똥 괴물'을 들어 사용한 Michael White(2007)의 이야기와 유사하다.

슈퍼비전에 대한 나의 접근과 여기에서 설명하는 예시처럼, 언어적 수단 으로 접근할 수 없는 이야기들을 찾기 위해 비언어적인 방법을 사용하면서,

David와 유사한 방식으로 일하고 있다고 생각한다. 논의 중인 이야기는 치료적 관계, 그것의 역사 그리고 어머니의 부재와 아이들이라는 주제가 너무나 가슴이 아프다는 아이들에게 어떻게 지속적으로 유용한지에 대한 이야기이다. 내 접근법에서 차이점은 내가 일하는 것에 대해 내가 어떻게 설명하는지와 모래상자에 관련된 슈퍼비전을 진행할 때 내가 생각하고 사용하는 방식을 비추어 보았을 때 나는 순수한 구성주의자라고 생각한다. 그러므로 나는 대화를 녹음하고 기록함으로써, 나의 슈퍼바이지와 함께 슈퍼비전의 설명을 공동 구성하도록 시도했다. 비록 그것이 인터뷰 같아 보여도, 이야기 놀이치료에서 아동과 함께하는 것처럼, 슈퍼비전의 이야기를 공동 창조하도록 시도하고 있다.

고인이 된 Michael White(2007)는 내담자와 함께 회기를 기록하는 과정에 대해 이야기했다(그렇지 않으면, 내담자는 대상이 되고 우리는 전문가가 된다). 그는 역시 가설과 생각을 공유하면서 내담자에게 때때로 회기에 대해 기록하였다. 이러한 접근의 투명성은 내가 가족치료에서 훈련했던 근거 중 하나이고, 임상의 중요한 부분이다.

다음의 대화는 나와 소피 사이에 이루어진 것으로, 소피는 사별을 경험한 아동과 작업한 경험이 있는 놀이치료사이다. 그녀의 내담 아동 샐리는 질병으로 엄마를 잃었다. 소피는 샐리가 자신에게 아이가 있는지 물었다며 그 질문의 의미에 의문을 가지고 슈퍼비전에 왔다. 이것은 소피에게 약간의 개인적인 여운을 남겼으며, 그 질문에 대답하기 전에 이야기가 누구의 것이었는지 처리할 필요가 있는 것처럼 느껴졌다. 소피가 그녀의 모래상자를 아동에게 보여 주는 것에 대한 나의 질문은 Tom Anderson의 반영 팀에 대한 생각(1987)에 기반을 둔다.

Anderson은 가족을 스크린 뒤에 두기로 결정하고 치료사의 대화에 가족들이 질문할 수 있게 함으로써 치료사와 가족이 함께 하는 '반영 팀'을 만들었다(최근에는 스크린 뒤보다는 치료실에서 종종 작업한다). 가족과 반영 팀은 서로 뒤돌아 있으면서, 프리즘처럼 다양한 의미들을 만들어 낸다. 가족은 팀의 반영 혹은 가설이 도움이 되는지에 대해 말할 수 있다. 이 접근은 위험을 각오

하면서까지 투명성을 필요로 하는 것이며 나는 유사한 과정이 슈퍼비전의 모래상자 사용에 적용될 수 있을지, 즉 아동에게 보여진 것을 슈퍼비전 안에서 만들면서 그 모래상자에 대한 생각을 말하는 것이 가능할지 궁금했다. 소피는 이러한 나의 의견에 동의하면서 이것이 도움이 되는 일이라고 느꼈다.

AM: 그래서 샐리와의 회기로 돌아가 당신이 작업한 모래상자와 당신이 가져온 자료를 통해 생각해 보려 하는데 이것은 이전 슈퍼비전에는 하지 않았던 방식으로 아주 중요한 것이에요.

S: 저는 샐리가 어디에 있었는지, 그리고 그 아이를 위해 무슨 일이 일어나고 있는지 생각하고 있었어요. 그 회기에서 무슨 일이 벌어지고 있는 것 같긴 하지만 말로는 표현하기 힘든 것 같아요…….

AM: 그 아이가 당신에게 물었던 질문(당신이 아동과 했던)은 놀이치료나 슈퍼비전에 많이 나타나는 것인데 나는 당신이 어떻게 대처해야 하는지 확실히 몰랐다는 생각이 드네요.

S: 그래요……. 필요한 것은…… 그 아이에게 도움이 되는 반응을 어떻게 해야 하는지에 대해 생각해 보아야 할 것 같아요…….

AM: 왜냐하면 그것에 대한 이야기를 하고 있기 때문인데요, 당신이 위험을 감수할 수 있는 위치에 있다는 것을 슈퍼비전에서 당신이 기억하고 있는지 모르겠어요. 내가 생각하기로…… 나는 그 아이가 점차 대담해지고 있으며 조금씩 문을 열고 있는 것 같다고 생각해요. 그 아이는 당신이 그 자리에 있는 것에 관심이 있다고 봐요. 따라서 그것에 대해 어떻게 반응했는지는 정말 중요하겠죠.

S: 음.

AM: 그것이 무엇을 의미하는 이야기인지 제가 모르는 건가요?

S: 그래요. 저는 선생님이 그 아이가 위험을 무릅쓰고 있었다고 말하는 것처럼 느껴요. 초기에 아이가 저에게 그 질문을 했을 때…… 저는 그게 우리 사이에 더 위험을 감수할 일이 있다는 걸 정말 알지 못한

거 같아요.

AM: 그것을 어떻게 보셨어요?

S: 글쎄요. 제가 보기엔 일종의 위험 요소인 것 같은데요…… 그래요, 저는 그 아이의 역할에 대해 질문을 할 수 있었고, 아이는 저에게 직접적인 질문을 할 수 있었어요. 저는 처음에 제가 제대로 이해해야 할 필요가 있다고 생각했고, 그 아이를 위해 제대로 된 일이 필요했던 것 같아요……. 네, 그러네요. 그 느낌 때문에 엄청난 위험 요소가 있었죠.

AM: 치료사로서 당신은요?

S: 네, 치료사로서 제게 필요한 건…… 저는 그것이 우리의 관계에 매우 중요하다고 느꼈기 때문에 샐리에게 그것을 올바르게 적용하고 싶었어요. 하지만 아까 말한 것처럼 제가 말한 것에 대해 곰곰이 생각해 보려던 참이었어요……. 대답이 필요했던 것 같아요……. 단어에 대해 생각하는 것이 꽤 어려웠어요.

AM: 나는 우리가 모래상자를 어떻게 만들었는지 기억하면서 언어적인 것이 아닌 무엇인가가 있다고 생각해요.

S: 그래요. 제가 생각하기에…… 샐리에게 어떤 것이 옳을지 확신하지 못하고 있고…… 적절한 반응이 무엇이고 어떤 단어는…… 부적당했어요. 그리고 …… 모래상자로의 초대는…… 그래요, 탐색을 위한 올바른 방법이었던 것 같네요.

AM: 그래서 지금 그 과정을 기억하고 있나요? 나는 매우 사려 깊고 조용하며 의도적인 활동이었다고 기억해요. 그에 대해 이야기했던 기억이 나지 않네요.

S: 아니에요. 제가 실제로 만든 것에 대해 우리 약간 이야기를 했다고 생각해요. 그 과정이 기억나는데 그게…… 제가 끌리는 대로 이끌리고 있다고 느꼈어요……. 아니에요. 저는 확실히 제가 만들고 싶은 것에 대해 먼저 생각을 하지 않았거나 혹은 제가 진정 원했던 것에

요……. 그리고 나서…… 다른 대상을 탐구하고 사용할 것을 찾으며 발전시키고 있었어요. 그리고 제가 선택한 두 개의 피규어는 샐리와 나 자신이었다고 생각해요……. 그것들은 제게 친숙했어요.

AM: 이 방에서 꽤 오랫동안 일해 왔는데 내가 보지 못했던 몇 안 되는 것들도 있었다는 것은 매우 흥미롭네요……. 나는 이것을 보지 못했기 때문에 매우 새로운 것처럼 느껴지네요.

[그림 5-3] 모래상자

S: 네, 오늘 저녁에 그냥 그걸 다시 한 번 봤어요 저는…… 저는…… 움직일 수가 없었어요…… 거기에는 여전히 뭔가가 많더군요……. 벌써 몇 주가 흐르고 한 달이 지났는데도…… 거기에는 여전히 샐리가 말한 것들을 볼 수 있는 것들이 여전히 많았어요. 그것은…… 마치…… 각자 다른 모래상자, 사진에 모두 담겨 있었어요……. 저는 그것이 샐리의 것이거나 내가 내 팔에 샐리를 안고 했던 것과 같다는 걸 알았어요……. 네…… 그것은…….

AM: 그렇다면…… 당신이 말하고자 하는 것은…… 당신이 말할 때……

저는 당신이 해마에 대해 이야기할 때, 마치 일종의 이야기처럼 느껴
질 때가 있다고 생각했습니다.

S: 그래요. 저는 서로 어떻게 느끼는지 생각하고 있었어요……. 그건 분
명하게 대상을 찾는 것이고…… 뭔가 특별한 걸 찾는다기보다는 저
를 발견했어요……. 우리의 치료관계를 보여 주기 위해서요.

AM: 저는 우리가 모래상자의 끝을 향해 간다고 기억하고 뭔가 비언어적
인 방식으로 진행된 것을 느끼면서 모래상자 이후에 어떤 분명한 것
이 있을 것이라는 확신이 들지 않아요.

S: 음…….

AM: …… 제 말은 그 질문에 대한 답이 무엇이었는지 물어보는 겁니다(웃
음).

S: 질문은, 거기에 대해선 확신할 수 없지만…… 분명히 그 질문에 대한
명확한 답은 없어요. 하지만 저는 샐리의 엄마가 그 모래상자 안에
매우 많이 있었으며 그것은 매우 중요하고 강한 느낌을 가지고 있었
다고 기억해요……. 이 작은 소녀에 대한 일이고 엄마가 주변에 계시
면서 친절하게 대해 주고…… 자신의 딸이 괜찮은지 확인하고 싶어
하는 거죠.

AM: 음. 내가 기억하는 대화는…….

S: 네.

AM: 그 부분을 기억하는데 모르겠네요……. 마치 당신이 다른 차원에 있
는 것 같은 느낌이 들어요. 나는 당신이 다른 측면에서 작업하고 계
신 건 아닌지 궁금해요. 나는 당신이 다른 사람이 되는 것인지 아니
면 엄마가 되는 것을 괜찮다고 하는 것인지 궁금하네요……. 왜냐하
면 그게 바로 샐리가 원했던 것이기 때문이죠.

S: 그래요.

AM: 그게 가슴 아픈 거라고 느껴지는데…….

S: 그래요.

AM: 이제 회기의 끝에 도달했네요.

S: 음.

AM: 난 차라리 즉흥적으로 말하는 게 낫다고 생각해요(웃음). "아, 모래상자를 샐리에게 보여 준다면 어떨지 궁금한데." 당신이 생각하는 가족들에게 말하는 것처럼 반영하듯 말이죠.

S: 그렇다면 저와 함께 머물러 주세요(웃음).

AM: 저와 함께 머물러 주세요?(웃음)

S: 네, 제가 기억하기로…… 그것은 제 마음속에 있었고…… 기껏해야 2~3주 정도 뒤에 제 마음속에서…… 샐리와 함께 공유하는 것이 어떨지 궁금한데 아마도 저는 그것을 다시 생각해 봤을 것입니다. 그 아이는 질문할 때 생길 수 있는 위험을 감수했는데 저는 위험을 무릅쓰고 아이에게 이 모래상자를 보여 줄 수 있었을까요? 방문 후 2~3주 정도 지났는데도 사진을 찍으며 궁금하고…… 궁금했어요.

AM: 당신 마음에 남아 있었군요.

S: 확실히 그런 것 같아요……. 그것은…… 그것을 인식했고…… 샐리가 저에게 질문하고 몇 주 뒤에 기억하고 저는 그 아이가 그 대답을 듣는 일이 분명 흥미롭지 않았거나 혹은…….

AM: 그것은…….

S: ……재방문하고…… 2주 정도 지났는데, 네, 나는 벌써 3주째인 걸로 알고 있고…….

S: 그 아이가 저에게 부탁했었다는 것을 인정하고 우리가 할 수 있는…… 그 아이에 대해…… 그런 식으로 대답하고 대답했지만, 셋째 주나 넷째 주까지가 아니라 그것이 그 아이에게 중요한 의미라고 생각해요.

AM: 음, 그리고 나는 당신이 아이에게 모래상자를 보여 준 방법을 다시 생각해 보려고 노력하고 있어요.

S: 그게(웃음) 저는 그래요.

AM: (웃음)

S: 네…… (한숨)…… 제가 생각하기에 그동안 계속 기억하고 있던 샐리가 물어봤던 것과 알아차려 가던 것들에 그것이 연관되어 있다고 생각해요. 그리고 모래를 가지고 놀 때에 내가 그것에 대해서 생각하면서 아이에게 그것을 어떻게 알게 해 줄지 생각했어요. 그리고 아동이 날 쳐다보고 있었다고 기억해요. 아이는 그림을 그렸던 것 같고 제가 모래를 가지고 좀 놀았다고 이야기할 때 쳐다봤던 것 같아요. 그리고 저는 그것을 반영했어요. 모래를 가지고 놀 때 저는 그렇게 하는 게 때때로 정말 도움이 된다는 것을 알아요……. 그리고 그때 저는 아이에게 내가 만든 모래 사진을 찍었다고 이야기한 걸 기억했고 아이가 할 수 있고 보기를 원한다면 사진이 어디에 있는지 이야기해 준다고 알려 줬어요. 그리고 아이는 그림 그린 걸 가지고 왔어요(웃음).

AM: 그 아이가 준비될 때까지.

S: 그런데 갑자기 아이가 우리를 보고 "어디 있는 거야. 그림 어디 있어?"라고 물었고 나는 아이가 원하는 것이 방의 다른 쪽에 있다고 말하자…… 아이는 벌떡 일어나서 그것을 찾았어요(웃음).

AM: 그리고 나는 당신이 슈퍼비전에 와서 치료실에 들어왔을 때가 매우 생생하게 기억에 남고 그 아이는…… 피규어에 강하게 반응했어요. 그 아이가 누군지 말하던가요?

S: 네. 아이는 그것을 바라보았고 그것이 무엇인지 알고 싶어 했죠……. 저는 충격을 받았고, 그것은 상징적인 표현으로 추측했죠. 저는 그것에 관해 설명하지는 않았어요. 그 아이는 단지 그것을 들고 즉시…… 직감적으로 그것이 상징적인 표현이었다는 것을 받아들였어요. 지금도 그 생각을 하면 충격적이에요…….

AM: 꽤 비약적이네요.

S: 그래요. 제가 이야기한 것에는 어떤 것도 없던 것 같고 혹은 제가 …… 지시를 준 것 같은데 하지만 그녀에 대해서는……(웃음) 실제로

그것에 대해 생각하는 지금도 충격을 받았어요.

AM: 그 아이는 당신이 아이를 유념하고 있는 것뿐 아니라 당신이 하는 것
에도 유념하고 있네요.

S: 네. 그래서 그 아이는 피규어가 무엇인지 알기 원했고…… 피규어가
누구를 표현하고 그 대상이 의미하는 것은 무엇이고 그 아이는 단지
의미하고 있는 것에 반응하고 상징으로 표현하고…… 저는 그것에
매료되어 버렸어요.

AM: 그 상황에서 무슨 일이 생긴 건가요? 왜냐하면…… 당신이 이야기하
는 위험을 무릅쓴다고 말하는 것을 내가 추측해 보면…… 당신도 알
다시피, 모래상자 작업을 할 때 질문에 대답하는 것이나…… 그런 것
이 위험하다는 것을 당신도 알고 있다는 것이 매우 흥미로워요…….

S: 음…….

AM: 왜냐하면, 내 말은, 그건 여전히 아직 많이 모른다는 거죠?

S: 저는 호기심이 많아요. 저는 그 아이의 반응이 정말 흥미로웠어요. 제
말은 아이가 그것을 쳐다보고 있었고 그리고 그걸 내려놓고…… 그
리고…… 그것 또한 괜찮다는 거였어요. 제 생각으로는 아이와 함께
그걸 나누는 것이…… 생각하기에는…… 저는 다른 시나리오를 가지
고 있던 거 같아요. 그리고 그것이 아이에게 어떨지…… 저에겐 어떨
지…… 제가 이야기했듯이 저는 아이에 대해서 정말 생각하고 있지
않다고 이야기했고…… 무엇이 표현되었는지 해석하고 알기를 원했
고…… 저는 흥미로웠고 단지 정말 정말 아이가 그것을 어떻게 만들
었는지에 대해 관심을 가졌어요.

AM: 나는 관계에서 당신이 정말로 원하는 것이 무엇인지 궁금하고 사람
들이 질문에 답변하는 것과는 다른 답변을 하려 한다고 생각해요. 이
상황에서 당신이 그녀가 필요로 하는 답변을 언어로 표현하지 않았
다고 느껴지네요.

S: 그게 저는…… 그 아이가 상징적 표현에 흥미를 느끼고 있을 때 저

는 모래를 사용하고 있지 않았기 때문에 샐리가 하려는 시도가 무엇인지 궁금했고, 제가 생각하기에는 다음 회기나 몇 회기 후에 아이는 모래상자 속으로 몇 번의 시도를 했던 거 같아요. 단지 한 번 했을 뿐인데 제가 이 일에 대해 느끼고…… 상징적 표현에 대해 느끼게 되고, 그 회기 직후에 일어난 것에 대한 저의 생각 때문에 다른 놀이를 하게 된 것 같고, 3회기 후에 샐리는 역할놀이를 시작하고…… 회기가 많이 지나지는 않았지만 우리 사이의 상호작용이 일어난 미술적 요소의 회기까지 전혀 아무것도 사용하지 않았어요. 어떤 감정이 남겨졌고, 그 아이가 역할놀이에 저를 직접적으로 개입시키기 시작했고 명확한 역할을 주었기 때문에 다른 공간과 다른 방법으로 사용하기 시작했죠. 그래서…… 많은 시간 역할놀이를 했고, 정서적 표현에 반응하고 그래서 저는…… 그것이 직접적으로 연결되어 있다는 것을…… 알지 못했어요.

AM: 나한테 물어보고 싶은 것이나 이야기하고 싶은 다른 게 있는지 나는 잘 모르겠네요. 몇 가지를 생각해 보면, 나는 슈퍼비전 시간에 모래상자를 하지 않아요……. 그게 무언가를 반영하는 데 좋을 수도 있지만 어떨 때는 그러지 않기도 하고…… 또 다른 방법으로 반영을 하기 위해서 나는 그것은…… 다시 반영하는 것이라고 봐요……. 왜냐하면 내가 이야기하는 방식으로…… 그러니까…… 당신도 알다시피 당신 머릿속에 생각을 집어넣는다고 해도, 그런 방법 역시 임상 장면에서 어느 정도 모험이 되는 거죠. 점점 복잡해지네요. 그러나 다른 게 남아 있을지라도 우리가 뭔가를 끝냈다는 느낌이 드네요.

S: 아니에요, 전 그렇게 생각하지 않아요. 저는 어떤 방법을 써야 할지…… 잘 모르는데 슈퍼바이저로서 당신의 생각이 궁금한데요?

AM: 글쎄요……. 그런 질문들에 대해서 나는 연구를 했었기 때문에(아동이 치료사에게 가족에 대해 질문한 것―특별히 그들이 아동일 때) 꽤 오래 전부터 제법 흥미로웠어요. 그리고 그 질문들이 어떻게 생겼는지, 그리고 얼마나 어려울 수 있는지, 어떻게 생각할 수 있는지, 어떻게 다른 방법이 필요한지를 느낄 수 있는 방법을 알고 있습니다. 당신은 그 질문에 대답할 다른 방법을 찾아야 했고 다른 차원으로 가야 할 필요가 있어요. 내 말은 당신 사이에 어떤 일이 있다는 것을 의미하는 것이고…… 내가 위기관리라고 하는 것이지만…… 이것은 당신에게 말한 대로 정말로 중요하고, 아동과의 작업에서 그녀와 함께하는 데 필요한 것이죠……

S: 네.

AM: 그리고 나는 모래상자 작업을 하는 것이 나에게 도움이 된다는 것을 알아요. 그것은 슈퍼비전 안에서 어떤 것들을 자유롭게 해줄 수 있죠. 하지만 난 우리랑 함께하는 이 방에서 이런 영향을 받을 것이라는 예상을 하지 못했어요. 이제서야 우리가 한 것이 매우 중요하다고 느껴요. 나는 당신과 어느 정도 같다고 느껴지고 실제로 우리와 함께 아동의 어머니가 현재 있다고 느낄 수 있게 되죠. 이건 분명히 아주 심오하고 내가 생각하는 것들을 당신도 알게 되고 우리가 서로 통하게 되는 거죠. 그건 정말 중요하다고 느껴지고 나는 생각해 보지 않았지만 당신이 보여 준 아이의 모래상자 사진을 보고 난 거기에 정말 깊이 매료됐어요. 아이가 "얼마나 날 오래 담아두고 생각할 건가요?"라고 당신에게 질문했던 것처럼 나 역시도 그것을 느낄 수 있었어요. 아주 단순하지만 아이가 당신과의 사이를 무척이나 염두에 두고 있다는 거겠죠. 당신이 그녀에 대해 이런 상징을 만들어 내는 것에 아이가 유념하고 당신은 그것들을 만들면서 아이에 대해서 유념하죠. 당신이 이야기했듯이 그것의 강도에 따라 회상되는 거 같아요.

S: 음.

AM: 내 생각엔 마치 우리가…… 우리가 슈퍼비전을 하는 치료실에서 무슨 일을 했는지 감을 잡은 것 같아요.

S: 음.

대화를 통해 소피와 나는 한 회기 동안 슈퍼비전의 의미를 공동 구성하고 소피가 무엇을 해야 할지 막막할 때 모래상자를 만들어 봄으로써 그들 사이에 진행되는 과정에 도움을 주고자 시도했다. 다른 차원의 의사소통 방식으로써 모래상자를 샐리에게 보여 주려는 그녀의 결정은 그녀가 얼마나 소피의 마음속에 자리 잡고 있는지 샐리가 경험하도록 도왔다. 이것은 소피가 샐리에게 상징적 엄마가 되는 것을 허락했다. 유사하게 소피는 안전하게 샐리를 위한 이야기를 만들면서, 아동을 향해 그녀가 가진 '엄마의 감정들'을 표현할 수 있었다.

샐리가 소피의 모래상자 안의 피규어를 추측하기 시작할 때, 치료사/내담자 역할은 잠시 바뀌었다. 소피의 모래상자는 치료사에게 보통 불가능한 방식으로 치료적 관계 안에서 그녀가 영향을 받도록 허락했다. 그리고 소피가 제안했을 때, 이것은 놀이방에서 함께 놀이하는 새로운 방식으로 마음을 터놓게 했다.

결론

이 장을 함께 작업할 때, 우리는 이 장의 제목을 뭐라고 할지를 걱정했는데 결국 '이야기보따리 풀기'의 개념을 슈퍼비전 과정의 핵심으로 놓기로 결심했다. 놀이치료사는 놀이치료 과정에서 아동을 '안아 주어야' 하고, 따라서 치료사의 역할은 슈퍼비전의 과정을 통하여 '풀어 주는' 것이다. 아동은 슈퍼비전 안에서 존재하며 슈퍼바이저는 놀이관계 안에 존재한다. 삼각관계 안에서 '보이지 않는 세 번째 사람'이 항상 존재한다. 그것은 반영적인 과정으로, 슈퍼비전의 맥락이자 역시 이야기의 맥락이고, 이야기의 복잡한 섞어짜기이다.

이야기의 맥락에서 은유는 이 장을 함께 결합하는 다양한 방식으로 존재한다. 이야기 관점은 우리가 이야기의 세계 안에 존재하며, 우리의 현실은 다른 사람과의 상호작용을 통하여 구성되고 중재된다. 슈퍼바이저와 슈퍼바이지는 모두 작업에 분명히 영향을 미치는 개인적인 이야기들을 가지고 온다. 예를 들어, 힘, 권력, 완벽 그리고 충분하지 못한 존재에 관련된 이야기들이다. 이런 이야기들을 탐험하고 알아가는 것은 그들의 작업에서의 함축된 것과 의미들에 대해서 호기심을 갖는 데 도움이 될 수 있다. 흐르는 강물처럼, 이 이야기들의 출처와 지난 몇 년간의 그들의 여정을 탐색하고 치료관계에서 도움이 되거나 도움이 되지 않는 방법에 대해 생각해 본다. 아이들은 물론 자신의 이야기를 치료 공간으로 가져오며 그것은 우리 자신에게 멀리서(때로는 가까운 곳에서) 메아리를 불러일으킨다.

이 장에서, 우리는 이야기 치료가 어떻게 놀이치료 슈퍼비전 과정으로 통합될 수 있었는지를 전달해야 했다. David는 우리 자신의 내면화된 이야기를 우리가 보일 수 있도록 외현화하기 위해 이미지와 모래놀이를 사용하는 창조적인 슈퍼비전의 과정에 대하여 이야기했다. 슈퍼바이지는 가능한 의미에 반영하고 자료 안에서 이야기들을 탐색하도록 요청된다. Ann Marie는 치료과정에서 아동과 함께 슈퍼비전을 통해 만들어 낸 이미지와 이것이 가지는 의미를 공유하며 슈퍼바이지와 대화한 것을 반영한다. 그것은 가족치료에서 '반영 팀'의 개념과 놀이치료의 생각들을 통합한 과정이다. 서두에서 말했듯이, 이것은 슈퍼비전의 모델이 아니고 우리의 접근에 전혀 새로운 어떤 것도 없다. 실은 그것은 이야기 그리고 사회구성주의 치료, 가족치료, 창조적 예술치료 그리고 놀이치료로부터 나온 종합적인 사고이다. 그러나 우리의 접근에 필요한 것은 권력과 투명성 이슈의 인정과 '전문가'로서 슈퍼바이저의 전통적인 개념에 도전하는 것이다. 슈퍼바이저는 자애로운 권위와 임상적 관리의 정도에 대한 감각을 갖추어야 하지만 권력의 표현과는 다르다. 이야기 슈퍼비전은 즐거운 호기심의 장소로서 공동의 과정이며 이야기보따리를 풀어내는 장소이기도 하다.

참고문헌

Anderson, T. (1987). 'The reflecting team: Dialogue and meta-dialogue in clinical work.' *Family Process, 26,* 4, 415-428.

Bronfenbrenner, U. (1979). *The Ecology of Human Development.* Cambridge, MA: Harvard University Press.

Bullough, E. (1912). 'Psychical distance as a factor in art and as an aesthetic principle.' *British Journal of Psychology, 5,* 87-117.

Burr, V. (1995). *An Introduction to Social Construction.* London: Routledge.

Cattanach, A. (1993). *Play Therapy with Abused Children.* London: Jessica Kingsley Publishers.

Freeman, J., Epston, D. and Lobovits, D. (1997). *Playful Approaches to Serious Problems: Narrative Therapy with Children and Their Families.* New York: Norton.

Harré, R. and van Lengenhove, L. (1999). *Positioning Theory.* Malden, MA: Blackwell Publishers.

Hoffman, L. (2010). 'An art of lenses.' *Family Process, 29,* 1, 1-12.

Holloway, E. and Carroll, M. (1999). *Training Counselling Supervisors.* London and New Delhi: SAGE Publishers.

Jones, P. and Dokter, D. (Eds.) (2008). *Supervision of Dramatherapy.* London and New York: Routledge.

Lehad, M. (2000). *Creative Supervision.* London: Jessica Kingsley Publishers.

Shohet, R. (2008). *Passionate Supervision.* London: Jessica Kingsley Publishers.

Speedy, J. (2000). 'Consulting with gargoyles: Applying narrative ideas and practices in counselling supervision.' *European Journal of Psychotherapy, Counselling and Health, 3,* 3, 419-431.

Tselikas-Portman, E. (1999). *Supervision and Dramatherapy.* London: Jessica Kingsley Publishers.

White, M. and Epston, D. (1990). *Narrative Means to Therapeutic Ends.* New York: Norton.

White, M. (2007). *Maps of Narrative Practice.* New York: Norton.

Williams, A. (1995). 'Visual and Active Supervision: Roles, Focus, Technique.' In V. Wosket (1999). *The Therapeutic Use of Self: Counselling Practice, Research and Supervision*. London: Routledge.

Wosket, V. (1999). *The Therapeutic Use of Self: Counselling Practice, Research and Supervision*. London: Routledge.

제2부

이야기 놀이치료 실제

제6장

초등학교에서의 이야기 놀이치료 적용

Alison Webster

개관

2004년, 영국의 5~16세 아동과 청소년의 10%가 임상적으로 정신장애로 진단된다고 보고되었다(Office for National Statistics, 2004). 연령이 높은 아동들(11~16세)이 (8%와 비교되는 12%로) 연령이 어린 아동들(5~10세)보다 다소 높다. 어쨌든 아동들의 정신장애는 1974년과 1999년 사이에 증가했다(Collishaw et al., 2004). 그러나 최근 정부 자료에 의하면 5~16세 아이들의 이러한 증가추세는 1999~2004년 사이에 멈추었다(Office for National Statistics, 2004). (NICE, 2008).

나는 건강, 교육 그리고 자원봉사로 20년간 아동정신건강과 복지 현장에서 훈련받으며 일해 왔다. 많은 가족들이 그들의 생활에서 겪는 어려움과 도전을 해결하고자 찾아왔다. 여기에는 우울, 사별과 상실, 외상, 학대, 정서적이고 행동적인 문제, 만성적 질병과 삶의 위협이나 제한된 환경, 가족과 부모와의 갈등, 학교 문제, 또래 문제, 학습의 어려움, 그리고 신체적 질병 등이 포함된다.

학교에서의 나의 경험은 교육현장에서 상대하는 나의 동료들이 직면하고 있는 많은 도전에 대해 생각할 거리를 주었으며, 학교의 중요한 영역인 아동

정신건강과 안녕을 위해 놀이를 해야만 한다는 생각을 갖게 되었다. 나는 학령기 아이들과 젊은이들의 욕구에 도달하기 위한 융통성 있는 이해를 기반으로 제공하는 개입이 중요하다고 생각하여 병리를 경험하는 아이들, 더 나아가 접근이 곤란한 가족의 문제를 해결하기 위한 '도움되는 이야기들'을 개발하였다.

학교와 함께하는 창의적인 작업은 비치료적 환경에서 아동에게 접근할 수 있도록 하며, 그로 인해 치료적 장면에서 이슈를 갖게 되는 부모의 압력과 학교 밖의 규칙을 따라야 하는 부담감을 경감시킬 수 있다. 학교 관계자나 교사와 같은 다른 전문가를 포함시키는 것은 아이들의 정신건강의 주제를 이해하고 아이들의 학습과 발달적 욕구에 어떻게 영향을 미치는지 이해시키는 데 도움을 줄 수 있다. 이는 인식되진 않더라도 도움이 필요한 게이트키핑(gate-keeping)[1]과 아동을 위한 조기개입을 제공하고, 성인의 삶으로 연장되는 장기간의 정신건강과 안녕을 증가시킨다. 교직원에 대한 정신건강과 안녕의 훈련은 자문과 지지를 결합하게 하고, 아이들을 돌볼 수 있는 타당하고 시기적절한 개입을 제공하는 능력을 키우도록 도울 수 있다. 또한 학교 정신건강서비스로의 의뢰를 명확하고 능률적으로 이끌어 낼 수 있다. 이는 최근 사례들과 같이 빠르게 변화하는 전문적 영역에 귀중한 방법이 될 수 있다.

나의 작업에서 이야기 놀이치료의 활용

이야기 놀이치료(NPT)는 임상가로서 나에게 중요한 일이며 체계적으로 개입하고자 하는 나의 아동·청소년정신건강서비스(CAMHS)팀의 치료에 대한 생각과도 잘 들어맞는다. NPT의 이론은 학교에서 아동을 돕는 여러 서비스 종류에 종사하는 사람들이나 다양한 직책의 사람들과 함께 일을 할 때, 특별

---

1) [역자 주] 기자나 편집자와 같은 뉴스 결정권자가 뉴스를 취사선택하는 일

히 사례를 다룰 때에는 함께 협력하며 일해야 한다는 나의 생각을 발전시켜 치료적 동맹을 발달시키며 정신건강에 포함된 아동, 가족, 부처 간 중개 업무, 특별한 집단을 위한 교육적이고 치료적인 중재와 같은 것을 포함하여 확산된 담론과 함께 복잡한 영역을 이해하는 데 있다. 놀이치료사로서 나의 역할과 공동체에서의 더 폭넓은 역할 모두에 대해 시의 법적이고 자발적인 단체와 더불어 나의 아동·청소년정신건강서비스 동료들과의 연합은 명확하고 매력적인 대화를 가능하게 하고 '치료적 다리'를 만들도록 하는 데 도움이 된다.

평가 및 과정의 도구들

나는 아동·청소년정신건강서비스에서 주로 다양한 사정 도구, 과정, 절차를 사용한다. 그중에는 아동·청소년정신건강서비스 모든 임상가들이 사용하는 일반적인 도구도 있고 맥락적인 면을 포함하여 내가 수정한 여섯 조각 이야기 만들기라고 불리는 쓰고 그리기 버전과 같은 놀이치료자에서 좀 더 전문적인 것도 있다. '쓰기와 그리기' 방법에서 이러한 기술을 사용할지도 모르지만, 나는 또한 이야기 놀이에 아이들이 참여하는 것을 돕도록 모래상자 작업과 작은 세계를 꾸밀 수 있는 작은 장난감—'3D'접근—을 결합시킨다. 디지털 카메라는 아이들과 함께한 이러한 이야기를 포착해서 기록할 뿐 아니라 그 아이와 공동 구성한 이야기를 담기도 한다. 이러한 이야기들은 주제 분석, 놀이행동 추적과 치료적 여정에서의 이러한 이야기들에 포함된 주제도 결합

이야기에 누가 등장하나?	그들은 어디에 있나?	그들은 무엇을 하고 있나?
문제가 있나?	어떤 도움이 있나?	다음에 무슨 일이 일어나나?

[그림 6-1] 창조적 이야기 만들기 방법

된다. 예를 들어, 아이들의 어려움이나 욕구의 고통스러운 영역에 대한 회피라는 측면인 상실과 같은 빠져 있는 주제도 고려된다.

📜 창조적 이야기 만들기 방법의 사례

가족에게 압력을 가해 오는 갱과 부모의 정신건강과 우울에 대한 아동의 인식을 둘러싼 공동 구성된 이야기

[그림 6-2] 전사들

모래괴물은 스스로의 힘으로 살아가요. 리자드 몬스터(Lizard Monster)가 있어요. 많은 전사들이 그들을 공격하고자 시도해요. 그들 모두는 서로 때리고 발로 차고 공격하여 다쳤어요. 모래괴물은 너무 무서웠어요. 누군가 쳐들어오려고 문을 부수려 했어요. 모래괴물은 강해서 집을 지키려고 했어요. 전사들은 돈을 원했어요. 그는 도움을 청할 데가 아무 데도 없어요. 모래괴물은 공격당해 홀로 남겨져 영원히 구치소에 갇혔어요. 리자드 몬스터는 하루 종일 집안에 머물러 있어요(7세, 남아).

표현된 주례의 예: 보호에 대한 욕구, 강력함, 무력감, 두려움, 분노, 폭력, 절망, 철수와 고립, 우울, 무가치함, 도움을 받을 수 있다는 신뢰 부족을 보여 준다.

나의 임상을 둘러싼 이론적 영향과 아이디어, 그리고 방향성

협력놀이치료

> 만약 아동을 완전하게 이해하려면 그들의 환경에 대한 감각으로 만들어 가는 과정을 공유하며 그들의 세계로 들어가야만 한다……. 아동들이 그들의 경험을 놀이로 구성하기 때문에 놀이는 의사소통의 매개체이다. 따라서 그들이 생각하고 느끼는 것을 아동과 함께 찾아가며 배워 나가도록 해야 한다(Cattanach, 2007, p. 39).

초점이 되고 있는 함께 만들어 가는 협력놀이치료는 지시적인 접근과 비지시적인 접근 모두가 활용된다. 여기에는 발달과정의 아동이 독립된 개별적인 존재가 아닌 생태학적 체계의 부분이라는 인식이 필요하다. 아동과 치료사의 협력은 둘 사이에서 공동 구성하는 회기, 즉 아동과의 관계에서 '지금 그리고 여기'라는 활동적이고 반응적인 곳에서 일어나며 발달된다. 아동과 놀이치료사 모두는 서로가 의사소통하는 첫 번째 수단으로 놀이를 사용한다. 협력놀이치료의 초석은 사회구성주의 이론과 이야기치료에 기초를 두고 있다. 정체감의 발달과 관련된 핵심 생각은 우리가 자신에 대해 하는 이야기와 우리의 환경 안에 있는 다른 사람들의 이야기에 기초한다. 나는 또한 이야기 놀이치료와 연관되는 애착이론의 여러 측면들을 임상 장면에서 사용한다. 이러한 것들은 아동과 관련된 관계의 역동에 포함된 복잡함을 이해하는 데 도움을 준다.

생태체계 사회구성주의 이론

기본 체계 단위는 아동으로 보인다. 개인은 분리되고, 자유로운(단지 가족

체계의 은유가 아니라) 존재로 보인다. 아동의 생태체계는 사회적 체계, 여기에 심리내적 상징체계를 추가해서 만들어진다.

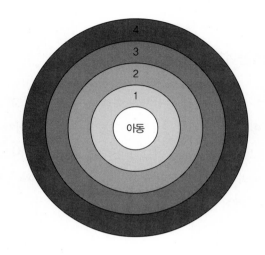

[그림 6-3] 생태체계 모델 도표

미시체계는 근접한 환경으로서, 발달하는 아동과 가정이나 학교와 같은 그들의 환경과의 복잡한 상호 관련성이 포함된다.

중간체계는 미시체계와 아동이 속해 있고 가정, 학교, 건강 서비스 그리고 사회 서비스와 관계 맺는 다른 체계 사이의 연결로 보인다. 또래, 확대가족, 친구, 의료 서비스와 사회 서비스 직원과의 관계는 이 체계 내에서 아동에게 중요한 영향을 미친다고 볼 수 있다.

외체계는 아동이 속한 적은 없지만 그들에게 중요한 영향을 주는 체계 사이의 연결을 제공하며, 예를 들어, 부모의 직장, 법정, 부모 정신건강 클리닉, 지역 의회 그리고 교육 서비스를 들 수 있다.

마지막으로, 거시체계는 가족의 가치, 자유시장 방식, 정부 정책, 의제, 구조 등과 관련한 문화적 신념과 규범으로 다수의 사람들이 사용하고 공공 서비스와 관련된 것이라 볼 수 있다.

생태학적 놀이치료는 아동 내담자의 기능에만 초점을 두지는 않는다. 그보다는, 아동의 생태체계 혹은 세상이라는 맥락에서 아동의 기능을 최대한 활용하는 데 중요한 초점을 둔다.

발달적이고 역사적인 현상은 아동의 기능을 이해하는 것과 관련지어 포함된다. Prout와 James(1990)는 어린 시절의 개념을 만들고 없애는 것은 그 자체로 사회적 맥락에 영향을 받는다고 설명한다. 이러한 개념은 사회적 활동에 따라 변하고 지속되는 역사적 과정의 일부이다. 어린 시절에 대한 서구의 많은 생각들은 아동의 일상 경험이 결정되고 통제되는, 잠재적으로 성인기로부터 아동기까지의 거리에 제한되고 사용되는 비계(scaffolding)가 될 가능성이 있다고 알려져 있다.

아동이 자신의 욕구를 어떻게 취할지에 대한 자신의 개인적 인식의 탐색은 명확하게 맥락에 맞는 행동을 이해하도록 도움을 주는 데 필요하다. 노력은 병리적 아동에 대한 기여 없이도 그들의 행동을 이해하게 한다. 이는 성인이 아동의 주요 어려움으로서 아동을 이해할 때 취하는 특히 도움이 되는 입장이며, 예를 들면 아동에게 부정적으로 영향을 미치는 환경, 외상 또는 관계의 계기에 대한 고려가 없이도 진단을 할 수 있게 하는 데 도움이 될 수 있다.

놀이치료사는 아동의 경험에 연결된 체계와 뗄 수 없는 중요한 사람이다. 현실은 관찰자와 피관찰자의 상호작용의 결과이다. 따라서 공동 구성적인 관계와 현실은 놀이의 상징과 수용으로 발달된다. 치료는 개인, 사람 대 사람, 아동에게 영향을 미치는 다른 체계를 지지하는 역할의 결합과 관련될지도 모른다(내 입장에서는 관련되어야만 한다고 본다).

이야기치료

이야기치료는 내담자들이 본인의 실제 경험을 다시 이야기하는 것이다(Epston and White, 1990). 이때 이야기는 본인과 본인에게 중요한 대상이 겪은 사건을 어떻게 설명하는가에 의해 결정되는데, 이 다시 이야기화 과정에서 본인의 경험과 다른 이야기를 마주하게 될 때에 문제가 된다. 예를 들면, 아동은 종종 '치료가 필요한' 병리적 대상으로 간주되고 아동의 '이야기' 따위는 무시되고 아동 주변의 어른들로 인해 아예 배제되기가 쉽다. 오히려 이 아동의 이야기는 '어른의 눈'으로 보게 되고 듣게 되는데 아동이 자신의 삶을 어떻게 이해하는지와 종종 관계가 없다. 놀이치료를 받기 위해 나를 찾아온 아이들을 만나보면 왜 놀이치료가 필요한지에 대해 어른과 아동의 이해는 확연히 다른데 아동들이 주위 들은 것부터 본인의 생각까지 포함되어 있는 것을 볼 수 있다.

이렇게 하는 한 아동은 악마처럼 묘사될 수 있고 아동을 조력해야 하는 성인들은 아동의 환경에 그들이 무슨 책임을 져야 하는지 격려받지 않는다. 아동중심에서의 이해하고 듣는 것을 제한하는 의미 있는 담론의 결여와 권력남용으로 아동은 권한을 잃어버릴 수 있다.

이야기 놀이치료

NPT의 사용은 아동이 자신들이 선호하는 방법으로 균형을 새로운 과정에서 보도록 돕는다. 놀이치료에서 공동 구성되는 것뿐 아니라 분석되는 이야기는 아동의 삶에서 다른 가능성을 창조하고 의미를 탐색하는 데 아동을 돕는다. 이러한 치료사와 아동 간의 협력은 아동에게 어려우면서 일반적으로 성인이 소개하는 세상의 목소리를 가지도록 해 주며, 이 세상 속에서 아동은 자주 혼란에 빠지고, 악마로 묘사되고, 상업화되고, 감상적이 된다. 마음챙김, 자아의 공헌, 예리한 관찰과 조화를 이룬 집중 등의 결합은 치료사인 나에게 아동과 관계의 여러 측면과 연계를 맺도록 해 주는데, 이때 관계란 그들의 놀이 이야기와 아동을 둘러싼 관계 속에서 보여지는 것이다.

놀이가 그들의 이야기에서 사용되는 의사소통의 중요한 수단이기 때문에, 치료사의 중요한 과제는 그들의 놀이 이야기가 다른 성인들로 하여금 아동을 이해하도록 돕는 다리를 만들어 주어야 하며, 아동과의 치료적 동맹을 강하게 하고 그들의 입장을 고려하여 '단지 놀이로만' 자리 잡지 않도록 해야 한다.

몇 가지 중요한 질문이 이 과정 중에 이루어진다. 어떻게 하면 이야기로 만들어진 치료가 아동의 삶의 경험을 그대로 연결할 것인가? 아동과 치료사가 공동 구성한 이야기를 통해 다른 이들이 아동을 이해하고 개입할 수 있게 돕기 위해 치료사로서 우리의 책임은 무엇일까? 아동, 지각된 문제와 체계 사이의 상호작용은 어떠한가? 그리고 이것이 그들의 욕구를 충족시키는 과정에서 어떻게 그 아동을 돕거나 방해하는가? 놀이치료 동안의 치료적 동맹의 변화가 아동의 이야기에 어떻게 영향을 미치는가? 그리고 특히 애착 유형이 다른 아동에게 어떻게 영향을 미치는가?

애착

학교에서 일할 때 교실에서 아동을 관찰하여 치료적 개입을 시작하기도 한다. 이는 아동의 행동을 맥락 속에서 명확하게 이해하고 협력체계와 관련하여 지원하는 계획을 세우는 데 도움이 된다. 대인관계 행동들에 대해서 생각하는 시간을 보낼 때 많은 것들을 이해하기 시작할 수 있는데 아동이 교직원, 가족 그리고 또래와의 관계에서 사용하는 애착행동일 경우 더욱 그렇다. 아동에 대한 반응으로서 다른 사람들에게 불러일으켜지는 애착행동을 평가하기 위해 마찬가지로 중요하다.

📜 놀이치료 사례

6세 남아가 담임 선생님에 의해 그들 관계의 붕괴와 관련하여 놀이치료에 의뢰되었다. 그녀는 카이(Kai)가 그녀에게 공격적이며, 교실의 다양한 그룹 상황을 못 견뎌하고 협력하지 못한다고 설명했다. 나는 상황을 관찰하기 위해 교실에 가서, 교사의 관심을 얻는 것을 간절히 원하는 아동을 보았다. 그는 간혹 어떤 답을 하지 못할지라도 문제에 답하려고 열심이었지만, 허락이나 인정을 얻지는 못했다. 나는 교사가 아동을 무시하며, 언어적 인식이나 눈맞춤이 별로 나타나지 않는다는 것을 관찰했다. 내가 이에 대해 그녀에게 묻자, 그녀는 만약 카이에게 많은 관심을 가진다면 교실의 다른 아이들이 그녀가 카이를 마음에 들어 한다고 생각할 것을 우려하였다. 그녀는 또한 카이의 또래관계를 우려했는데, 그는 자신의 주변의 다른 사람들에게 별 관심이 없고 교실이 바뀌거나 선생님이 바뀌는 것과 같은 학교 일정의 변화에 적응하는 데 어려움을 보인다고 했다. 카이는 학교의 '아침식사 프로그램'과 '방과후 프로그램'에 모두 참여하고 있어서, 그의 학교생활은 오전 8시에 시작해서 오후 6시에 끝이 난다. 우리는 이러한 패턴이 그의 행동에 어떤 영향을 미치는지 관찰하기로 하고, 카이의 과잉행동의 일부를 보려고 함께 작업하였는데, 대부분의 과잉행동은 지칠 때 특히 예민해지면서 나타내는 소음과 가벼운 단계에서 비롯되었다.

이 아동에 대해 제대로 초점을 맞추지 못한 중요한 배경 정보는 아동이 미숙아로 태어났고 표면적으로 드러나기 시작한 약간의 발달상의 문제가 아니라 선생님이 다뤄야 할 많은 충동적이고 불안정 애착행동의 원인이 될 수 있는 것들을 명확히 이해하지 못한 것이다.

애착 체계

안정, 양가, 회피 혹은 혼란이라는 범주로 관계를 설명하는 애착 이론에 잘 들어 맞도록 유용한 질문을 Bomber(2007)가 기술하였다(〈표 6-1〉).

〈표 6-1〉 관계와 욕구의 이해를 '충분히 좋게' 향상시키는 애착 이론의 사용

핵심 질문	일반적인 행동/신념	불안반응
안정애착		
아동은 자신들이 도움을 구하거나 요구	안정애착 아동은 성인이 도움이 되며, 신뢰할 수 있고 믿을 만하	아동이 불안할 때, 그들은 성인이 그들을 도울 것이라고 신뢰

할 때 도움을 받을 것이라고 확신하는가? 부모나 양육자가 그들 주위를 떠날 때 쉽게 안정되는가?	다고 생각한다. 그들은 걱정될 때 어떤 범위에서는 스스로 안정될 수 있다. 안정애착 아동은 양육자와 떨어졌을 때 걱정을 표현할 수 있고 양육자가 돌아오면 기뻐한다. 이러한 아동은 안정감을 느끼고 자신의 성인 양육자를 의지한다. 이런 아동은 일반적으로 긍정적인 또래 관계를 형성하고 또래의 아동들과 잘 놀이할 수 있다.	를 가지고 믿으며 쉽게 안정화된다. 성인이 떠날 때, 아동은 화가 나기도 하지만, 부모나 양육자가 돌아올 것이라고 확신하고 안정을 찾는다.

양가애착(불안정애착)

아동이 관계에서 어떤 필요를 느끼는가? 무시 혹은 거부에 대해 얼마나 두려워하는가?	이 아동은 그들이 필요할 때 그곳에 있는 부모(혹은 양육자)를 의지하지 못한다. 양가애착 아동은 보통 부모가 그들 곁을 떠날 때 매우 걱정한다. 거기에는 성인은 예측할 수 없다는 신념이 있으며 아동은 그들이 '잊힌' 것처럼 무시되거나 받아들여지지 않을 거라 생각하여 겁을 먹는다. 그들은 특히 혼자가 되는 것을 어려워하며, 그룹 상황에서 잘 협력할 수 없고, 쉽게 주의가 분산되며 그들 주변의 다른 사람들에게 관심을 두지 않는다. 그들은 종종 개인적 영역의 필요와 관련하여 갈등을 경험한다. 즉, 아동은 다른 사람들의 요구를 인식하지 못하거나, 쉽게 나누지 못한다(장난감, 활동 혹은 사람).	양가애착 아동은 떨어지지 않고, 의존적이며, 자주 울고, 침입적이고 파괴적인 경험을 보인다. 이는 그들의 방식으로 관심을 얻고자 하는 것처럼 보이며, 가끔은 성인뿐만 아니라 친구관계에서도 지나치게 집착하거나 매달린다. 정서적 소진을 느끼기도 하고 지나치게 감정적이고 과민하게 보이기도 한다.

회피애착

다른 사람들이 가까이 오거나 접근하는 것을 회피하는가?	회피애착 아동은 그들의 나이보다 훨씬 독립적인 듯 보이며, 새로운 상황이나 사람들에 무관심하고 불확실한 것에 대해 어려워하지 않거나 피하는 것처럼 보인다. 그들은 부모에 의존하면 그들이 원하는 안정된 감정을 얻지 못한다고 배워서, 스스로를 돌보도록 배운다. 회피애착을 가진 아동은 부모나 양육자를 회피하는 경향이 있다. 선택의 상황일 경우, 이 아동은 양육자와 완전히 낯선 사람 사이에서 어떤 선호도 보이지 않는다. 아동의 이와 같은 행동은 또래나 성인들과 같이 타인과 가까워지기 위해서라기보다는 가치 달성을 위한 것으로 보인다. 그들은 도움을 구하지 않지만 쉽게 좌절한다. 그들은 과제 중심적이며 자신의 주도권을 사용하는 것에 어려움을 보인다. 그들은 매우 경쟁적이며 실패를 수용하기 어려워한다. 이러한 결과로, 그들은 성인과 또래 모두에게 매우 공격적이거나 적대적이며 비협력적일 수 있다.	독립적이 되고자 하는 느낌은 친밀함과 접촉을 에워싼 불안과 연결되어 있어서, 친밀함을 제한하는 방어적 반응으로 여겨질 수 있다. 접근하지만 철수하는 아동의 모순된 충동이 일시적으로 나타나는 것을 볼 수 있다. 그러한 아동은 사회적 기술의 발달이 빈약하여 성인과 또래 모두에게서 사회적 고립과 적개심으로 고통스러워 한다.

혼란애착

| 우리는 아동이 성인으로부터 원하는 지지 속에서 예측할 수 없고 혼란하며, (그들의 요구와 필요에도) 혼돈스러워 보이 | 혼란스러운 행동으로 묘사되는 아동은 위험 단계 혹은 안정의 부재와 함께 다른 사람의 반응에 예측할 수 없고, 갈등적이다. 거기에는 사회적 상황이나 갈등 상황에서 '무감각' 혹은 '얼어붙 | 불안할 때, 충격이나 위험한 요소를 동반한 행동이 보이기도 한다. 한때는 당신의 관심을 강하게 요구하기도 하고, 다른 때는 두려움을 나타내며 "나가"라고 소리 지르기도 한다. 그들을 |

고, 또래를 포함한 다른 사람을 향해 적대적이고 공감을 보이지 못하며 반성하지 못하는 것으로 설명되는 아동을 어떻게 이해할 것인가?	은' 반응으로 그들을 이해하지 못하는 요소가 있다. 그들의 놀이기술은 매우 제한적이고 과장되며, 혹은 지루하다. 이는 아동이 초기에 적대적, 거부적 혹은 도움을 받지 못하는 경험의 결과로 생각해 볼 수 있다. 주의) 간혹 아동은 가족 내의 특별한 환경에 기인된 행동, 예를 들어 사별이나 이혼으로 인해 그러한 행동을 보일 수 있다. 그러나 이는 가족 안에서 그러한 상황만큼의 짧은 기간 동안만 나타난다.	안정시키려 돕는 것이 거의 일관성이 없다. 증가되는 불안을 멈추게 할 방법이 전혀 없다. 가끔은 다른 사람이 위협하는 것이 도움이 되기도 한다. 특별히 긍정적인 접촉을 시도하는 것이 그들의 걱정을 더욱 증가시키는 것처럼 보이기도 한다. 긍정적인 접촉을 하려 할 때 간혹 다른 사람에게 위협으로 보이기도 하며, 실제로 그들의 고통을 증가시키는 듯 보인다. 그들의 고통을 받아 주는 것은 어른과 아이 모두에게 매우 도전적인 일이다.

놀이, 외상 그리고 이야기의 사용

신경과학 영역의 비교적 최근 연구 발견은 어린 시기의 놀이 기회가 시냅스의 성장과 이후 가지치기를 촉진하고, 뇌 성장이 아동기의 놀이발달과 함께 이루어진다고 보았다. 과도한 자극이 아닌, 핵심이 되는 성장을 향상시키는 이론으로의 적응은 어느 연령에서건 발달이 가능하다고 본다(Panksepp, 1998; Schaefer, 2003).

결정적으로, 아동의 놀이행동은 문제 해결 방법을 찾지 못한 경험으로 보이는 상황을 반복적으로 다시 놀이하는 외상의 측면을 보여 주는 것이다. 외상 기억은 논리적인 이야기가 아니다. 가령 얼굴표정, 목소리 톤, 몸짓 혹은 외적인 소리와 같은 것으로부터 지속적인 재촉발(retriggering)과 함께 '잊을 수 없는 것'으로 생각될 수 있다. Gil(2006, p. 162)이 말하듯이, "만약 놀이가 외상과 연관된 문제와 외상적인 질문들 혹은 충돌을 해결할 수 없다면, 이것은 정체되고 회복 가능한 잠재성을 잃기 쉽다는 것을 기억하는 것은 중요하다."

치료적 이야기의 사용은 이것을 보호하도록 도울 수 있다. 그것은 단순히 방출하기 위해서가 아니라 감정에 대한 의식적인 반영을 위한 시간을 제공한다. 그러한 정서적 탐색은 재촉발 없이 아동에게 연결할 수 있는 기회를 제공하면서 은유를 통해 거리감을 유지하며 안전하게 감정의 경험을 진행시킬 수 있게 돕는다(Sunderland, 2001).

📜 놀이치료 사례

12세 소녀가 거주치료 서비스 기관을 통해 나에게 의뢰되었다. 초기 평가 이후, 클로에와 나 사이에 잠정적인 치료적 동맹이 형성되고, 나는 이 아이의 삶의 결정적인 외상 측면인 상실에 대한 부재가 있었다는 것을 여러 회기에서 놀이 이야기를 추적하면서 기록하였다. '막혀 있음'과 관련한 주제가 몇 주 동안의 회기에 나타났는데, '부서진 것은 고치는 일'에 관한 반복적인 이야기와 연관되어 보이지만, 해결된 적은 없었다. 나는 놀이방에 있는 동물 피규어를 가지고 생각나는 새로운 이야기를 유도했다.

나는 애완동물에 관한 치료적 이야기로 발전시켰다. 무척 사랑을 받던 애완고양이를 돌보던 사람이 아프게 되고 결국 안락사를 하게 되었는데, 그후에도 고양이의 다양한 삶의 이야기는 계속된다는 치료적 이야기다. 갑자기 클로에는 애완동물이 버려지고 구조가 필요하다는 그녀 스스로의 이야기를 자발적으로 꺼내면서, 점차 안정감 속에 있는 개인적 상실감의 측면과 치료적 이야기의 감정 억제 두 가지 측면을 인정했다. 나에게 그들이 왜 나를 믿어야 하는지가 도전인 것처럼 아이가 나에게 도전하는 것이 시작되면서 치료적인 관계에 신뢰가 더해졌다. 내 대답은 꽤 옳았다고 생각하는데, 내가 그러한 신뢰를 보여 줌으로써 관계가 어떻게 형성되는지에 대해 아동이 필요를 인식하게 하고 치료에 참여하기 위해 그들에게 필요한 방어를 존중했기 때문이다.

외상의 잠재적 영향

어린 시절 외상의 영향은 개인이 경험한 외상의 유형과 외상 경험의 심각한 정도에 따라 매우 다르다. 이러한 영향은 심각한 걱정, 극도의 분노 그리고 적대감, 자해, 공포증, 우울, 약물남용, 위험감수, 혼란, 자살에 대한 생각 혹은 자살 시도, 섭식문제 등의 장애를 포함할 수 있다.

어떤 경우, 외상은 즉각적으로 나타나지 않는다. 때때로 외상은 인생의 후반이 되기 전까진 나타나지 않거나, 특수한 상황이 발생하지 않는 한 나타나지 않기도 한다. 외상을 감추면서, 외상 후 스트레스 장애일 수 있는 아동에게 다른 의미와 진단이 내려지기도 한다. 예를 들어, 외상으로 고통을 받는 아이이지만, 주의력결핍 과잉행동장애(ADHD)로 진단되기도 하는데, 집중력 부족, 방해 속성, 침착하지 못함, 공격성과 성급함, 미숙과 퇴행, 충동성이 아이가 자신의 욕구를 충족하기 어렵게 만드는 것으로 실제 문제를 가리고 많은 다른 행동들을 야기할 수 있기 때문이다.

또한 부모의 적절한 대처능력이 부족한 것이 원인일 수 있다. 부모들이 개인적으로 나에게 어린 시절의 학대에 대해 조심스럽게 말하기도 하며 주요 집단에서 사별과 관련된 논의를 할 때 표면으로 나타났다. 오랜 기간 부모들은 자신의 애착문제와 자녀를 보살피는 것에 대한 어려움을 경험하며 그녀는 두 명의 어린아이들을 돌보기 직전이었다. 어머니가 경험한 어린 시절의 학대와 상실은 지금까지 겉으로 드러나지 않았지만, 다른 전문가의 인식을 바꾸게 하는 데 도움을 준 치료적인 편지의 형태로 부모와 함께 새로운 이야기로 만들어졌고 이 이야기는 가족이 성장하도록 하는 다른 중요한 방향의 지원을 이끌어 낼 수 있었다.

외상과 뇌발달

새로운 뇌 회로의 형성, 재조직 그리고 강화는 새로운 방식의 사고, 감정 그리고 행동을 발생시키는 경험을 통해서 이루어진다(Gil, 2006, p. 59).

비디오 인터뷰에서 Batmangehelidjh(2005)는 신경과학에 관한 그녀의 관점을 표현했는데, 아동에게 제공된 애착관계의 질은 아동이 행동을 조절하고, 계획하고, 친사회적이 되는 능력을 만들어 낸다고 말했다. 그녀는 어떻게 아이들이 어른의 이야기로 인해서 악마가 되고 괴물이 되는지의 충격적인 부분에 대해 이야기했는데, 그렇게 함으로써 우리는 아동에게 피해를 입히고, 우리가 성장하면서 부끄러움으로 남긴 실패로서 아동을 이해하는 것이다.

아이들이 잘못을 저질렀을 뿐만 아니라 그들을 보호해야만 하는 성인이 그들에게 저지른 엄청난 양의 불법행위까지 떠맡고 있을 때 아동은 결국 범죄를 저질러 구류되거나 처벌받는다.

Batmangehelidjh의 의견에서 반복되는 주제는 '정서적 온도조절장치'이다. 그녀는 외상으로 인해 고통받는 아이는 느낄 수 있는 능력을 잃어버린다고 본다. 자주, 나는 감정을 느끼지 못하고 자신의 행동에 책임을 지거나 자책하는 걸 보여 주지 못한다고 묘사되는, 타인을 공감하지 못하고 화나 있는 아동들을 우리가 치료적인 중재를 위해 의뢰받는지 궁금했다. 이러한 '정서적 온도조절장치'를 평가하는 것은 중요하며, 손상감을 이해하고 아이들의 회복을 가능하게 하는 유일한 방법이다. 나는 또한 아이들이 살아남는 데 도움이 되는 '온도조절장치'가 풀려서 겪을 변화가 얼마나 고통스러울지 마음에 새긴다. 외상을 겪은 아이에게 이 과정은 천천히 진행될 수 있으며, 유념해야 할 것에 두려움이 가득하며 자원이 허용할 수 있는 것보다 더 오래 걸릴 수 있다는 것도 유념한다.

연극치료

Jones(1995)는 연극치료의 중심에 있는 핵심적인 과정을 설명하였다. 이것은 투사적 동일시와 드라마적 거리감을 포함하고 있다. 투사적 동일시는 이야기 안에 존재하는 인물의 정체성 형성의 과정이다. 드라마적 거리감은 은유를 통해 허용할 수 있는 정서적 그리고 심리적 문제를 진행하는 방식을 말한다. 이러한 은유의 사용은 판단에 대한 걱정이나 두려움으로부터 아동을 해방시켜 주고 문제를 탐구하고 견디기가 수월하게 해 준다. 그룹 과정은 학교에 치료 지원의 제공할 때 중요하게 고려될 수 있다. 이에 관된런 연극치료에 대한 생각은 창조적 예술과정과 모델링, 사회적 기술, 정체성, 자존감과 또래관계에 대한 그룹의 고유한 특성을 이용하여 아이들이 이슈와 관심사를 외현화하도록 도울 수 있다.

하이브리드 러닝 방식

흥미롭고 비교적 덜 연구된 모델인 하이브리드 러닝(Hybrid learning styles) 이론은 생물학, 사회 인지 그리고 성격에 대한 경험적 모델을 제공한다. 이것은 어떻게 성격이 형성되고, 스트레스 반응에 대한 특정한 느낌, 예를 들어 외상을 경험한 아동의 행동 등을 이해하는 데 도움이 된다(Brom, Pat-Horenczyk and Ford, 2009; Jackson, 2008).

감각 통합

감각 통합은 임상 실제에 따라 작업치료사, 물리치료사 그리고 언어치료사에 의해 활용된다. 이것은 접촉, 움직임, 신체 인식, 시각, 청각, 중력 그리고 다른 감각 경험을 정상적인 방식으로 경험하지 못한 아이가 정보처리과정, 발달과 행동에서 기능장애를 겪게 된다는 원칙에 기반을 둔 것이다(Stephens, 1997). 아동은 평가를 받고 그 후 그들이 촉감, 전정 감각과 자기 수용의 기관에 필요한 감각 경험을 찾는 것을 훈련받게 된다. 나는 이것을 학교에 다니는 아동의 스트레스 완화와 정신적 외상을 가진 아이를 도와주는 방법으로 여길 만큼 흥미로운 영역이며, 전형적인 놀이에 대한 놀이치료 이론측면과 연관이 있다고 생각한다.

아동기의 스트레스, 대처와 회복탄력성

스트레스 이해

스트레스는 안녕감(well being)이라는 개인의 정상적인 상태를 방해하는 내부 혹은 외부의 영향으로 이해될 수 있다. Middlebrooks과 Audage(2008)에 따르면, 이러한 영향은 야기된 감정의 고통에 의해서 건강에 영향을 미칠 수 있고, 다양한 생리적 변화를 초래할 수 있다. 이러한 변화는 심박동수 증가, 혈압 고조 그리고 호르몬 수치의 극적인 상승을 포함할 수 있다. 스트레스는 인생의 피할 수 없는 부분으로 여겨지지만, 우리는 아동의 스트레스 경험의 차이를 구별하고 아동이 스트레스에 어떻게 대처하는지 이해하고, 언제 도

〈표 6-2〉 아동기 스트레스 경험

긍정적인 스트레스	견딜 수 있는 스트레스	독이 되는 스트레스
짧은 기간에 경험하는 부정적인 경험	더 강렬하지만 여전히 꽤 짧은 기간의 불리한 경험	지속적이고, 강렬하고, 부정적인 경험
발달의 정상적인 부분으로 간주됨	도움이 있으면 대체로 극복할 수 있음	아이가 스스로는 대처할 수 없음
적절한 도움을 받으면 아이가 대처하는 법을 배울 수 있음	그러한 도움을 받으면 긍정적인 스트레스가 될 수 있음	적절한 지원은 스트레스 반응을 정상적인 기준선으로 되돌릴 수 있음
	그러한 도움이 없으면 해로울 수 있음	생물학적인 시스템과 뇌발달을 손상시킬 수 있음
		장기간의 건강문제를 초래할 수 있음

출처: Middlebrooks and Audage, 2008

움을 줄지에 대해 아는 것이 중요하다. 아동기 스트레스 경험은 다음의 범주로 설명된다.

영국에서 2004년부터 2007년까지 3년간 아동과 청소년의 정서적 안녕을 추적 조사했다. 여기에서 3년 혹은 그 이상의 스트레스를 경험한 아동은 정서적이고 행동적인 장애로 발전되기 쉽다고 제안한다. 이 연구는 또한 정서 및 행동장애로부터 회복하거나 혹은 발병으로부터 보호해 줄 수 있는 요인을 제안했다. 가족 및 친구의 네트워크, 클럽 및 그룹의 참여 그리고 이웃에게서 인식되는 안정성과 같은 '사회적 자원'은 정서적 안녕과 밀접하게 연관되어 있다. 또한 학교 환경이 아동의 정서적 안녕에 미치는 영향에 대해 심도 있는 고려가 있었다. 이 연구는 정신장애의 발생시기와 지속성은 학교에서의 배제, 잦은 결석 및 학업 성취뿐만 아니라 특수교육 욕구의 존재와 같은 요인과 관련될 수 있다고 주장한다[Office for National Statistics(ONS), 2008].

회복탄력성과 대처

Luther(1993)는 회복탄력성의 영역에는 많은 개념적인 문제가 있다고 지적했다. 위험요인 연구는 적응에 영향을 미치는 특수요인에 초점을 둘 필요가 있으며 다른 환경과 스트레스에 성공적으로 대처하는 다양한 아동들에게 유념하여야 한다. 심지어 아동이 스트레스 상황에서 겉보기에 적응력 있는 대처행동을 보여 줄 때조차 그들이 반드시 정서적으로 건강하다는 것을 의미하지는 않는데, 즉 정서적인 고통은 아동의 능력 이면에 존재한다고 강조하고 있다(1993, p. 442).

Rutter의 연구는 아동이 직면한 역경에 맞서는 회복탄력성과 그들이 성장하면서 변화의 두려움을 인식하고 인정하는 것이 중요하다고 말하는데, 어릴 때보다 나이가 들어가며 개인적인 적절성과 미래에 대해 더 걱정하기 쉬우며, 어떻게 그들이 다른 종류의 스트레스와 역경에 대해 평가하고 반응하는지에 대한 암시가 될 수 있기 때문이다(Rutter, 1985, p. 607). May(2008, p. 294)는 회복력 있는 아이가 "인지적 및 정서적 수준의 경험을 통합하고 정상적인 발달이 손상되지 않으면서 삶의 역경에 대한 스트레스에 대처할 수 있다"는 것에 주목했다. 그녀는 아동의 일부가 성장하면서 회복탄력성 요인을 자연스럽게 형성할 수 있다는 이해와 함께 아동이 발달적 맥락 안에서 보여야만 한다는 Rutter의 조언에 대해서 논의했다(p. 295). 이를 살펴보면 다음과 같다.

- 경험에 대해 의미를 부여하고 평가하는 인지 능력
- 사전 대처 혹은 반응적 대처 능력
- 아동의 자존감과 자기효능감뿐 아니라 다양한 문제 해결 능력
- 안전한 관계와 긍정적 경험뿐 아니라 기질적인 속성에 영향 받는 아동의 인지적 상태
- 아이의 상호작용에 적응하고 영향을 미치는 능력
- 스트레스를 유능하고 적절하게 직면하는 긍정적인 경험의 축적

여기에 아동이 연령과 단계에 따라 어떻게 스트레스 사건에 대해 이해하고 대처하는지에 대한 제한된 연구가 있어 왔다(Bossert, 1994; Rossman and Gamble, 1997). 생각해 보아야 할 만한 다른 중요한 부분은 스트레스에 적극적으로 대처하기를 원하지만 그렇게 행동해야 할 개인적 전략이나 확실한 개인적 능력이 부족한 대부분의 아이들이 직면한 문제이다. 이것은 이미 잘 알려져 있는 것처럼 어른과 아이의 상호작용 속에 내재한 힘의 불균형에 의해 더 영향을 받는지도 모른다. Wertlieb, Weigel과 Feldstein(1987, p. 558)은 '아동의 스트레스 양식과 대처과정에 대한 몰입과 그에 대한 공감은 치료적 참여에 결정적이다.'라고 말했다.

초등학교 체계 속에서 정서적 · 정신적 안녕감

어리다고 무시하지 마세요. 우리는 당신의 미래입니다. 모든 아동은 중요하며 교사는 우리가 초등학교에서 어려움을 겪는 것에 주목할 필요가 있어요. 우리는 초기에 도움과 지도가 필요합니다. 너무 늦지 않게 말이죠 (Young Minds, 2009).

초등학교 시기의 아동의 사회적 · 정서적 안녕감 안내서(NICE, 2008, p. 5)는 그들의 육체적 건강(아이들과 어른 모두에게)에 잠재적인 영향을 주고 학교에서의 성취에 영향을 미치는 아이들의 사회적 · 정서적 안녕감을 매우 중요한 것으로 강조한다. 좋은 사회적 · 정서적 · 육체적 건강은 정서적인 그리고 행동적인 문제들(폭력과 범죄, 10대 임신, 약물과 알코올의 남용)로부터 아이들을 보호하도록 돕는다고 주장한다.

이 분야에서 공공 건강과 실천을 고려하여 NICE는 다음과 같이 말한다.

2004년 연구에서, 남자 아동이 일반적으로 여자 아동보다 정서적 무질서를 더 많이 보이며, 정신적 질병의 유병률은 아동기에 더 나타났다.

- 깨진 가정(한부모, 재혼)
- 교육을 받지 못한 부모
- 가난한 가족들과 빈곤층(Office for National Statistics, 2004).

(NICE, 2008, p. 11)

민족에 따라 다른 결과가 나타나기도 한다. 파키스탄과 방글라데시의 5~10세 백인 아동은 흑인 아동보다 정신적 어려움을 더 보인다. 인도의 아동은 그런 문제들을 가장 적게 가지고 있는 것으로 나타났다. 5~10세 아동들이

최소한 평균보다 5배 더 많이 정신적 어려움을(42% 대 8%) 가지고 있는 것을
볼 수 있다(Office for National Statistics, 2004, p. 11).

과도기와 최적화의 이슈

Geddes(2006)는 학교 환경 내에서 정서적 · 행동적 어려움을 겪고 있는 아
동의 오래된 역사와 그들이 교육에 참여하지 않고 학습에 부진한 것이 성인
기와 사회 전체에 광범위한 영향을 미칠 수 있는 문제의 역동이 어떻게 설정
되는지 논의했다. 그녀는 또한 교사에 대한 스트레스와 죄책감 그리고 가족에
대한 학대에 대해 언급하였다(2006, p. 2). 그러한 도전적인 상황 속에서 누구
나 염려하는 정신적 건강과 안녕이 감소할 것이라는 것을 의심할 사람이 있
는가? 예산 삭감 및 그로 인한 정책은 전문가가 아동의 요구에 효과적으로 반
응하는 것에 지속적으로 도전이 된다.

나는 초등학교 직원으로부터 놀이방 또는 놀이터 같은 초기 경험 없이 학
교에 입학하는 어린이들이 늘어 간다는 이야기를 들었다. 직원들은 많은 아이
들이 사회 기술과 의사소통 기술의 부족, 그리고 어려운 애착행동으로 학교
생활을 시작하기에 준비되어 있지 않았기 때문에 이런 아동들이 등교를 시작
하는 데 많은 시간을 할애해야 했다. 과도기에 대한 이 문제는 나의 임상적 작
업에서 반복되는 주제이고, 학령기 아동이 그들의 학창시절을 통하여 과도기
문제에 대처하는 것을 계속해서 찾아가는 것은 일상적인 일이다. 대다수 아이
들에게 괴로움을 야기한다고 생각하는 과도기는 정규 학교에 들어가면서 시
작되고 계속해서 중학교로 옮겨간다. 의심의 여지없이, 이런 과도기는 외상을
겪었거나 신체적인 제한이나 배움에 어려움이 있는 경우 또는 영어가 자국어
가 아닌 경우를 포함하여 의사소통이나 사회적인 어려움 등 전이에 대한 다
양한 어려움에 취약한 아동에게 많은 어려움을 불러온다. Bomber(2007, p.
113)는 이것을, 예를 들어 교육과정, 작업과 놀이 환경, 작업을 위한 구조, 다
른 사람들과 그리고 어떤 경우에는 교직원과 관계를 가지는 패턴 속에서 보

이는 정상적인 현상으로 간주하는 학창시절과 환경 속에 변화가 있는 것으로 논의한다. 하지만 그녀는 이 과도기가 애착에 어려움을 가진 아이들에게, 예를 들어 교실에서 방해를 받는 것과 같은, 특히 이 변화가 기대하지 못했거나 혹은 예견하지 못했을 때에 어떻게 엄청난 불안을 야기하는지를 언급했다.

📜 놀이치료 사례

나는 스트레스 인식에 대하여 Key Stage[1] 1(5~7세 아동)의 소년 그룹을 대상으로 실시한 일련의 워크숍에서 6세의 소년을 만났다. 타이렐은 가정에서 공격적이며 방임되어 어려움이 있는 배경을 가지고 있으며, 자폐를 가진 그의 형제와 다툼이 잦았다. 그의 형은 강도 행위로 교도소에 있었다. 그는 다양한 영역에서 성장과 학습이 지연된 '말썽꾸러기 소년' 중 하나로 여겨졌다. 그의 놀이행동은 그의 나이와 단계보다 더 유치한 수준으로 행동하는 문제아와 유사한 퇴행을 보였다. 아이에게 회기를 시작하고 떠날 수 있는 능력이 있음에도 불구하고 아이가 과도기를 두려워 한다는것이 금새 명확해졌다. 워크숍에서 지시에 불이행함으로써 주목을 받게 하는 그의 초기 행동을 이해하는 것은 너무 쉬웠다. 나는 회기의 적당한 시간에 나와 함께 일하는 교사 중 한 명에게 타이렐만 따로 만나도록 계획을 세웠다. 그 보조 교사(TA)는 회기에서 그녀의 방식대로 그가 침착하도록 돕는 '보이는 다리'로서 워크숍에서 감각적인 장난감들 중 하나로 변장하였다. 이 사람은 이 계획과 함께 아동을 방으로 불러 '일'을 주었는데, 예를 들면 이름표를 정리하게 하였다. 방을 나서려는 그의 행동은 계획을 지연시키려는 정도로 보였고, 이것은 그의 한 가지를 끝내고 다른 것으로 전환되는 상황에서의 어려움에 대한 표현이었다. 한 번 더 TA는 안전하게 교실로 돌아가려는 그를 도울 수 있다고 안심시키고, 둘 간에 라포를 형성해 갔다. 한번은, TA와 내가 운동장에서 치러진 야외 회기에서 타이렐의 방식을 관찰했다. 그는 갑작스럽게 벤치로 걸어가다 무릎을

---

1) [역자 주] Key Stage: 영국 공립 교육체계로 4단계의 교육과정에 기본한 교육체계. 초등에서 중등교육까지 4단계로 교육과정이 나누어진다.

부딪혔다. 일어난 일에 대해 말로 표현하며 안정을 찾으려는 대신에 화를 내며 타이렐은 옆에 있는 아이를 후려쳤다. 이렇게 싸움이 시작되었고, 타이렐의 이해할 수 없는 행동으로 교사에게 골칫거리를 안겨 주었다. TA는 어려움을 겪을 때 타이렐이 필요한 도움을 얻는다는 것이 얼마나 어려운가를 '이 행동 속에서' 볼 수 있다고 말했다. 우리는 이러한 어려운 면들을 고려하지 못하고 그의 행동을 전적으로 공격적이라는 용어로 말하는 타이렐의 교사에게 돌아가 우리의 관찰들을 일반화할 수 있었다.

최적화

최적화는 아이들이 관계에 조화롭고 즉각 반응하도록 이끌어 내는 적극적인 방법이다. 우리는 이 경우에도 유입되는 것을 억제하여 그 행동 이상의 것을 봄으로써 아이들과 함께 공감할 수 있는 것이 필요하고, 그렇게 하면서 아이들의 필요에 적절하게 따라가며 우리의 반응을 맞추어 가야 한다. 역사적으로 이런 소년들은 종종 처음에는 입심이 좋고 눈에 띄는 것으로 알려지고 교사의 반응은 종종 골칫거리가 된다. 말수가 적지만 똑같이 괴로움을 당하는, 문제가 많거나 혹은 불안한 아이들은 더 이상 볼 수 없는 것 같다. Geddes(2006, p. 9)는 "나는 왜 우리가 훗날 다루기 힘든 남아의 엄마가 될 수 있는 취약한 어린 소녀에게 우선순위를 두지 않는지 계속 궁금하다."라고 질문했다.

초기 개입과 정서적/정신적 건강과 웰빙

초등학교에서 정신건강 증진에 대한 투자의 부족은 중대한 사회적 비용을 초래한다(NICE, 2008, p. 15).

최근 SEAL[2], 부모 지원 서비스, 국립 건강 학교와 확대된 학교(National Healthy Schools and Extended Schools) 프로그램 같은 초기 개입과 정서적 그리고 정신적 안녕을 토대로 한 많은 활동들이 시도되고 제공되고 있다. 그것은 이것들이 통합된 패러다임 속에서 존재한다는 것을 생각하도록 돕고, 포괄적인 프로그램들은 보편적이고 목표로 하는 지지 둘 다를 제공하며, 아동과 가족이 함께 협력해서 작업하면서도 교직원을 지지하고 훈련하는 것도 잊지 않는다.

후자는 내가 영국의 학교에서는 덜 개발된 것으로 보는 부분이다. 아동과 함께하는 그들의 작업에 도전적인 측면들에 대한 내적인 압력에 대응하고 그들에게 영향을 줄 수 있는 정식 슈퍼비전을 받아야 하는데 학교관계자들은 교사들의 교육과 훈련을 위한 필요성 인식이 부족하기 때문이다. TA는 내가 과거 학교 상담 팀을 떠났던 것처럼 "나는 지금까지 누구에게 말하러 갔나요?"라며 스스로 카드에 적었다. 나는 학교에서 TA를 위해 한 달에 한 번 공간을 제공받았다. 이것은 특정한 학생에 관해서 제공되는 일반적인 슈퍼비전이 아닌 상담과정에 대한 것을 논의하기 위해서였다. 우리 학교에서 일반적으로 직원들이 대화를 나눌 수 있는 시간이 얼마나 없었는지와 직원들이 이런 대화를 나누는 것은 직원의 대화 공간밖에 없었다는 것이 점점 명확해졌다.

치료동맹, 보호와 책임

나는 아이들의 안전을 돕는다는 측면에서, 아이들의 필요에 대한 명료함을 증진하도록 도울 수 있는, 즉 그들의 목소리를 명료하게 들을 수 있는 치료동맹의 발달에 대해 숙고한다. 최근에 변화를 가져오는 성공과 함께 효과적으

---

2) 학습에 대한 사회적 · 정서적 측면(SEAL): 교육과정의 자원은 학교 안에서 긍정적인 행동과 효과적인 학습을 증진하도록 돕는 질과 기술에 기초하여 발전하는 것을 목표로 하여 사용된다. 그것은 학습을 위한 사회적이고 정서적인 다섯 가지 측면, 즉 자기인식, 감정 관리, 동기, 공감, 사회적 기술들에 초점을 둔다.

로 관계부처의 사업을 증진시키는 데 노력을 같이해 왔다. 아동의 '단편적인 이야기'에는 다양한 측면이 있을 수 있다. 왜냐하면 아동과 관련된 사람들에게는 명백한 치료목표에 대한 명확성이 부족한 것이 이유 중의 하나이다. 치료는 강한 긍정적인 정서적 동맹이 특징이 될 수 있을 정도로 효과적인 용어가 될 수 있다. 거기에 관련된 모든 부분을 아이들을 포함하여 받아들이고 이해할 만한 상당히 명백한 목표들로 협상할 필요가 있다. 아이들에 대한 복합기관 서비스들은 의미 있는 대화나 목표들과 관련성이 없어 보이는 업무들에 헌신하는 것과 함께 이러한 목표들에 대한 인식이 필요하다. 치료 목표는 아동에 대한 작업을 위한 폭넓은 맥락에서 유념하는 것이 필요하며, 나의 견해로는 면밀하게 살피거나 그들의 조언에 대해 치료사들이 설명하는 것을 자르지 말아야 한다. 다른 기관들은 이 작업에 대해 어떻게 반응하는지에 대한 반영적인 담론의 발전을 돕는 것 또한 중요하고, 아마 그러한 조언들을 고려하여 아이들과 함께 작업에 대한 그들 자신의 반응에 맞추어야 한다. 여기에서의 핵심 이슈는 기밀성이라고 할 수 있다. 나는 절대적으로 치료과정에 관하여, 아이들을 포함하여 아이들과 연관된 모두가 명백하게 이해를 하고, 만약 내가 그 아이가 피해를 입거나 혹은 다른 사람을 해칠 것을 걱정한다면 치료사로서 정보를 제공해야 할 나의 책임에 관해서 경계를 명백하게 할 필요가 있다. 그러나 나는 기밀성이 때로는 철저하고 신중한 치료적 개입(그리고 치료사)의 보호막으로 사용될 수 있다고 생각한다. 적절한 투명성은 성취를 위한 교활한 균형 잡기가 될 수 있지만, 예상하지 못한 그리고 치료동맹을 위한 보람 있는 측면을 제공할 수 있으며 특히 아이들과 그들의 가족들이 어렵게 도달하는 약속들을 유지하는 긍정적인 방식이 될 수 있다.

아동, 가족과 교직원 간의 역할과 힘 그리고 서열에 대한 이해

체계론적 접근은 특히 내가 어떻게 도달할지 어떻게 치료적 약속을 더 잘 지킬 것인지 또한 아동, 그들의 가족과 아마도 아동과 연관되는 다른 동료들의 힘을 빼앗는 원인이 되는 '전문가'가 되기보다 오히려 아동을 돕는 것을 추구하며 다른 사람들과 합류하는 능력을 개발하려는 노력으로 평생 학습자라고 생각하는 겸손하게 이야기하는 자세로 나를 이끌 수 있는지 매우 창조적으로 생각할 수 있도록 도움이 된다. 아동 · 청소년 정신건강팀에서 일하고 법정서비스 이외의 경험을 쌓은 나는 정신건강서비스에 관련된 우리와 같은 사람들에 관한 고정관념에 대해 잘 알고 있기 때문에 나는 이 글을 얼굴에 쓴 웃음을 짓고 쓴다. 그리고 여러분이 읽은 것 중에 어떤 것은 이 순간 아마도 '활력이 넘치는 것'이지만, 이것은 내가 실제 들었고 반응했던 이야기이다. 토론으로 초대한다!

📜 놀이치료 사례

학교 시스템 안에서, 힘과 서열이 어떻게 관계들에 영향을 줄 수 있는지에 대해 아는 것은 중요하다. 나는 학교에서 큰 걱정을 야기해서 퇴학 직전의 5세 아이를 둔 한 어머니를 기억한다. 부모는 모임에서 내가 그녀의 딸의 행동에 대해 긍정적인 면을 설명했을 때 엄마는 놀라며, 흥분해서 "내가 들었던 모든 것들은 모두 나쁘다는 것들이며, 아무짝에도 쓸모없다고 했어요."라고 내게 말했다.

이전 경험

어떤 부모들은 교육 시스템 안에서 그들 스스로가 힘들었던 과거 경험을 가지고 있고, 아이들을 학교로 돌려보내는 것이 이전의 아픈 기억들을 떠오르게 하기도 한다. 어떤 부모들은 아이들의 학교 경력이 중요하다고 생각하지 않는다. 권력을 빼앗기고 표면적 서열이 약화된 오랜 감정들 모두가 교사로부터 적절한 도움 없이 극복되는 것은 어려울 수 있다. 나는 아이들의 교사들과 긍정적인 관계를 맺어 가려고 씨름하는 부모들을 만나면서 그 부모들을 통해 감명을 받는다.

사회구성주의 모델에서의 아동과 부모에 대한 신념

치료적 상황에서 다문화적 가치와 관련한 도움이 되는 주제들이 있다. 이것은 최적의 문제 해결을 할 수 있는 대안적인 관점이 될 수 있지만, 우리 자신과 다른 관점까지 모두를 존중하는 관점일 경우에만 가능하다. 다양한 집단과의 관계 안에서 자기정체성의 개발과 안정적인 세계관 그리고 타인의 견해를 비교하고 이해하는 지식은 우리가 아동과 그 가족들의 다양성을 인식하고 소개하며 축하하도록 돕는 데 필수적이다(O'Connor and Ammen, 1997). 문화적 신념을 범주화하도록 하는 데 필요한 세 가지 핵심영역이 있다.

1. 문화적 일탈: 자신의 문화와 다른 문화는 나쁘고 위협적이라는 생각이다. 아동은 학습된 행동을 통해서 이러한 편견을 보일 수 있는데, 예를 들어 3세 아동이 인종차별주의나 동성애적인 욕설을 사용하는 것과 같은 것이다. 이러한 편협함을 보여 주는 집단 문화의 양상이 있다는 점도 논쟁의 여지가 있다.
2. 문화 상대주의: '모든 것이 가능하다'는 생각이다. 예를 들어, '파괴적인 행동이란 전혀 없다'와 같은 것으로, 문화적 차이를 허용하는 것이다. 과잉허용적인 부모가 이런 유형을 보일 수 있는데, 이러한 문화적 신념에 도전하는 사람들에게 거리감을 느끼게 할 수 있다. 훈육은 한 문화에서 받아들일 수 있는 것과 다른 곳에서는 용납되지 않는 것과 관련된 어려움이 있는 담론 중 하나이다. 이런 예로는 최근에 주목받고 있는 할례(FGM)가 있다.
3. 문화적 차이: 문화적 신념을 평가할 수 있다는 생각이다. 예를 들어, 수용하거나 거부하는 것이 아니라 다양한 관점을 허용하는 맥락에서, 다른 사람의 부정적인 영향을 최소화시키도록 하고 감내하려 노력하는 것을

말한다.

(O'Connor and Ammen, 1997)

아동과 그 가족의 문화적 배경을 어떻게 이해하고 자신이 배운 배경이 어떻게 영향을 미치는지에 대해 스스로 묻는 것은 중요하다. 두 개 이상의 문화를 가진 가족, 부모, 교육과 아동에 대한 다양한 신념을 가진 가족의 복잡성을 아는 것 또한 중요하다.

학령기 아동을 경청하고 이해하기 위한 도전

발달은 다양한 방법으로 아동 중기에 나타난다. 발달에 관한 문헌들은 아동의 공포는 아동이 자신의 공포들을 분명히 말할 수 있게 됨에 따라, 즉 인지기능 수준이 더 높아지는 연령의 증가에 따라서 변화한다고 제안한다. 이 단계의 아동은 자신의 스트레스, 불안, 외상에 대한 경험을 분명히 하기 더 쉬울 것이라는 가정을 해 볼 수 있다. Hagglof(1999)는 학령기 아동이 질병과 입원 경험에 대처하는 능력에 대해서 논의하면서, 이 시기는 아동이 사람들과의 접촉이 확장되는 사회적인 시기이며 또래들과 스스로를 비교한다고 언급했다. 또한 9세 무렵 아동은 걱정이 증가하고 심리적인 증상이 동반하는 심리적인 위기인 시기에 있을 수 있음을 제안했다. 이런 아동들은 죽음, 질병, 전쟁 같은 실존적인 문제들을 다룰 수 있는 능력이 아직 발달되지 않았으나 이와 관련된 질문을 할 수는 있다. 이 연령대의 아동들에게 스트레스를 주는 상황은 어린 아동들보다 더 다양한 반응을 이끌 수 있다.

- 불안 관련 문제
- 우울 관련 증상
- 복통
- 과잉행동
- 주의력 결핍 증상들

● 2차 야뇨증, 유뇨증 혹은 유분증

잠재적으로 정서적 그리고 심리적 안녕에 영향을 주는 발달적인 위험요소에는 사별, 상실, 장애(학습 그리고 신체), 질병, 형제가 주는 잠재적 영향, 보살핌을 받고 있는지, 가족 갈등(별거와 이혼을 포함), 부모의 심리적 건강, 학대, 가정폭력, 또래 갈등과 따돌림, 자존감이 포함된다.

놀이치료 사례

학교에서 외상 사건과 연관되어 결국에는 수술까지 한 9세 여자 아이가 의뢰되었다. 수술 후 지금은 완전히 회복되었고 아이의 어머니에게 하는 행동과 학교에서의 행동은 6개월이 넘게 악화되고 있었다. 아이가 사건을 경험한 이후 이야기 놀이치료 구조는 곧 동생을 낳을 어머니에 대한 아동의 감정들을 담아내는 것을 포함하면서 몇 회기 정도 외상 사건에 대해 탐색했다. 처음에 언니가 된다는 것에 대한 아이의 자연스러운 감정은 사건의 후유증 때문에 왜곡되어 왔고 어머니의 정서적인 가용성은 당연히 희석되었다. 치료가 진행되면서, 양파 껍질 같이 숨겨져 있던 이해들이 벗겨지면서 아이가 어떻게 자신의 욕구를 충족시키려고 시도했는지 밝혀졌다. 이는 아이가 어머니를 통제하기 위한 노력이었다. 나는 또한 2차 외상이 있을 가능성이 있다는 것을 알고 있었는데 긴급 조치가 취해진 학교에서 처음에 일어난 사건 때문이다. 이 외상은 회기 시작에서는 오직 표면적으로만 나타났지만 아동의 치료 회기 후반에 더 확실해졌다. 앰뷸런스 사이렌 소리로 나타나는 그녀의 과잉각성이 관찰되는 것으로 시작되었다. 아이의 어머니는 나의 지지를 통해 결국 학교와 함께 참여할 수 있다고 느끼기 시작했다. 학교는 절대 이해하지 못하고 생각하지도 못했지만 원래 사건 주변에 지속되고 있는 역동들이 있었고 이것은 사건을 일으킨 아동에게도 영향을 미치고 있었다.

첫 번째 회기에서, 아이는 병원놀이를 지속함으로써 마침내 연결되고 이해할 수 있는 방식으로 그녀의 느낌에 대해 이야기할 수 있게 된 것처럼 보였다. 이런

초기 회기들이 끝난 후 어머니는 "딸이 다시 내게 돌아온 거 같아요."라고 이야기
했다. 이것은 많은 감정적 영역을 다루는 치료 여정의 시작일 뿐이다. 아동 치료
중기쯤에 떠오른 다른 주제가 있었는데 감옥에 복역 중인 아버지의 부재에 대한
자신의 감정에 대한 것이다. 나의 도움으로 아이는 치료적인 편지를 쓰고 어머니
에게 보여 주고 싶어 했다. 이 편지를 통해 아이는 감옥에 있는 아버지와의 관계
를 지속하는 것에 대한 자신의 환상과 소망에 대해 어머니와 이야기할 수 있었다.
딸의 행동이 때로는 다루기가 쉽지 않기 때문에, 그 시간에 어머니도 다른 동료의
지원을 받는 것이 중요했다.

　이것이 '판도라의 상자'라고 부르는 치료법이다. 즉, 일단 뚜껑을 열면 무엇이
나올지 확신할 수가 없다. 어머니는 그녀 자신의 심리적인 건강과 안녕에 대한 차
원을 탐색할 수 있었고 양육 프로그램도 이수했다.

[그림 6-4] 11세 소년이 의학적인 치료로 인한 고통과 먹을 수 없는 것에 대한 고민에
　　　　　대해 묘사한 그림

가족을 위한 도전들-모든 것에 균형 이루기

가족 안에는 매우 다양한 욕구들이 있으며 이것들이 서로 부딪힐 수도 있다. 나 역시 일하는 부모로서, 내가 얼마나 많은 일을 동시에 할 수 있는지 나 스스로도 궁금해하는 일은 종종 있다. 정리해고와 같은 환경의 변화나 가족의 사망이나 질병 같은 예기치 않은 사건이 발생했을 때, 특히 가족 회복탄력성이 어느 정도인지에 따라서 생태체계가 주는 압력 사이에서 균형을 이룰 수 있다. 위험요소와 회복탄력성 요인에 대한 견고한 평가는 치료 지원의 시작과 검토 과정의 일부로, 그리고 결말로 가는 시작의 일부로서 중요하다.

양육 태도

나 역시 부모이므로 이 영역에서 신중해야 하는데 내가 만난 가족들과 부모로서의 나의 관점과 양육법이 꽤나 다를 수 있기 때문이다. 모든 것을 쉽게 가설로 속단하거나 판단을 내리기 쉽다. 학교 체계 안에서 때때로 나는 많은 관계자들이 부모가 개입할 수 있도록 시도할 때 느낄 수 있는 당혹스러움에 대한 반응을 들어 왔다.

O'Connor와 Ammen(1997)이 언급한, 생각할 수 있는 유용한 양육의 다양성의 두 가지 주요 영역은 다음과 같다.

개인주의

아이는 양육자에게 의존하고 연결되어 있는 것처럼 보인다. 그러나 부모들은 아이들의 자율성 발달을 기대한다. 부모는 아이들에게 독립성을 기르도록 격려한다. 예를 들어, 아이가 옷 입기, 선택하기, 자신의 감정 표현하기 등과 같은 것들을 함으로써 아이의 자신감과 자기확신을 격려하고 스스로를 특별하다고 여기게 하는 감각은 이 양육 태도 안에서 중요하게 여겨진다.

유대감

이 육아 스타일 내에서 가족은 가장 중요하며 독립성은 평생 가족관계를 유지하는 데 중요하지 않다고 생각한다. 나는 얼마나 많은 사람들이 우리가 "그녀는 그걸 하기에는 너무 늦었어."라는 이야기를 할 때 또는 그런 세계관 속에서 "그 사람들은 자신을 위해 그렇게 했어야지."라고 할 때 우리가 어떻게 판단하고 고려하는지 궁금하다. 유대감에 관련된 양육 태도는 부모와 자녀 사이의 상호 의존성에 중점을 두고 겸손과 자기를 낮추는 것을 격려한다. 다른 이에게 양보하거나, 어딘가에 속해 있거나, 다른 이들에게 맞추는 것에 가치를 느낀다. 독립성이 주요 목표인 다른 집단에 비해 자조 기술이 늦어질 수 있다. 조화의 필요성과 갈등의 소지가 더 중요시됨에 따라 개인의 감정 표현을 권장하지 않을 수 있다.

가치 있다고 여겨지는 다양한 양육 태도의 면면

자녀 양육의 여러 측면을 생각할 때 부모가 자녀의 연령과 각 단계에서 자녀에게 기대하는 다양한 문제를 고려하는 것은 가치가 있다. 성별은 어떻게 영향을 줄까? 예를 들어, 교육 및 학습과의 관계에서 놀이는 가치가 있는가? 이것은 놀이치료가 부모에게 어떻게 이해되고 지지되는지에 대한 중요한 측면이다. 훈육에 관한 견해는 어떤가? 이것은 종종 자신의 개인적인 양육과 문화에 기초하여 다양한 시각을 가질 수 있는 가족 안에서 특히 어려운 영역이다. 가족의 역할과 책임 측면에서 자녀에게 기대하는 바는 무엇인가? 가족 내 의사결정을 할 때에 아이들에게 어떻게 이야기하고 포함시키는가? 부모-자녀 애착의 본질에 대해 생각할 때, 다양성 문제가 아동의 고통과 애정의 표시에 영향을 줄 수 있는지 물어볼 필요가 있다. 예를 들어, 식사시간과 같이 기대하는 행동과 관련하여서는 어떤 문제가 있을 수 있다. 어린이들은 어떻게 입을 것을 기대하는지? 보호자 역할을 맡을 것으로 예상되는 사람은 누구인지? 아이에게 더 어린 동생의 보호자가 되라고 했을 때, 아이에게 예상되는 영향은 무엇인가?

놀이치료 사례

10세 소년, 자말은 내가 학교에서 상담을 할 때 의뢰되었다. 그의 담임은 자말의 또래 갈등을 걱정하고 있었고 특히 운동장에서 파괴적인 행동이 증가하는 것을 걱정했다. 그는 엄격한 무슬림 배경의 자녀였고, 장남이 가족을 책임져야 하는 종교적인 전통을 고수하기를 매우 염려하고 있는 독실한 아버지와 살고 있었다. 이것은 그에게 종교적인 행동 강령을 따르도록 요구했으며, 자말이 가정과 학교에서 분노를 폭발했을 때 더 많은 마찰을 일으켰다. 또한 자말은 좀 더 독립적이길 원해서 집 밖으로 더 나가 놀았는데 그의 가족이 사는 지역은 범죄조직이 젊은 단원들을 모집하는 곳으로 알려져 있었기 때문에 걱정되었다. 나와 처음에 만났을 때 아이는 거의 참여하지 않았고, 남자아이들이 하는 놀이보다는 유치한 놀이를 보였다. 그는 서서히 내가 제공한 많은 감각게임들, 특히 많은 놀이치료사들에게 사랑받는 무척 역겨운 스트레스 볼, 방귀소리를 내는 퍼티, 끈적거리는 슬라임(slime)에 관심을 표현하기 시작했다. 그는 자연스럽게 모래상자와 물을 항상 사용할 수 있다는 사실에 끌렸고 이야기 놀이 장면에서 작은 인형이나 구조물의 피규어들을 사용하기 시작했다.

자말이 놀이치료실에 막 뛰어들어와 임시교사와 교실에서 힘든 시간을 보냈던(이미 언급했던 것과 같이 종종 전환하는 것을 어려워하고 변화에 불안해하거나 어린이날에 양가적으로 연관되거나) 특별한 어떤 날이 있었다. 나는 자말이 교실에서 어떤 일을 겪었는지 이야기를 공동 구성하도록 노력하려는 생각을 하였다. 그리고 그가 모래상자 작업을 통해 어떤 일이 일어났는지 '그림'을 만들어 보도록 요청했다. 우리가 함께 작업을 하면서 진행되어야 하는 무엇인가가 진행되지 않는다는 것이 명확해졌다. 자말은 점점 더 침울해지고 화를 내며 침착하지 못했다. 나는 그에게 교실 안에서 있었던 문제에 집중하도록 고집하기보다는 그가 선택한 이야기를 만들어 보라고 제안했다. 이것은 즉각적으로 그의 불안을 완화시켰고 자말은 회기의 나머지 시간 동안 배신과 보물을 잃어버리고 납치하고 복수하는 것에 관련된 주제들을 표현하는 물과 모래 세계 이야기를 만들었다.

이번 회기에서 떠오른 것은 자말이 막 학교에 다니기 시작한 5세 때 아버지와 이혼한 생모에 대해 표현하지 못한 감정들이었다. 외국에 사는 어머니의 예측하기 어려운 방문은 아버지와 새어머니와 애착을 맺는 데 어려움을 갖게 했다. 가족에서 부담을 주는 아기가 태어난 후 자말은 그가 가족에게 일어난 이러한 변화에 대한 후유증과 그 후에 커 가면서의 상황에 대한 어떠한 슬픔도 표현하지 못하고 받아들이려고 고군분투했다. 중학교에 들어가면서 새로운 선생님에게 적응하려고 노력하는 것과 변화가 맞닿은 것이 자말의 상실과 외상에 대한 예전 감정들을 다시 활성화시켰다. 그의 아버지가 이런 상실로 인해 미치는 영향을 이해하는 것을 돕고 아들이 마침내 자신의 슬픔을 표현하는 것을 돕게 하는 것은 필수적이다.

[그림 6–5] 작은 세계 꾸미기(small–world play)를 사용해서 아동이 세계에 대한 그들의 생각과 감정들을 탐색하는 데 돕는다.

> 📜 **여섯 조각 이야기 만들기: 부모의 이혼으로 인한 상실과 분리에 대한 공동 이야기 구성-인어 이야기**
>
> 옛날 옛적에, 인어가 살고 있었다. 그녀는 친절했지만 친구들이 많지 않았다. 조개 속에서 사는 인어와 함께 바다 밑에서 사는 나쁜 사람, 악당이 있었다. 그들은 적이었다. 누군가 인어와 결혼하기를 원하자 어느 날 나쁜 사람이 인어를 납치해서 숨겼다. 그는 군대를 부르고 도망치며 뛰어다니고 아무도 그녀를 찾을 수 없도록 모래 밑에 묻었다. 인어는 물가에서 멀리 떨어져 버린 것과 조개껍질을 잃어버린 것이 너무 슬펐다. 그래도 그녀는 자기는 아무 상관없다고 이야기했다. 나쁜 사람은 손과 발과 다리에 날카로운 칼을 가지고 있었다. 그는 잘하려고 노력했지만 할 수 없었고 이것은 모두를 화나게 만들었다(소년이 열 살 때).

표현된 주제들은 우정, 갈등, 외로움, 고립, 선과 악, 보호에 대한 욕구, 보호의 부족, 공상 그리고 현실, 비밀, 훔침, 절도, 배신, 분리와 상실, 양육에 대한 욕구, 조율, 혼란, 공상, 걱정, 분노와 두려움 등이 있다.

[그림 6-6]은 자말이 치료를 통해 얼마나 그 자신의 문제의 정도에 대해서 평가하고 있는지를 보여 준다(A, B, C는 초기, 중기 그리고 종결). 이 자기보고 도구에서 아이가 그의 놀이와 이야기에서 드러난 주제들과 얼마만큼 더 일치하게 되었는지에는 큰 변화가 있다. 두 번째 보고에서 그는 자신의 놀이에서 그 당시의 교직원, 운동장에서 친구와 그리고 집에서 형제들과의 관계에서 특정한 문제들을 탐색하고 알아 가고 있었다. 또 그가 문제를 스스로 보고하는 도구를 사용하는 데 있어서 핵심적인 긍정적 변화는 보고서 C에서 명확하게 볼 수 있다. 이런 변화는 마지막 중재에서 도움이 되는 다른 평가 척도에서도 역시 변화가 반영되는 것으로 보인다. 자말은 또한 놀이치료에서 얻은 조력에 대한 그의 생각을 평가 도구에서는 "너무 재밌고 내가 행동을 조절할 수 있게 도움을 줬다…… 너무 좋다."라고 썼다.

학교 관계자들을 위한 도전-아이들을 유념하기

나는 또래관계에 문제가 있는 아이들, 특히 운동장에서 그런 경우를 극복하기 위해 고군분투하는 아이들을 돕기 위해 놀이 기반 전략을 사용할 수 있도록 초등학교 교사를 위한 코칭 모델로서 운영해 온 치료 그룹 작업인 스트레스 깨닫기 워크숍을 포함시킨다. 나는 직원들에게 놀이치료를 사용하라고 하지는 않지만, 나는 이런 접근을 이용하여 성인과 아이들 사이에서 스트레스를 깨닫게 하는 의미 있는 이야기들을 자연스럽게 이끌어 내고 이해하는 것이 더 도움이 될 수 있다고 이야기한다. 그것은 스트레스를 받는 아이들을 돕기 위해 더 많은 교육과정을 사용하지 않고 아이들과의 상호작용 시 놀이를 통해 아동의 사고에 깊게 관여할 수 있는데 왜 놀이를 더 많이 사용하지 않는지에 대한 많은 의문을 던져 왔다.

보고	A			B			C		
문제의 정도	없음	약간	많음	없음	약간	많음	없음	약간	많음
교사		√			√		√		
친구들		√			√		√		
교실	√					√	√		
운동장	√				√		√		
부모	√			√			√		
형제자매	√			√	√		√	√	
기타		√			√			√	

[그림 6-6] 자말이 평가한 자신의 문제-아동이 자기 평가 도구

스트레스 분류하기 프로젝트(SOS Club)

이것은 Key Stage 2에서 최대 8명의 아동(8~11세 아동)을 위한 스트레스 인식 워크숍에서 점심시간 특별활동으로 운영되었다. 참여한 아동은 운동장에서의 상호작용에서 공격적이거나 또래와의 마찰, 외부 활동을 하지 않으려는 것, 사회적인 어려움, 별거에 관한 문제, 부부 싸움과 상실과 같은 특정한 어려움들을 겪는 것으로 확인되었다. 작년에 학교에서 영구히 퇴학된 자폐증(ASD) 진단을 받은 동생을 가진 아이도 있었고 다른 아이는 뇌성마비였다. 집단은 3학년에서 6학년 사이의 4명의 남자 아이와 4명의 여자 아이로 구성되었다. 각 회기는 최대 30분간 지속되었다. 디지털 카메라는 과정을 기록하는 데 도움이 되었고 시각적인 이야기를 사용하여 발표 자료와 교재를 제공하였다. 프로젝트에 참여한 아동들이 이 프로젝트를 평가했다. 2명의 교직원은 다섯 번의 회기 동안 참여하고 관찰했다. 개별 아동을 위한 지원 전략의 일환으

[그림 6-7] 스트레스 감소/전형 놀이 자원 예시

로 특별활동의 형식 및 수업 내에서 프로젝트를 더욱 발전시키는 것을 목표로 했다.

프로젝트의 목적

- 운동장에 있는 학교 관계자들이 스트레스 상황에 있는 아동을 확인하는 것을 돕고 긍정적인 타임아웃 전략을 제공한다.
- 공부를 시작하기 전과 아이가 놀이를 끝내기 전에 진정할 수 있는 기회를 준다.
- 뇌의 '좌뇌-우뇌'의 변환을 돕기 위해 다양한 감각 기반 활동을 사용한다. 이것은 아이가 감정 단계에서 사고 단계로 조절할 수 있도록 돕는다.
- 창의적이고 치료적인 놀이를 통해 개인과 소규모 그룹을 위한 돌봄의 기회를 제공한다.
- 개별 아동이 놀이치료 그룹 기반 과정에서 스트레스 수준을 인식하고 감소시키는 것을 돕는다.

용 이야기

머리가 둘인 용 인형극은 어린이들이 스트레스 인식과 스트레스 해소에 중점을 둔 게임, 장난감 및 활동들에 관해 생각할 수 있도록 이야기 작업의 일부로 도입되었다.

옛날에 슬루프와 글루글이라는 매우 희귀한 용 두 마리가 살았어. 그들은 꼬리가 붙어 있는 쌍둥이였지. 봐봐~ 보이지? 이건 천년에 딱 한 번만 생기는 일이야. 그래서 우리는 아마도 살면서 다시는 못 볼지도 몰라! 이 용들은 커다란 호수가 있는 아름다운 정원에 살았어. 사실, 호수 중간에는 화산이 있었는데 이 호수에 가는 유일한 길은 매우 가파른 산뿐이고 그 산은 화산 그 자체였지. 수영을 하기 위해 호수에 들어가는 유일한 방법은 꼭대기에서 다이빙을 하는 거였어! 슬루프는 다이빙을 좋아하고 글루글은 수영하는 걸 좋아했어. 하지만 생각해 봐. 슬루프는 수영이 따분하다고 생각했고 글루글은 높은 데서 뛰어내리는 다이빙을 싫어했어. 용들은 그동안 어떻게 같이 놀고 재밌게 놀 수 있는지 몰랐던 만큼 크게 싸우고 다퉈 왔어. 그들은 한때 진짜 좋은 친구였지만 지금은 서로에게 소리치고 울어 버리기도 해. 둘 다 이것 때문에 심하게 화도 내고 슬프기까지 해. 지금까지 그들은 호수에서 재밌게 놀지 못하고 있었어. 그때 그들은 SOS클럽 이야기를 듣게 되었고 그들도 도움을 받을 수 있을지 궁금해했어(Webster, 2010).

매주 우리는 감정 언어, 스트레스 인식, 머리를 식히고 차분해지는 방법, 문제 해결하기, 갈등 해결하기 등에 초점을 맞춘 다양한 게임, 놀잇감과 미술활동들을 탐색했다. 청소년범죄전담반와 함께 일하는 범죄청소년 사회복귀 갱생보호사업 코디네이터와 연계하여 추가 지원이 개발되었으며, 놀이 코칭 회기와 함께 운동장 관계자를 위한 훈련 프로그램을 운영했다.

[그림 6-8] 머리가 두 개인 용 인형

아동과 발전시킨 주요 관찰과 이야기 사례

고의적인 사고인지 떠밀린 건지 혹은 밀쳐진 것과 같은 사고에 대한 인식과 개인적인 공간에 대한 문제들이 대두되었다. 많은 아이들에게 이것은 이해하기 어려운 영역임이 드러나고 개인적인 공간에 대한 핵심 개념들을 이해할 수 있도록 돕는 것이 필요하므로 추천된다. 더 탐색할 가치가 있는 또 다른 주요 영역은 아이들이 학교 관계자, 형제자매 그리고 부모 · 양육자와 또래와 같은 다른 사람들의 스트레스를 어떻게 인식할 수 있는가이다. 차례 지키기와 공유하기는 다른 사람들 이야기 듣기, 다른 사람을 듣게 하기와 함께 워크숍에서 다루는 공통된 주제였다. 소외당하는 기분이나 외로움은 또래 집단에 끼기 힘들어 하는 몇몇 소녀들로 인해 확인된 집단 내 주제였다. 어떤 소녀는 이 집단에 왜 왔는지에 대해 "내가 왜 여기 와야 하죠, 화나거나 흥분하지 않는데요."라고 자신의 감정을 표현했다. 이 아이는 또래들과 자연스럽게 연결되지 못해서 집단에 왔고 다른 사람들이 참여하거나 초대하지 않아도 되는 활동들을 선택하는 것이 관찰되었다. 이런 아동의 경우, 놀이를 중요하게 여기는 방법에 있어서 가능한 문화적 차이를 존중하면서 그녀에게 친구들과 함께하는 놀이의 가치를 알게 하는 포괄적인 방법을 찾는 것이 중요했다. 또한 몇몇 아동이 자신의 감정을 무시해 버리는 과도한 거리 두기를 대처 방법으로 사용하는 것을 이해하는 것이 중요하다. 이것은 가족이나 지역사회가 권장하지 않는 명백한 감정들이기 때문일 수 있다. 공격적인 행동을 하는 아이만 또래 집단의 도움이 필요한 것은 아니다.

워크숍이 끝날 때 한 아동은 "나를 차분하게 만드는 것은 향기 나는 것[3]이고 잠시 나 혼자 있을 때와 SOS클럽에서 장난감을 가지고 놀 때에요."라고 이야기했다.

---

[3] 매 회기가 끝날 때마다 마무리 활동으로 휴지에 아로마 오일을 떨어뜨려서 아이들이 슬프거나 활동을 끝내고 나서 화가 날 때 심호흡하는 방법을 기억할 수 있게 제공했다.

학교 관계자들과 발전시킨 관찰과 주요 이야기 사례

학교 관계자들은 이런 코칭 회기들이 처음이라 새로운 아이디어와 접근들을 적용하는 것을 힘들어 했다. 이 중 많은 부분은 교실에서의 역할에 대한 차이점을 어떻게 그들이 인식했는지와 이러한 아이들과의 관계에서 놀이 기반 중재를 사용함으로써 그들에게 무엇을 고려하라고 요청했는지에 초점을 두고 있다.

집단 역동을 관찰하기 위해 시간을 보내는 것은 성공에 중요한 요소이다. 아이들이 각 회기에 참여할 때부터 시작하여 관찰 후에 집단의 필요성에 적합하지 않을 경우 회기를 위한 아이디어를 바꿀 수 있다. 관계자들에게 아이의 행동과 반응을 통제하려는 것을 삼가고 놀이 환경에 반응하는 것이 얼마나 중요한지 알 수 있게 돕는 것이 중요하다. 그리고 이것은 학교 관계자의 전통적 역할과 충돌하는 것이다.

아이의 연령과 상관없이 놀이를 기반으로 한 활동을 어떻게 활용하고 아이들이 치유와 자원을 찾을 수 있게 도와주는 것을 관계자들이 신뢰할 수 있게 교육하는 것은 중요하다. 감정 억누르기, 공격성을 다른 것으로 돌리기, 행동에 도전하기, 아이들이 그들의 아이디어를 탐색하는 것을 도와주기 위해 위험에 안전을 제공하기, 이완과 즐거움을 촉진하기, 자기표현과 창의성을 권장하기 등을 돕기 위해 놀이활동 사용을 촉진시키는 아이디어는 관계자들이 들을 필요가 있는 중요한 메시지이다.

나는 또한 회기 내에서 우리가 성인으로서 어떻게 자부심과 사회적 기술을 장려할 수 있는지를 적극적으로 모델링했다. 예를 들어, 공유하기를 촉진하고, 알고 싶은 행동이나 기술을 사용하는 그룹에서 다른 사람에게 알리고, 이것을 그룹에 알려 주는 것으로 그룹에서 보고 싶은 행동의 측면을 모델링한다. 그룹 내에서 자존감과 자기정체성을 높이도록 돕기 위해 적극적이고 구체적인 칭찬을 제공하는 것은 이 메시지가 어린이들에게 어떻게 들리는가가 중요하다.

요약

이야기 놀이치료는 개인의 삶에 대한 이해를 둘러싼 사회적 제약과 이러한 제약 속에서 개인의 힘과 권력의 어떤 측면이 가능한지를 알게 해 준다. 이야기 놀이치료는 아동의 이야기에서 지배적인 사회 담론을 탐구하는 과정을 도와주며, 다른 시스템 그리고 무엇보다도 아동에게 중요한 영향을 미치는 관계에 관련하여 알려진 것의 맥락에서 볼 수 있어야 한다. 우리는 취약한 아동들에 대한 권력의 영향과 그들의 삶을 이해하는 데 도움이 되는 이야기를 찾는 데 있어 아동의 어려움을 인식하는 것이 중요하다. Bruner(1986)는 이야기의 권력과 의미에 의한 구조에 관한 자신의 생각을 썼다. 그러나 아동은 그들의 이야기를 적절하게 공유하고 명확하게 들어 줄 옹호자가 필요하다.

요약하면, 나는 치료적 역할과 중재, 이론을 조합하여 사용하며 '렌즈'가 변화하거나 각각의 치료 여정을 통해 가능한 이야기에 초점을 맞춘다. 이 '렌즈'는 아동에게 제공되는 각각의 회기 및 전체 회기에 변화를 적용한다. 비지시적인 접근과 지시적인 접근을 조합한 접근에 초점을 맞추고 기술들을 통합하여 사용하는 것은 내가 맥락을 깨닫기 위해 여전히 남겨 둬야 하며 가끔 개인적인 의뢰에 관한 환경에 따라 변화된다. 이 과정에서 중심이 되는 아동의 목소리는 아동의 요구를 치료적인 이유에서 병리학으로 접근하거나 강제성을 띤 어른들의 의사로 인해서 묵살당할 수 있다. 또한 아동 주변의 다양한 체계의 목표와 기대치가 치료적 중재를 위한 나의 역할 범위와 가능한 시간 범위 내에서 현실적이고 달성 가능한지 여부를 고려해야 한다.

따라서 치료동맹은 공동 구성된 현실이며, 아동과의 제대로 된 이야기이다. 아동들과 쉽게 함께 느끼는 것을 목표로, 아동 중심적이고 적절하게 조율하며, 규범적 접근방법을 사용하는 등 많은 맥락적인 요소들을 고려해야 한다. 이것은 아동의 이야기 주제와 우려 사항을 탐구하고 이해하며 해결할 수 있도록 돕고 동시에 놀이치료의 협업 프레임 작업을 통해 회복탄력성을 강화시킨다. 이러한 지원은 아동을 둘러싼 가능한 많은 다른 중요한 관계 및 체계와 연결되어야 한다. 학교 교육은 고전적인 방법으로 아동들을 문화적으로 어떻게 인도하는가 하는 것은 작은 부분일 뿐이다. 게다가 학교 교육은 공동체 생활에서 아동을 안내할 수 있는 요구들의 다른 문화적인 방법들과는 조화를 이루지 않을 수 있다.

점점 명확해지는 것은 교육이 교육과정이나 기준 또는 시험들과 같은 단지 인습적인 학교에 관련된 단순한 문제가 아니라는 것이다. 우리가 학교에서 해야 할 일은 젊은 세대에게 교육적인 투자를 통해 사회가 달성하고자 하는 것이 무엇인지 폭넓은 맥락 안에서 고려될 때 의미가 있다. 우리가 결국 알아차린 것은 한 사람이 어떻게 교육을 받는가 문화를 어떻게 인식하고 그것의 목표가 무엇인지를 공식적으로나 또 다르게 알아차리게 하는 기능을 한다 (Bruner, 1996, pp. ix-x).

📖 참고문헌

Batmangehelidjh, C. (2005). *No Child is Born a Criminal*. Hay Festival Video. Available at www.guardian.co.uk/commentisfree/video/2010/jun/05/child-criminal-camila-batmanghelidjh, accessed 1 March 2011.

Bomber, L. (2007). *Inside I'm Hurting—Practical Strategies for Supporting Children with Attachment Difficulties in Schools*. London: Worth Publishing.

Bossert, E. (1994). 'Stress appraisals of hospitalised school age children.' *Children's Health Care, 23*, 1, 33-49.

Brom, D., Pat-Horenczyk, R. and Ford, J. D. (Eds.) (2009). *Treating Traumatized Children: Risk, Resilience and Recovery*. New York: Routledge.

Bruner, J. (1986). *Actual Minds, Possible Worlds*. Cambridge, MA: Harvard University Press.

Bruner, J. (1996). *The Culture of Education*. Cambridge, MA: Harvard University Press.

Cattanach, A. (2007). *Narrative Approaches in Play with Children*. London: Jessica

Kingsley Publishers.

Collishaw, S., Maughan, B., Goodman, R. and Pickles, A. (2004). 'Time trends in adolescent mental health.' *Journal of Child Psychology and Psychiatry, 45*, 8, 1350-1360.

Epston, D. and White, M. (1990). *Narrative Means to Therapeutic Ends*. New York: W. W. Norton.

Geddes, H. (2006). *Attachment in the Classroom—The Links Between Children's Early Experience Emotional Well-Being and Performance in School*. London: Worth Publishing.

Gil, E. (2006). *Helping Abused and Traumatized Children—Integrating Directive and Nondirective Approaches*. New York: Guilford Press.

Hagglof, B. (1999). 'Psychological reaction by children of various ages to hospital care and invasive procedures.' *Acta Paediatrica Suppl, 88*, 431, 72-78.

Jackson, C. J. (2008). 'Learning to be saints or sinners: The indirect pathway from sensation seeking to behaviour through mastery orientation.' *Journal of Personality, 76*, 4, 733-752.

Jones, P. (1995). *Drama as Therapy, Theatre as Living*. New York: Routledge.

Luther, S. S. (1993). 'Annotation: Methodological and conceptual issues in research on childhood resilience.' *Journal of Child Psychology and Psychiatry, 34*, 4, 441-453.

May, D. (2008). 'Contemporary Play Therapy: Time-Limited Play Therapy to Enhance Resiliency in Children.' In C. E. Schaefer and H. G. Quadroon (Eds.) *Contemporary Play Therapy—Theory, Research and Practice*. New York and London: Guilford Press.

Middlebrooks, J. S. and Audage, N. C. (2008). *The Effects of Childhood Stress on Health across the Lifespan*. Atlanta, GA: Centers for Disease Control and Prevention, National Center for Injury Prevention and Control.

National Institute for Clinical Excellence (NICE) (2008). *Promoting Children's Social and Emotional Wellbeing in Primary Education*. London: NICE Publications.

O'Connor, K. and Ammen, S. (1997). *Play Therapy Treatment Planning and*

Interventions: The Ecosystemic Model and Workbook (Practical Resources for the Mental Health Professional). San Diego, CA: Academic Press.

Office for National Statistics (ONS) (2004). *The Health of Children and Young People.* London: Office for National Statistics.

Office for National Statistics (ONS) (2008). 'Three years on: A survey of the emotional development and wellbeing of children and young people.' Available at www.statistics.gov.uk/articles/nojournal/child_development_mental_health.pdf, accessed 1 March 2011.

Panksepp, J. (1998). *Affective Neuroscience: The Foundations of Human and Animal Emotions.* Oxford and New York: Oxford University Press.

Prout, A. and James, A. (1990). 'A New Paradigm for the Sociology of Childhood.' In A. James and A. Prout (Eds.) *Constructing and Reconstructing Childhood.* Basingstoke: Falmer Press.

Rossman, B. B. R. and Gamble, W. C. (1997). 'Preschooler's understanding of physical injury: Stressor, affect and coping appraisals.' *Children's Health Care, 26,* 2, 77–96.

Rutter, M. (1985). 'Resilience in the face of adversity: Protective factors and resistance to psychiatric disorder.' *British Journal of Psychiatry, 147,* 598–611.

Schaefer, C. E. (2003). *Play Therapy with Adults.* Hoboken, NJ: John Wiley and Sons.

Stephens, L. C. (1997). 'Sensory integrative dysfunction in young children.' *AAHBEI News Exchange, 2,* 1.

Sunderland, M. (2001). *Using Story Telling as a Therapeutic Tool with Children.* Milton Keynes: Speechmark Publishing.

Webster, A. J. (2010). 'Sort Out Stress Project.' Unpublished ms.

Wertlieb, D., Weigel, C. and Feldstein, M. (1987). 'Measuring children's coping.' *American Journal of Orthopsychiatric Association, 57,* 4, 548–560.

Young Minds (2009). *The YoungMinds Children and Young People's Manifesto.* Available at www.youngminds.org.uk/campaigns-policy/manifesto/youngminds-manifesto, accessed 4 August 2010.

제7장

부모의 별거나 이혼을 경험한 아동을 위한 이야기 놀이치료

Sharon Pearce

이혼가정 아동을 위한 서비스

서구 사회의 이혼율은 급속히 상승하고 있다. 통계에 따르면 미국에서는 두 쌍의 신혼부부 중 한 쌍이 이혼을 하고 영국에서는 세 쌍 중에 한 쌍이 이혼을 한다. 이혼율의 상승에 따라서 이혼가정 아동들의 비율 또한 상승하고 있다. 매년 영국에서는 100,000명 넘는 아이들이 자신의 부모가 이혼할 것이라고 생각한다(Office for National Statistics, 2010). 2008년 영국에서는 120,000명의 커플이 이혼했다. 이와 관련된 106,000명의 아동이 16세 이하였고, 22,000명의 아동이 4세 미만이었다(Office for National Statistics, 2010).

이 분야와 관련된 문헌에 따르면 관계가 깨진 아동은 분리와 상실을 마주하며 비통해한다는 전문가들의 의견이 급증했다. 이혼과 관련된 관계 속에서 아동의 상실과 별거에 관한 1990년대의 고전적인 연구 중에 하나인 Joseph Rowntree foundation(Rodgers and Pryor, 1998)은 이혼가정 아이들은 빈곤, 행동문제, 교육적인 어려움을 보이거나 집을 일찍 떠나거나, 성적으로 조숙하고 우울한 증상 등의 부정적인 결과를 경험한다고 밝히고 있다. 이것은 일반 가정에서의 비율의 거의 두 배 가까운 수치이다. 그러나 Stevenson과 Black(1995)과 그 이후 Rodgers와 Pryor(1998)는 이런 명확한 결론에 의구심을 제기하며 이런 부정적인 결과들은 부모가 이혼한 소수의 아동에게서만 나타난다고 지적하고 있다.

부모의 이혼을 경험한 아동은 외상과 연관된 광범위한 정서를 경험한다. 이혼으로 인한 아동의 상실은 가족과의 익숙한 일상과 애착 대상인 부모를 상실하게 되는 것과 관련된 불안과 분리를 포함한다. 이혼은 부모 사이의 적대감과 갈등을 동반할 수 있으므로 아동의 정서적인 상황은 복합적이다 (Sarrazin and Cyr, 2007). 가족의 경제 상황의 변화나 가족이 함께했던 영역이나 가족, 친구들과 멀어지는 것 역시 변화일 수 있다.

분리나 상실에 대한 아동의 반응에 대해서는 John Bowlby(1969, 1973, 1979, 1980)가 이미 밝혔다. 아동은 충격, 불신감, 혼란을 경험하고 누가 자신을 돌봐줄 것인지에 대한 불안을 경험하며 분노와 슬픔을 경험할 수 있다. 많은 아동이 부모가 왜 이혼을 하는지를 이해하기는 어렵다. 아이들은 부모의 결혼 생활에 자신들이 관여해야만 한다고 느끼고 결혼이 깨지는 것을 막기 위해 부모 중 한 쪽이나 둘 다를 달래거나 탓하며 구조하려고 노력할지 모른다. 한참 갈등의 절정에 있는 부모들은 자녀의 감정을 인정하기 힘들어 하며 아동의 고통을 과소평가할 수 있다(Sandler, Kim-Bae and Mackinnon, 2000; Taylor and Andrews, 2009).

부모 간의 지속되는 갈등은 아이들이 정신건강 중재에 의뢰되는 가장 큰 요인이다(Emery, 1992, 1999). 부모의 별거 후에 심각한 외현화 문제를 보인 아동의 소그룹을 보면 이전부터 지속된 부부갈등이 중요변수였다(Block, Block and Gjerde, 1986; Emery, 1982).

중재

1990년대에 부모의 이혼과 관련된 문제로 지역 보건 당국에 의뢰되는 아동과 청소년, 가족들의 수는 명백하게 증가했다. 기관에 의뢰되기 전까지 이런 문제들은 종종 다루기 힘들다고 여겨졌고 수많은 다른 문제들로 위장되었다.

공공 부분과 자원봉사 두 영역의 전문가들 사이에서 조기개입으로 가져오는 이점을 인식하고 알게 된 것이 문제를 해결하는 자원이 된다는 점이 입증되었다. 그 결과로 특히 부모의 별거 이후 고통을 경험하고 있는 아동들을 위해 상담지원을 제공하는 프로젝트가 고안되었다.

개입하여 얻게 되는 많은 이익들을 고려하여 학교 내 서비스의 일환으로 이 프로젝트가 채택되었다.

1. 성인이 놀이치료를 추천하는 것은 놀이치료를 통해 아동의 일상에서의 정신적 고통을 가장 잘 알아차릴 수 있다고 여기기 때문이다.
2. 학교에서의 의뢰는 부모의 동의가 있어야만 가능하다.
3. 아동과 부모는 학교를 안전하고 담아주는 환경으로 생각한다.

이 프로젝트는 높은 실업률과 이혼율이 동시에 증가하는 지역의 한 학교에 집중되었다. 그 지역은 자원들이 부족하여 사회적 서비스를 받거나 신체적·정신적 건강을 위한 지원이 다른 지역보다 부족했다. 학교는 부모에게 지지를 제공하기 위해 열심히 일했고 학생들이 고통에 대처하는 것을 돕는 것이 교사의 책임이라고 받아들였다.

적응

'적응 과제(adaptive tasks)'의 개념은 아동들이 이혼에 관한 생각을 정리하도록 촉진한다. Wallerstein(1983)은 적응 과제를 여섯 가지로 정의했다.

1. 이혼에 대한 현실을 인정한다.
2. 발달적으로 적합한 습관적인 활동들을 다시 시작한다.

3. 상실과 거부에 대한 감정들을 다룬다.
4. 분노에 대한 감정들을 해결하고 부모를 용서한다.
5. 이혼은 되돌릴 수 없다는 것을 받아들인다.
6. 미래의 사랑하는 관계에 대한 현실적인 희망을 성취한다.

적응 과제의 체계를 거치는 과정은 꼭 직선적일 필요는 없다. Wallerstein에 따르면 아동에 대한 이혼의 적응적이나 부적응적인 결과는 앞과 같은 과제들을 성취하고 숙달했느냐에 따른 결과이다. 아동들은 분노나 거부에 대한 감정을 해결할 수도 있고 남겨 둘 수도 있다. 부모의 별거나 이혼에 대한 아동의 적응 결과에 따라 아동이 자신 스스로 둘러싼 환경들을 바라보는 장기적인 관점이 결정된다.

아동이 이런 과제들을 성취하는 능력은 아동의 이해 수준의 정도에 영향을 받으므로 아동의 사회인지와 이혼에 대한 반응은 아주 유사하게 발달한다. 이혼에 대한 아동의 반응은 아동의 사회적 관계에 대한 관점과 사고력이 함께 작용하여 영향을 받는다. 어린 아동의 관점은 가족들로부터 강력한 영향을 받는다. 청소년 자녀는 가족의 경계를 시험해 보기 시작하며 이것은 가족들에게는 도전으로 보일 수 있다. 또래와의 관계가 중심이 되며 그것은 청소년들 스스로에게 지지의 원천이 된다. 잠복기 연령의 아동은 이런 두 범주 사이에 모두 속하지만 아동들에게 특히 중요한 또래와 학교 환경의 영향을 받는다.

학교

부모의 부부관계 갈등을 경험하는 아동들에게 학교와 또래의 역할은 특히 중요하다. Hetherington(1989)은 연구를 통해 만약 아동이 명확하게 짜인 스케줄, 규칙 그리고 제한, 일관된 우호적인 훈육, 성숙한 행동의 기대가 있는 학교에 참석한다면 이혼가정의 어린 아동의 사회성과 인지 발달이 향상된다는 것을 보여 주었다. 학교는 아동이 스트레스를 겪을 때 아동에게 구조적 안전 및 심리적 안전과 예측되는 환경을 제공함으로써 완충 역할을 한다. 권위 있는 학교가 주는 보호요인은 복합적인 스트레스 사건에 노출되거나 까다로운 기질을 가진 남자아이들에게 가장 두드러진다.

또래

또래관계는 연령의 영향을 많이 받는데 또래 그룹에서 적극적 거부를 당하는 아동이나 친구가 하나도 없는 아동은 적응하는 데 있어서 장기적인 문제가 증가하는 모습을 보인다. 그러나 단 한 명이라도 친구가 있고 지지적인 관계를 맺고 있다면 다른 아동들의 거부로 인한 영향과 부모의 결혼 생활의 부정적 변화로 인한 영향을 완화시킬 수 있다.

애착

아이들마다 부모의 별거와 이혼에 대한 반응이 다르며 어떤 아동은 부모가 이혼을 하면 깊이 안도한다. 특히나 결혼 생활 중에 갈등과 폭력이 간간이 있었던 경우에는 오히려 안도하지만 다른 아동들은 심하게 괴로워한다. 몇몇 아동은 다른 아동보다 좀 더 회복탄력적이기 때문에 같은 가정의 형제라도 다른 반응을 보인다(Hetherington and Stanley-Hagan, 1999; Rutter, 1981). John Bowlby의 애착 이론 연구에서 아동의 애착이 안정애착이냐 불안정애착이냐에 따라서 부모의 별거나 이혼의 과정에 대한 잠재적인 반응이 다르다는 것이 밝혀졌다(Bowlby, 1979, 1980). 애착은 아동과 보호자 사이에서 발달하는 정서적인 유대감으로 정의된다. 애착행동은 인간이 원하는 근접 거리를 유지하거나 얻기 위해 개입하는 다양한 행동의 유형들이다(Bowlby, 1988). 연령에 상관없이 애착 대상과의 유기에 대한 위협은 화, 불안, 분노와 같은 강한 정서적 반응을 불러일으킬 수 있다. 아동과 청소년에게 이런 감정들은 부적응적인 행동들을 유발시킨다. Bowlby의 동료인 Mary Ainsworth(1982; Ainsworth et al., 1979)는 '안전기지(Secure Base)'라는 용어를 만들었다. 안전기지는 아이가 세상을 탐색하고 항해하게 하고 안정이나 지지가 필요하거나 양육이 필요할 때 돌아올 수 있는 곳이다. 개인적인 안전기지가 없다면, 예를 들어, 분리에 의한 고통을 최소화하기 위해 무시하기, 절망하기, 항의하기, 화를 표현하지 못하고 분리하기 등의 방어 전략에 의지하게 된다. Bowlby는 최초의 본질적인 부모-자녀 관계는 후기 인간관계에서도 지속적이고 일관적으로 남아 있다고 언급했다. 그러나 Bowlby는 또한 부모-자녀 간에 있었던 초기의 외상나 주요 사건들은 안전기지를 바꿀 수도 있고 결국은 그들의 관계에 대한 경험을 변화시킬 수도 있다고 한다. 이것은 Woodward, Ferguson과 Belsky(2000)의 연구에서는 이혼이 아동과 부모 사이의 안정애착 유형을 감소시킨다는 것을 증명하였다.

Ainsworth와 다른 연구자들(1978)은 애착 이론이 '유대 관계(the bond that ties)'와 아동과 양육자의 신체적인 근접성을 강조한다는 것을 발견했다. 그러나 Cattanach(1997, p. 119)가 관찰했듯이 "애착 이론은 세상을 아동의 내적 · 외적인 전체적인 그림으로 이해하지 않고 아동의 발달에 영향을 미치는 아동과 양육자 사이의 구조적인 의미만 강조하는 환경에 대한 기능적인 관점으로만 양육자와 아동의 관계를 강조하였다."

사회구성주의

이야기 놀이치료에 영향을 주고 뒷받침하는 사회구성주의는 성격 발달에 더 넓은 사회와 직계가족 그리고 다른 대인관계 모두가 반영된다고 주장한다. 세상에 대한 우리의 구성 모델인 내적인 인지적 지도는 개인이 현실을 어떻게 지각하는지와 어떻게 생각하고 행동할 것인지를 결정한다(Burr, 1995; Gergen, 1991, 1994). 여기에서 중요한 것은 개인이 가진 모델에 인지적 오류가 있을 때 그릇된 판단들은 적응적인 행동에 잘못된 영향을 끼친다. 우리 모두는 우리만의 세계를 사회적으로 만들기도 하지만 만드는 사람에 따라서 창조하기도 한다. 우리는 또한 단순히 재현하는 것이 아니라 현실을 만들어 낼 수 있는 힘 때문에 오히려 구속당하는 피해자가 될 수 있다(Cattanach, 1997, p. 18). 언어는 세상에 대한 지각을 왜곡시키고 제한할 수 있다. 이야기치료의 다채로운 복잡함은 아동들이 그들의 삶을 구성하고 해체하고 다시 구성하는 것을 가능하게 한다. 서사와 이야기는 아이들이 자신의 경험에 대해서 이야기하는 새로운 방법을 배우게 도울 수 있고 궁극적으로 세상에 대한 그들 자신의 모델을 변화시킬 수 있게 한다(Gardner, 1978, 1993; White and Epston, 1989).

이야기 놀이치료

Cattanach가 자세히 설명한 이야기 놀이치료는 "사회구성주의 이론과 정체성의 발달을 묘사하는 이야기치료에 기초를 두고 우리가 우리 스스로에 대해서 하는 이야기나 우리의 환경 안에서 우리에 대해서 하는 다른 이야기들을 기반으로 한다."(2008, p. 25) 이야기들은 아동이 현실세계의 사건들로부터 상징적으로 스스로 거리를 두고 창조적으로 그것들을 탐색할 수 있게 한다. 이것은 감각적이고 투사적인 놀이 재료, 장난감, 그리고 다른 매체와 극적인 역할놀이의 사용을 포함한다. 이야기들과 놀이는 사건의 시간과 공간을 재구성함으로써 다른 사건들을 새로운 관점으로 표현할 수 있다. 아동은 어떤 역할을 시도해 볼지 선택할 수 있다. 그 역할 안에서 다른 현실을 경험하고 그들자신의 지식을 적극적으로 구성하는데, 그 지식은 그들의 세계가 전개됨에 따라서 아동의 정체성을 강화하고 창조한다(Cattanach, 1997).

이야기 놀이치료는 성인과 아동이 동반자 관계에서 서로 놀이에 의미를 부여하는 것을 합의하는 협력적인 접근법이다(Cattanach, 2008, p. 21). 이야기 놀이치료 안에서 치료사는 아동 수준에서 아동의 세계로 들어가 아동과 함께 이야기를 만드는 공동 저자이며 공동 구성자로 함께한다. 아동과 치료사는 여정을 함께하면서 의미를 협상하고, 아동이 스스로를 드러내고 정의하기 위한 공간과 관계를 아동이 사용할 수 있게 허용한다. 아동은 자신의 이야기를 적극적으로 경청하고 아동과 함께 참여하여 이야기를 공동 저술하는 특정한 치료사에게 이야기를 한다. 이런 접근은 아동이 치료사의 조력과 함께 자신의 이야기를 탐험하게 한다. "관계의 핵심은 성인이 아동을 반영하고 이해하는 능력이다."(Cattanach, 2008, p. 23)

빌리의 가정환경

빌리는 외동아이다. 빌리의 어머니는 임신 당시 10대였고 원가정과의 관계가 어려웠으며 지역사회 사회복지과에 알려지게 되었다. 장녀인 어머니는 빌리를 임신했을 때 집에서 거부당했다. 빌리 부모의 관계는 불안했고 빌리가 유아였을 때 이미 헤어졌다. 빌리는 아버지, 친조부모와 면접교섭을 시작했다. 빌리의 어머니는 나중에 다른 남자를 만나 다른 자녀를 두었다. 빌리의 어머니가 빌리를 돌보는 것에 대한 염려는 빌리가 프로젝트에 추천되기 전인 18개월쯤에 고비에 다다랐다. 사회복지과에서 조사해 보니 빌리는 크리스마스 5일 전에 갑작스럽게 아버지와 아버지의 새로운 배우자와 살게 되었다. 아버지의 새로운 배우자는 딸이 둘 있었고 빌리보다 어리거나 나이가 많았다. 빌리는 양육환경이 바뀌는 것을 24시간 전에 알게 되었지만 어떠한 설명도 듣지 못했다. 결국 친모는 빌리와 모든 연락을 끊었고 빌리의 의붓동생은 빌리와 같은 학교였음에도 불구하고 완전히 빌리를 무시했다.

빌리는 어머니를 상실한 것뿐만 아니라 동생이 떠나기 전까지 동생에게 친밀함을 느꼈었기 때문에 많이 슬펐다. 초기에 빌리는 잘 적응했지만 6개월 후 경계(한계)를 시험하기 시작하고 새로운 가족들, 특히 새어머니와의 관계에서의 경계를 시험했으며, 더 악화되기 시작했다. 빌리는 가장 큰 정서적인 지지를 친조모로부터 받아 왔다. 빌리는 사회적 기술이 매우 빈약했고, 학급에서 아주 요구가 많았으며 또래들에게 따돌림을 당했다. 빌리는 여성 교사들과의 관계에서 요구적이고 마구잡이로 돌봄을 갈구했다. 빌리 선생님은 빌리를 학업은 심각하게 뒤처지지만 밝은 아이로 묘사했다.

빌리는 1시간씩 자신의 세계와 환경에 대한 이야기를 만들고 자유롭게 탐색할 수 있는 이야기 놀이치료를 12회 제공받았다. 빌리는 나와 함께하며 규칙들에 따른 경계 안에서 공간과 시간은 제한되지만 자신의 이야기를 발전시킬 수 있도록 방의 모든 미술 재료들과 장난감을 자유롭게 사용할 수 있었다. 빌리는 자신의 삶을 안전한 이야기 안에서 탐구할 수 있었다. 이런 이야기들은 빌리의 일상적인 삶과 극적으로 거리가 있지만 괴로운 사건들과 관련된 것이 기반이 되었다. 이야기가 재현되는 테두리 안에서, 빌리는 다른 사건들을 위한 대체 가능한 근거들을 고려해 볼 수 있고 행복한 결말이나 슬픈 결말 또는 다양한 결말을 탐색할 수 있었다. 이야기를 가지고 작업하는 것은 빌리에게 과거의 고통스러운 경험을 탐색하게 해 주고, 감정을 표현할 수 있게 해 주며, 빌리가 자신에게 적당한 속도로 정서적인 사건들을 맥락적으로 배치하여 자신의 삶의 이야기를 좀 더 통합시키고 다룰 수 있는 숙달감을 성취하게 했다.

놀이치료 방법, 역할 그리고 환경

빌리는 그의 입장에서 각색하고 소설화시킨 창의적인 이야기를 말한다. 공동 저자, 공동 구성자로서 그리고 경계를 지켜주는 나의 역할은 빌리가 이런 대안적인 현실을 탐색할 수 있게 도와준다. 빌리가 세상을 이해하는 자신의 방식으로 놀이의 중요성을 인정하는 것이 중요하며 빌리가 나와 함께 만든 자신만의 이야기들을 탐색하도록 허용하는 것도 중요하다.

　빌리를 위한 목표는 빌리가 말한 이야기들을 통해 빌리가 더 견고하게 개인적이며 사회적인 정체성의 감각을 안내하고 발달시킬 수 있도록 우리가 만든 관계를 통해 개인적인 공간을 활용하게 하는 것이다(Cattanach, 1997, p. 8). 빌리는 자신의 이야기 속에서 대상을 통해 자기를 드러낸다. 빌리는 이야기를 만들기 위해 주로 작은 장난감이나 물건들을 사용했다. 그는 끊임없이 회기 동안 같은 장난감을 선택했고 그 장난감은 항상 사용할 수 있어야 한다는 것이 중요했다. 빌리의 놀이에서 인물들은 항상 회복 불가능한 재난들에 정기적으로 맞닥뜨렸다. 내가 공동 구성자, 증인 그리고 청중으로서 빌리와 함께 재난들을 견디는 것이 중요했다. 그 '재난들'은 빌리의 초기 삶의 경험의 극적인 과정을 경유하여 반영되었다.

　빌리는 회기가 끝날 때쯤 하는 의식(ritual)들을 개발했다. 빌리는 회기를 끝내면서 다음 회기까지 자기의 장난감들을 꺼내 놓고 남겨 두기를 원했다. 빌리가 자신만의 공간이나 영역을 요구하는 것에 대해 지지하는 것에는 굉장한 보살핌이 필요했다. 빌리가 돌아올 수 있도록 빌리의 권리를 보장하지만 다른 사람과 공간을 나누는 것을 인정해서 빌리가 장난감을 두고 간 그 상태 그대로 있지 않을 것이라는 것을 알려 주었다. 다른 사람과 방을 함께 쓴다는 것은 빌리에게 분노와 동시에 호기심으로 다가왔다. 빌리에게 자신이 고른 장난감들의 존재에 대한 확실성은 나와 빌리 사이에 신뢰가 시작된다는 신호가 되었다.

빌리의 이야기

　빌리의 이야기에서 빌리는 버림받음, 분노, 화 그리고 불확실성에 대한 그의 감정들을 탐색했다. 빌리의 첫 번째 이야기에서 아기 상어는 반항해서 혼나고 있었고 빌리에게 현실이 된 주제처럼 나중에 버림받을 거라고 위협당했다.

첫 번째 이야기(3회기)

이 이야기는 어미 상어와 아기 상어에 관한 이야기이다. 어미 상어는 아기 상어를 내버려두고 사냥을 떠났다. 아기 상어는 집에 있어야 했지만 나가서 친구들과 놀았다. 어미 상어가 집에 돌아와서 아기 상어가 놀러 나간 걸 알고 어미 상어는 매우 화가 났다. 어미 상어는 아기 상어를 후려치고 버릇없는 아기 상어들이 있는 집으로 아기 상어를 보냈다. 나는 아기 상어의 기분이 어떤지 물어보았다. "슬퍼요. 아기 상어는 집에 갈 수 없으니까요."라고 대답했다. 그리고 나는 어미 상어 기분이 어떤지 물어봤다. "어미 상어는 성미가 까다로워요. 어미 상어는 아기 상어를 좋아하지 않아요." "아기 상어는 집에 갈 수 있니?"라고 내가 묻자, "아뇨, 아기 상어는 버릇이 없기 때문에 못 가요."라고 대답했다.

빌리는 자기가 '버릇없기' 때문에 자신이 잘못하여 버림받았다고 내면화했다. 빌리는 어머니와 남동생을 상실한 감정에 휩싸였다. 빌리는 예고나 탐색 없이 아버지와 새어머니에게 가야만 했고 그의 이야기는 문자 그대로 사실이 되었으며 해결의 가능성 없이 빌리는 이야기에 갇혀 버린 것처럼 보였다. 특히 빌리의 어머니가 빌리를 보고도 무시하면서 길을 건널 때, 놀이치료사로서의 나의 역할은 빌리가 이 이야기를 넘어설 수 있도록 돕는 것이다. 그리고 빌리의 완전히 잃어버린 희망과 새로운 결말을 향한 여정에 공동 구성자로서 함께하는 것이다. 이 여정의 일부로서 우리는 빌리의 다음 회기들에서 힘든 지형을 항해했다. 빌리는 애정에 굶주려 다른 아이들보다 더 많이 원했다. 빌리는 더 많은 회기들을 원했고 끝내는 것이 어려웠다. 빌리가 버림받은 결과로 빌리의 슬픔은 뚜렷해졌고 다른 사람들도 알아차렸다. 교사가 빌리와 같이 놀라고 말해도 빌리의 반 친구들은 빌리와 같이 놀지 않았고 빌리에게 애정을 주는 여성상으로서의 선생님과 빌리는 종종 어쩔 수 없이 쉬는 시간에 분리되었는데 이것은 빌리가 버림받는 것에 대한 공포를 촉진했고 애착을 필요로 했다.

두 번째 이야기에서 빌리는 계획에 없던 어머니와의 만남이 있었다. 이 이야기에서 빌리는 자기 세계에서 살고 있는 집에 대한 불안을 드러냈고 새로운 가족을 향한 강한 애착이 시작되었다.

두 번째 이야기(9회기)

경찰인 아버지와 어머니, 두 명의 딸과 한 명의 아들로 구성된 가족이 있었다. 그들은 휴일에 바닷가에 갔고 다른 가족이 모래사장에 있는 동안 소년은 바다에서 수영을 했다. 그때 상어가 나타나 소년을 추격했고 소년은 도움을 요청했다. 부모는 구하려고 노력했지만 결국 큰 격투 끝에 아버지는 상어한테 죽임을 당했다. 모든 사람은 배에 올라타서 피하고 이제 우리는 안전하다고 이야기하지만 그들은 여전히 화난 상어에게 쫓긴다.

빌리의 이야기의 첫 부분에서, 빌리의 세상은 여전히 취약한 대상이다. 겉으로 드러나지 않지만 흐르고 있는 빌리가 가진 감정들은 새로운 가족 안에서 가족들이 나를 안전하게 지켜 줄까 지켜 주지 않을까 하는 그의 안전에 대한 걱정이 포함되어 있다. 어머니는 빌리에게 여전히 적대적이었고 빌리는 어머니의 분노를 알아차렸다. 결국 우리는 파도가 배의 안전을 삼켜 버리는 것에 대한 소년의 두려움을 탐색했다. 우리는 빌리가 어떻게 할 수 없는 사건들을 바라보는 무력감을 탐색했다. 우리는 빌리의 세계에 상어가 자리 잡은 두려움을 알아차리는 동안 버림받은 것에 빌리가 느끼는 분노에 대해서 탐색했다. 적대적인 어머니는 바꿀 수 없었지만 빌리는 새로운 가족 안에 자신의 자리가 있다는 것을 인지하기 시작했다. 이야기를 통해서 빌리는 잠정적으로 자신의 미래를 위한 희망과 가능성을 탐색하기 시작했다.

12회기가 끝나고 나서, 빌리의 가족들과 학교 측의 검토를 통해 빌리가 긍정적인 진보를 이루어 냈고 놀이치료를 지속하는 것에 합의했다. 치료를 시작할 때 빌리는 자신감이 부족하고 불안하며 친구가 없는 예민한 작은 아이였고 가정 안에서의 위치는 취약했다. 놀이치료가 끝날 때쯤, 빌리는 학업 성취를 이루었으며 사회적으로도 인기를 얻었다(Hetherington, 1989; Hetherington and Stanley-Hagan, 1999). 그리고 가정에서 빌리는 그를 친자식이라고 생각하는 새어머니와 좋은 관계를 맺고 이복자매들과도 잘 지냈다.

부모의 헤어짐에 대한 빌리의 적응에 관해 Wallerstein의 여섯 가지 과제에 따라 빌리는 부모의 헤어짐에 대한 현실을 알아차리고 발달적으로 적합한 활동들을 다시 시작했다. 빌리는 상실과 거절에 대한 감정들을 좀 더 적절하게 다루며 새어머니와의 관계를 구축하고 친조모와 고모를 대안적인 애착 대상으로 구축했다. 분노와 연관된 빌리의 감정은 인식되었고, 빌리는 부모의 헤어짐이 불변할 것이라는 것을 인식하고 미래의 사랑하는 관계들에 대한 더 현실적인 희망들을 가졌다.

빌리가 어머니에게 거절 받고 버림 받은 것은 여전히 현실이었지만 이야기 놀이치료를 통해 빌리는 스스로 새로운 이야기를 만들었다. 전에 빌리는 화가 나고 슬프고 불안하고 친구가 없고 예민하며 부모의 헤어짐과 어머니가 그를 거절한 것을 자신의 잘못으로 내면화해 왔다. 이제 빌리는 그런 일들이 자신이 무엇을 했는지와 상관없이 그 너머에 있다는 것을 인정한다. 빌리는 그를 기꺼이 돌봐 주는 사람들에게 적절한 애착을 맺고 그렇게 하면서 잘 지낸다. 빌리와 우리가 함께 만든 이야기를 통해 빌리는 희생자에서 이야기의 주인(master)이 되었다. 더 이상 파도와 싸우지 않으며 빌리와 가족은 새로운 시작을 위해 안전하게 해변가에 도착했다.

보호막

나는 '보호막(shields)'을 사전 및 사후 평가 도구로 사용했다(Cattanach,

1994). 첫 번째 보호막은 아이가 자신의 세계를 보는 관점을 소개하고 예비 평가를 제공한다. 두 번째 보호막은 새로운 가족 구조를 자신의 자아감 안에 포함시키는지 보여 준다. 보호막은 또한 Wallerstein(1983)의 적응 과제들을 통해 아동의 여정을 시각적으로 묘사하는 것을 제공한다. 보호막은 반드시 포함되어야 할 다섯 가지 부분으로 구성된다.

A) 가족과 함께한 좋은 시간
B) 내가 가족과 함께했던 힘든 시간
C) 내가 생각하는 부모의 헤어짐이나 이혼의 이유
D) 앞으로 2년 안에 우리 가족에게 일어났으면 하고 내가 바라는 것
E) 나에 대한 특별한 것

아동은 보호막의 A부분을 완성하는 게 어려울 수 있다. 놀이치료사가 아동이 자기 가족과의 과거이든 최근이든 간에 긍정적인 추억들을 듣는 것은 유용하다. B부분은 많은 아이가 부모에게 혼나는 것을 가장 나쁜 것으로 정의한다. 몇몇 아이는 처음부터 부모의 헤어짐을 적어 넣는다. C부분은 아동이 부모의 헤어짐에 대해서 자기 탓을 하는지에 대한 것도 포함해서 부모의 헤어짐에 대한 아동의 이해와 지각들을 명확하게 하는 데 특히 도움이 된다. D부분은 잠재적인 공상들에 대한 표현을 허락한다. 아이들이 부모의 헤어짐을 받아들이고 있는지 혹은 여전히 부모의 재결합에 대한 환경을 가지고 있는지 확인한다. 애착이 되지 않은 아이들은 그들의 욕구를 부모에게 의지하지 못했을 때 이 지점에서 돈이나 사물을 선호하는 경향이 있다. 최종적으로 E부분은 아이들이 그들 스스로에 대해서 무언가 축하할 수 있게 격려한다.

빌리의 첫 번째 보호막(1회기)

빌리는 첫 번째 보호막을 완성하는 걸 크게 어려워했다. A부분의 대답에서

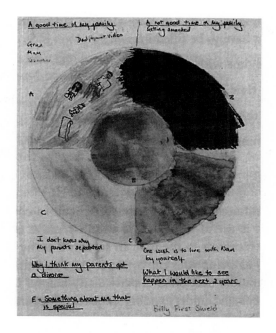

[그림 7-1] 빌리의 첫 번째 보호막(1회기)

내가 가족과 함께하는 좋은 시간이라며, 빌리는 아버지와 새어머니와 함께 자신이 TV를 보는 그림을 그렸다. 인물들을 비스듬히 눕혀서 그렸다. 서로가 떨어져서 서로로부터 눈길을 돌리고 있다. 모든 인물이 웃고 있는 것처럼 보이지만 이 그림에서 보이는 강한 단절은 의미 있는 성인들을 즐겁게 하고 애착하고 싶은 빌리의 욕구와 날카롭게 대조를 이룬다. 빌리는 나에게 그림의 바깥쪽에 친조모, 어머니 그리고 이복동생의 이름을 써야만 한다고 요구했다. 빌리는 그에게 중요한 모든 사람들을 포함시키려고 애썼다. 명백하게 빌리는 이복 누나와 이복 여동생을 포함시키지 않았다. 빌리는 보호막을 상기시키기 위해 각각의 부분을 다른 색깔로 칠했고 나에게 각각의 부분 바로 옆에 글씨를 써 달라고 부탁했다. 가족과 함께 보냈던 어려운 시간인 B부분을 빌리는 검은색으로 칠했고 손으로 맞는 것이 싫다고 이야기했다. 그가 분노하는 강도는 명확했으나 빌리는 보호막에 직접 배치하는 것에는 준비되어 있지 않았다.

C부분의 '왜 우리 부모님은 이혼했을까'에 빌리는 노란색을 칠했지만 왜 그랬는지 본인은 모른다고 대답하며 그걸 마주하는 것은 너무 고통스러워 보였다. D부분에서는, 미래에 대한 상상으로 빌리는 초록색을 칠하고 자기는 보모와 함께 스스로 혼자 살고 싶다고 이야기했다. 보모는 빌리에게 안전한 사람인 것 같았다. 마지막으로 E부분에서는, 나에 대한 특별한 것으로 빌리는 파란색을 칠하고 아무것도 생각할 수 없다고 했다. 나는 환경에 상처받기 쉽고 고통에 대처하는 도구를 찾을 수 없는 슬프고 화나고 불안정한 작은 소년이라는 인상에 압도당한 채 남겨졌다. 빌리는 애착을 맺고 그의 세계에서 안전감을 갖기를 원했지만 제공되는 가용 가능한 애착은 거절했다.

빌리의 두 번째 보호막(12회기)

두 번째 보호막에서 빌리의 자존감이 성장하기 시작했다. 빌리는 그의 세계에 대한 자세한 보호막의 요소들을 인식하여 계획할 수 있었는데 어떤 것들은 이전에는 할 수 없었던 것이었다. 빌리는 정말 최선을 다해서 작업했고 모든 부분을 채워 넣었고 가족이라고 알아볼 수 있는 그림을 그렸다. 또한 빌리는 보호막의 각 부분에 주석을 첨가했다. 두 번째 보호막에서 빌리의 세계는 더 명확해졌고 가족 그림의 인물들은 서로에 대한 더 명확한 관계를 보여 줬다. 빌리의 안정감과 안도감의 증가는 빌리가 이제 보호막을 과감히 채울 수 있게 확대시키고 그의 세계에서 자신의 자리를 주장하는 것까지 확대되었다. A부분에서 가족 환경 안에서 좋아지는 것에 대한 자신의 성취를 자랑스러워했다. 빌리는 여동생과 함께 쓰는 침실에 있는 자신을 긍정적인 관점으로 그렸고, 빌리와 이복 여동생은 서로가 관계를 맺고 있음을 보여 줬다. 빌리는 침대에 누워서 웃고 있고 빌리가 그동안 잘해 왔기 때문에 이복 여동생은 부루퉁해 있다. B부분에서 빌리는 다시 한 번 이복 여동생과 함께 있는 자신을 그렸고 여동생이 행복할 때 본인은 행복하지 않은 감정을 보여 줬다. 이것은 첫 번째 보호막에서 빌리가 이복 여동생에 대해서는 이야기하지 않은 것과 뚜렷한 대조를 이룬다. 빌리는 여동생을 동생으로서나 경쟁자로서 애착을 맺었다. 그들은 평범한 형제 관계로 발전하기 시작했다. C부분에서 빌리는 부모가 싸웠기 때문에 헤어진 거라고 설명할 수 있었다. 빌리는 부모가 싸우는 걸 막으려고 노력하는 자신의 모습을 그렸다. 크기로 보면 빌리는 자신을 가장 크게 그리고 유일하게 온전하게 보이도록 그렸다. 빌리는 부모가 헤어졌을 때 아기였기 때문에 자신이 개입할 수 없었다는 것을 알게 됐다. 이것은 빌리가 그의 능력을 넘어서 개입하려고 노력했다는 것을 보여 준다. 이혼을 경험한 아동에게 한결 같은 주제는 아동들이 자신의 세계를 안전하게 하기 위해 부모들을 달래거나 구조하려고 시도하는 것이다. D부분에서는 빌리의 재통합에 대한 상상 욕구를 드러냈으며, 빌리는 부모와 자신을 함께 그리고 "나의 모든 가족은 함께 산다."라고 적었다. 빌리는 어머니를 웃지 않는 표정으로 그렸다. 빌리는 어머니가 어떻게 느낄지에 대해서 인식하고 있었고 정확하게

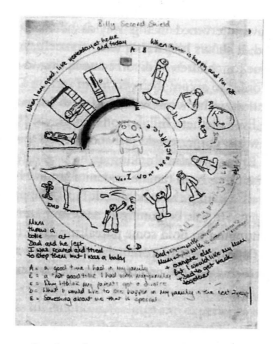

[그림 7-2] 빌리의 두 번째 보호막(12회기)

보여 줬다. 이 그림은 빌리가 소망하는 생각을 보여 줬다. 빌리가 그의 새로운 세계에서 자리를 찾기 시작한 것처럼, 자신 주변에 두 가족이 통합하기를 원했다. E부분에서 빌리는 학교 경주에서 이긴 자신을 그렸다. 빌리는 스스로 가치조건화를 시작했다. 빌리는 그의 가족 안에서의 위치를 찾고 받아들이기 시작했다. 여전히 부모의 재결합에 대한 비현실적인 기대를 가지고 있으며 또한 가족들이 통합되는 것에 대한 상상도 함께했다. 빌리의 치유 과정은 끝나지 않았지만 그의 새로운 여정은 막 시작됐다.

결론

놀이치료 중재는 아동의 현재 있는 문제들에 변화가 있는지, 즉 아이가 새로운 가족 환경에 적응해 가는지 아닌지를 측정함으로써 평가될 수 있다 (Wallerstein, 1983). O'Connor(1991)는 이런 적응이 아동의 더 넓은 생태체계 속의 변화들을 동반하게 된다고 주장했다.

빌리는 애정에 굶주리고 빈약한 애착을 가졌으며 버림받았다고 느끼고, 분노와 비탄 그리고 상실의 문제를 가지고 있었다. 빌리는 발달상, 외상을 경험했고 그동안 처리할 수 없었던 모성 거부(maternal rejection)를 경험했다 (Ainsworth, 1982; Bowlby, 1973, 1979, 1980). 빌리는 심각하게 강한 자기비난 (self-blame)과 나쁨(badness)을 내면화하였다. 그것은 빌리가 부모의 이혼과 어머니가 자신을 보살피지 않고 떠나 버린 것을 비난해야만 하는 것이었다. 이런 것이 빌리에게 다른 아이들과 우호적인 관계를 맺기 힘들게 했고 이런 이유로 빌리의 또래관계는 힘들었다. 지속되는 높은 수준의 부모의 불화와 적대감은 빌리가 Wallerstein의 여섯 가지 적응 과제들을 성취하려는 어떠한 시도도 방해하였으며 빌리는 Emery(1982, 1992)와 Block과 동료들(1986)의 판단을 지지할 만큼 정신건강지원센터에 의뢰되어야 하는 확률이 점점 높아져 갔다.

영리한 아이 빌리는 생모와 관련된 자신의 문제인 애착 대 버림받음의 문제들을 탐색할 수 있는 공간을 만들기 위해 치료 회기와 관계를 이용했다(Ainsworth, 1982; Ainsworth et al., 1979; Bowlby, 1980). 빌리의 첫 번째 이야기에서 그는 분노와 어머니에게 거부당한 것에 대한 어리둥절함을 표현했다. 버릇없는 아이와 화난 어머니의 이야기는 빌리의 죄책감과 어머니에게 버림받은 것에 대한 책임감의 반영이었다. 첫 번째와 두 번째 사이에서 빌리는 나와의 관계에서 많은 신뢰를 발전시켰다. 9회기의 빌리의 두 번째 이야기쯤에 그는 어머니가 자신을 거부한 것으로부터 이동하기 시작했고 아버지의 가족 안에서 자신의 자리를 찾는 과정을 시작했다. 빌리가 높아진 자신감을, 비록 주저했을지라도, 자신의 더 넓은 생태체계로 전환시킨 결과로 집에서 이복자매들과 지낼 때 좀 더 연령에 적합한 행동을 시작함으로써 삶을 향상시키고 학교에서도 새로운 우정을 구축하기 시작했다(Hetherington, 1989; Hetherington and Stanley-Hagan, 1999). 새로운 가족들에게 애착하려는 빌리의 바람이 강화되었고, 그 후에 빌리는 자신의 여정을 완성하기 위해 놀이치료를 지속했다.

이야기 놀이치료를 사용하여 나와 빌리는 빌리에게 중요했던 문제들을 탐색하기 위한 여정을 시작했다. 우리가 함께 창작한 이야기들의 치유적인 힘을 통해 극놀이에 의미를 부여함으로써 빌리는 자신의 세계에 대한 경험, 정서, 감정들을 표현할 수 있었다. 이야기들은 부모의 헤어짐과 같은 가슴 아픈 사건과 관련된 변화의 과정들을 대처하는 그의 노력을 스스로 생각해 볼 수 있게 했다. 이 여정의 결정적인 특성은 치료사와 아동 사이에서 빌리에게 안전감과 내 역할 안에서의 신뢰감을 제공하는 관계를 통해 신뢰를 쌓은 것이다.

몇 년 후, 나는 빌리의 옛날 교장선생님을 만났다. 그때 빌리는 고등학교에서 인기 많고 공부도 잘하고 있었다. 빌리는 잘 지내고 있었고 종종 예전 학교에 잠깐씩 들렀다. 교장은 어머니 쪽의 빌리 형제들이 현재 초등학교에 다니고 있으나 허용되지 않는 행동들을 하기 때문에 거부당하고 있다며 빌리와는 뚜렷한 차이가 있다고 안타까워했다.

📖 참고문헌

Ainsworth, M. D. S. (1982). 'Attachment Retrospect and Prospect.' In C. Parkes and J. Stevenson-Hinde (Eds.) *The Place of Attachment in Human Behaviour.* London: Tavistock.

Ainsworth, M. D. S., Blehar, M. C., Waters, E. and Wall, S. (1978). *Patterns of Attachment: A Psychological Study of the Strange Situation.* Hillsdale, NJ: Lawrence Erlbaum.

Block, J. A., Block, J. and Gjerde, P. F. (1986). 'The personality of the child prior to divorce.' *Child Development, 57,* 827-840.

Bowlby, J. (1969). *Attachment.* London: Hogarth.

Bowlby, J. (1973). *Loss: Sadness and Depression.* London: Hogarth.

Bowlby, J. (1979). *The Making and Breaking of Affectional Bonds.* London: Tavistock.

Bowlby, J. (1980). *Separation: Anxiety and Anger.* London: Hogarth.

Bowlby, J. (1988). *A Secure Base.* London: Routledge.

Burr, V. (1995). *An Introduction to Social Construction.* London: Routledge.

Cattanach, A. (1994). *Play Therapy where the Sky Meets the Underworld.* London: Jessica Kingsley Publishers.

Cattanach, A. (1997). *Children's Stories in Play Therapy.* London: Jessica Kingsley Publishers.

Cattanach, A. (2008). *Narrative Approaches in Play with Children.* London: Jessica Kingsley Publishers.

Emery, R. E. (1982). 'Interparental conflict and the children of discord and divorce.' *Psychological Bulletin, 92,* 310-330.

Emery, R. E. (1992). 'Family Conflict and Its Developmental Implications: A Conceptual Analysis of Deep Meanings and Systemic Processes.' In C. U. Shanty and W. W. Hadup (Eds.) *Conflict in Child and Adolescent Development.* London: Cambridge University Press.

Emery, R. E. (1999). *Marriage, Divorce and Children's Adjustment.* London: Sage.

Gardner, R. A. (1978). *Therapeutic Communication with Children: The Mutual*

Storytelling Technique. Lanham, MD: Jason Aronson.

Gardner, R. A. (1993). *Storytelling in Psychotherapy with Children*. Lanham, MD: Jason Aronson.

Gergen, K. (1991). *The Saturated Self*. New York: Basic Books.

Gergen, K. (1994). *Towards Transformation in Social Knowledge*, 2nd edn. London: Sage Publishers.

Hetherington, E. M. (1989). 'Coping with family transitions, winners, losers and survivors.' *Child Development, 60*, 1-14.

Hetherington, E. M. and Stanley-Hagan, M. (1999). 'The adjustment of children of divorced parents: A risk and resiliency perspective.' *Journal of Child Psychology, 40*, 1, 129-140.

Jennings, S. (1993). *Playtherapy with Children*. Oxford: Blackwell.

O'Connor, K. J. (1991). *The Play Therapy Primer*. New York: Wiley Interscience.

Office for National Statistics (2010). 'Divorces: Couples and children of divorced couples, 1981, 1991, 1998 and 2001-2008.' Available at www.statistics.gov. uk/downloads/theme_population/Table4_Divorces_Couples_and_children_ of_divorced_couples.xls, accessed 1 December 2010.

Rodgers, B. and Pryor, J. (1998). *Divorce and Separation: The Outcomes for Children*. New York: Joseph Rowntree Foundation.

Rutter, M. (1981). *Maternal Deprivation Reassessed*. London: Penguin. (First published in 1971.) London: Psychology Press.

Sandler, I. N., Kim-Bae, L. S. and MacKinnon, D. (2000). 'Coping and negative appraisal as mediators between control beliefs and psychological symtoms in children of divorce.' *Journal of Clinical Child Psychology, 29*, 3, 336-347.

Sarrazin, J. and Cyr, F. (2007). 'Parental conflicts and their damaging effects on children.' *Journal of Divorce and Remarriage, 47*, 1, 77-93.

Stevenson, M. R. and Black, K. N. (1995). *How Divorce Affects Offspring*. Madison, WI: Brown and Benchmark.

Taylor, R. and Andrews, B. (2009). 'Parental depression in the context of divorce and the impact on children.' *Journal of Divorce and Remarriage, 50*, 7, 472-480.

Wallerstein, J. S. (1983). 'Children of Divorce Stress and Development Tasks.' In N. Garmezy and M. Rutter (Eds.) *Stress, Coping and Development in Children.* New York: McGraw-Hill.

White, M. and Epston, D. (1989). *Literate Means to Therapeutic Ends.* Adelaide: Dulwich Centre.

Woodward. L., Ferguson, D. M. and Belsky, J. (2000). 'Timing of parental separation and attachment to parents in adolescence: Results of a prospective study from birth to age 16.' *Journal of Marriage and the Family, 62*, 162-174.

🔖 읽을거리

Bemard, J. M. (1989). 'School Interventions.' In M. Textor (Ed.) *The Divorce and Divorce Therapy Handbook.* Lanham, MD: Jason Aronson.

Cattanach, A. (1992). *Play Therapy with Abused Children.* London: Jessica Kingsley Publishers.

Cattanach, A. (2003). *Introduction to Play Therapy.* London: Brunner-Routledge.

Freeman, K. A., Adams, C. D. and Drabman, R. S. (1998). 'Divorcing parents: Guidelines for promoting children's adjustment.' *Child and Family Behaviour Therapy, 20,* 3, 1-27.

Grych, J. A. and Finchau, F. D. (1992). 'Interventions for children of divorce toward greater integration of research and action.' *Psychological Bulletin, 3,* 3, 434-454.

Hett, G. G. and Rose, C. D. (1991). 'Counselling children of divorce: A divorce lifeline programme.' *Canadian Journal of Counselling, 25,* 1, 38-49.

Hetherington, E. M. (2005). 'Divorce and the adjustment of children.' *Paediatric Review, 26,* 5, 163-169.

Jennings, S. (1999). *Introduction to Developmental Playtherapy.* London: Jessica Kingsley Publishers.

Johnston, J. R., Campbell, L. E. G. and Mayes, S. S. (1985). 'Latency children in postseparation and divorce disputes.' *Journal of the American Academy of*

Child Psychiatry, 24, 5, 563-574.

Kroll, B. (1994). *Chasing Rainbows: Children. Divorce and Loss*. Lyme Regis: Russel House Publishing.

Kurdeck, L. A. (1989). 'Children's Adjustment.' In M. Textor (Ed.) *Divorce Therapy Handbook*. Lanham, MD: Jason Aronson.

Lee, M. (2001). 'Marital violence: Impact on children's emotional experiences, emotional regulation and behaviors in a post-divorce/separation situation.' *Child and Adolescent Social Work Journal, 18*, 2, 137-163.

Lengua, L., Wolchick, S. A. and Sandler, I. N. (2010). 'The addictive and interactive effects of parenting and temperament in predicting adjustment problems of children of divorce.' *Journal of Clinical Child and Adolescent Psychology, 29*, 2, 232-244.

Main, M. and Weston, D. (1982). 'Avoidance of the Attachment Figure in Infancy.' In C. M. Parkes and J. Stevenson-Hinde (Eds.) *The Place of Attachment in Human Behaviour*. London: Tavistock.

Sandler, I. N., Wolchik, S. A. and Braver, S. L. (1988). 'The Stressors of Children's Postdivorce Environments.' In S. A. Wolchik and P. Karoly (Eds.) *Children of Divorce: Empirical Perspectives on Adjustment*. London: Psychology Press.

Sirvanli-Ozen, D. (2005). 'Impacts of divorce on the behaviour and adjustment problems, parenting styles and attachment styles of children.' *Journal of Divorce and Remarriage, 42*, 3, 127-151.

Smith, H. (1999). *Children, Feelings and Divorce*. London: Free Association Books.

Textor, M. (Ed.) (1989). *The Divorce and Divorce Therapy Handbook*. Lanham, MD: Jason Aronson.

Vygotsky, L. S. (1978). *Mind in Society: The Development of Higher Psychological Processes*. Cambridge, MA: Harvard University Press.

Wallerstein, J. S. and Blakelee, S. (1989). *Second Chances: Men, Women and Children a Decade after Divorce*. New York: Ticknor and Fields.

Wallerstein, J. S. and Kelly, J. B. (1980). *Surviving the Breakup*. New York: Basic

Books/Harper Collins.

Weyer, M. and Sandler, I. N. (1998). 'Stress and coping as predictors of children's divorce related ruminations.' *Journal of Clinical Child and Adolescent Psychology, 27*, 1, 78-86.

Wolf, D. and Gardner, H. (1979). 'Style and Sequence in Early Symbolic Play.' In M. Franklin and N. Smith (Eds.) *Symbolic Functioning in Childhood*. Hillside, NJ: Erlbaum.

제8장

내면으로 떠나는 여행
성적 피해 청소년과 함께하는 이야기 놀이치료

David Le Vay

성적 존재로서 아동기의 성개념은 우리에게 도전이 되고 불안과 불확실성 이라는 강한 감정들을 유발할 수 있다. 명백하게, 성개념이 아동 발달에서 자 연스럽고 건강하고 통합적인 부분이고, 때로는 사회적으로 신경증적이고 언 론이 자극하는 문화 속에서 아동기의 개념과 그 문제에 대한 부모 역할은 종 종 도전받고 그 당시의 지배적인 사회적 담론에 영향을 받아 왔다. 그리고 사 회적 담론의 과정 중에 어떤 것도 고정되어 있지는 않은데, 그것은 언제나 변 화가 쉬운 사회적 담론이며 계속적으로 변화되고 전환되어 일반적으로 당시 의 가치, 태도, 믿음에 의해 형성된 사회적 담론으로 변화된다. 돌이켜보면, 우리는 사회구성주의 혹은 어린 시절의 우세한 이야기가 확실히 서양사회에 서 세월이 흐르며 크게 변화되었고, 취약한 아동부터 흔들렸고 '크고 넓은 세 상'의 위험으로부터 양육받아야 할 필요가 있는 '작은 성인'으로서의 아동들 까지 귀여움을 받을 필요가 있는 정교한 창조물이라는 것을 알면서도 들으려 하지 않고 일하도록 보내졌다. 고용법, 의무교육, 사회정책 그리고 아동보호 법은 지난 수년간 우리 사회에서 아동에 관한 가치와 태도를 형성해 왔으며 아동 역시 그들의 주변 사회 안에서 그들 자리를 어떻게 인식하는지를 구성 했다. 그러나 과거와 현재 사회 둘 모두에서, 아동과 청소년에 대한 태도와 신 념의 표현 안에는 깊은 사회적 모순이 있고, 여전히 계속되고 있다는 것은 명백하다. Cattanach(2008)는 '죄 없는 희생자'와 '작은 악마'로서 아이들 간에 진행 중인 이야기, 즉 아동기의 그 구성 안에 분열이 있었던 것 같다고 말한다.

성적으로 잘못된 행동을 보이는 아동의 이슈보다 더 날카롭게 이러한 사회적 모순을 잘 담아내는 것은 없다. 강력하고 복잡한 정서적 반응들을 유발하는 영역은 부모, 전문가 그리고 넓게는 대중에게 깊은 불안감을 불러일으킬 수 있다. 성인 성범죄자들은 공개적으로 이름이 공개되고 수치스럽고 '사악한 괴물들' 같이 위험한 사람으로 비난받기에 충분하지만, 우리는 다른 아동을 성적으로 학대한 아동에게는 어떻게 반응해야 할까? 사회적 렌즈는 우리에게 무엇을 할 수 있게 하며, 무엇을 해야 하며, 이러한 행동을 어떻게 보고 이해하게 할까? 아동의 성에 대한 표현 발달과 관련하여 이러한 사회적 불안은 적절한 선과 적절하지 않은 선이 계속해서 다시 그려지는 문화 속에서 더 복잡해진다. 이러한 관점에서, 대중적인 문화영역과 기업세계를 통하여 묘사되는 아동과 성에 관한 우세한 사회적 이야기들을 의아하게 여겨야 한다. 성인 성범죄자들을 악마로 묘사하는 동시에 성적 대상화로 아동과 성인 사이의 모호한 기준으로 아동을 성적으로 자극하려는 사회에는 불안한 것이 있다. 기껏해야 아동은 우연히 그들의 처분하에 있는 매체의 다양한 형태들을 통하여 다양한 성적 이미지에 어리둥절하게 된다. 그리고 최악의 경우 옷, 음악, 미디어 산업이라는 요소들에 의해 의도적이고 노골적으로 성적 표적이 되는 아동과 청소년을 대상으로 하는 기업의 소아성애에 가까운 과정이 있다. '정상적인' 성적 행동이 무엇인지에 대해 혼란스러움과 불확실함을 표현하는 가족들이 치료 서비스에 의뢰되는 것은 당연하다.

이 논쟁 속에 누구도 거의 알지 못하게 아동과 청소년은 가장 많은 영향을 받았는데, 지난 10년을 돌이켜볼 때 우리 문화에 엄청나게 중요한 영향력을 가지는 정보 기술이 가상의 폭발을 보였다는 것을 인식하는 것이 중요하다. 청소년이 그들의 가까운 가족 이외의 세계를 탐색하기 시작하면서 협상해야 하는 영역들은 갈수록 복잡해져 간다. 널리 보급된 인터넷의 영향력과 소셜 네트워크 사이트의 과잉은 겨우 몇 해 전까지 상상으로만 가능했던 기회의 세계를 열었다. 흥미롭고, 감칠나게 하고, 곧바로 직접 신속하게 보낼 수 있는 이 새로운 장비는 아동과 청소년들이 자주(우리가 전통적으로 이해하는) 의미 있는 관계의 어떤 유형에 참여하지 못하게 하는 방식으로 다른 사람들과 관계 맺도록 한다. 사람들 간의 풍경이 변했고 아동과 청소년은 일관성 있는 사회적 맥락의 어떤 유형의 한계를 넘어서는, 그들 자신의 부분들에 관여할 수 있다.

'온라인' 세계로의 이러한 접속은 점진적으로 증가하는 추세로 성 지식 습득에 대한 전통적인 개념에 도전하고, 또한 부모의 영향력을 빼앗고 교육자로서 그들의 역할을 약화시킨다. 새로운 정보가 점진적으로 정체성에 통합되고 부모와 또래관계를 통해 중재됨에 따라 선형적으로 생각된 아동의 심리성적 발달 과정은 이제 해체되고 일관성이 없어졌다. 그것은 마치 완전한 줄거리를 보지 않은 채 소설을 읽고 무엇이 일어났는지 보기 위해 한 발 앞서 나가는 것과 같은데, 당신은 결말에 무엇이 일어났는지 알지만 어떻게 거기에 도달했는지는 모른다. 아동은 우리에게 매일 그들이 인터넷 포르노를 보면서 성에 대해 배운다고 말한다. 위험을 기피하고 건강과 안전을 의식하는 우리의 사회 관념에서 아이러니하게도 청소년은 그들의 침대에 앉아 단지 클릭 세 번만으로 그들의 부모와 교사로부터 벗어나 폭력적이고 극도로 노골적인 포르노를 볼 수 있다. 물론 대다수의 아동은 이러한 자료가 있는 장소에서도 균형을 이루고 정서적 민감성을 갖지만, 학대, 외상 그리고 포르노와 폭력적 이미지에 노출된 불안 애착의 과거를 가진 청소년과 아동은 심각한 손상을 가져오는 영향을 받을 수 있다.

이 장의 목적은 성적으로 해로운 행동을 하는 아동과 청소년과 함께한 나의 작업의 맥락에서 이야기 놀이치료의 과정을 탐색하고 묘사하는 것이다. 또 다른 목적은 어떻게 이 접근이 아동과 치료사가 지나치게 적극적으로 피해자이며 가해자인 청소년의 강한 특징인 복잡하고 이원적인 감정을 이해하기 시작하도록 도울 수 있는지를 탐색하는 것이다. 나는 한 명의 특별한 소년 알렉스와 함께 우리가 함께 만들고, 시간여행을 하고, 그의 깊은 내면세계로 들어

가는 여정인 나의 작업 이야기를 할 것이다. 그러나 나는 이 작업을 하기 전에, 어린 세대 안에 성적으로 해로운 행동이 널리 퍼지지 않도록 이야기 놀이 치료의 실제를 뒷받침하는 몇 가지 이론을 간결하게 다룰 것이다.

성적으로 해로운 행동은 "아동의 정상적인 성적 탐색과 발달의 부분이 아닌 행동들의 넓은 범위로 정의될 수 있다. 이것은 성적으로 자극적인 언어부터 성폭력을 통한 외설스러운 노출의 범위까지라고 할 수 있다. 그것은 지켜보거나 부적절한 행동에 참여하거나 혹은 해로운 성적 행동을 하는 다른 사람의 강제나 혹은 협박을 뜻한다"(NSPCC, 2009).

연구들은 성적 학대에 연루된 전체 25~40%가 어린 가해자들과 관련되어 있다고 말한다(Cawson et al., 2000; Horne et al., 1991; Kelly, Regan and Burton, 1991; Morrison, 1999). 물론 우리 서비스에 의뢰된 많은 아동은 범죄 책임 연령 이하이며 청소년에 의해 행해진 성적 학대가 널리 퍼져 있음을 확인할 수 있는 연구 혹은 통계들의 주요한 대상은 아니다. 분명하게 수치로 제시한다면, 우리는 아주 어린 연령부터 해로운 성적 행동을 나타내는 매우 중요한 시기의 청소년에 대해 말하고 있고, 그러나 이러한 문제의 범위가 적절한 평가의 발달과 치료 서비스들과 함께 완전히 인식된 것은 실제로 최근 몇 년간에 지나지 않는다. 이러한 영역에 대한 조기 개입은 비판적이었으며 다른 치료적 접근들과 함께 놀이치료는 문제 행동을 뒷받침하는 매우 복잡한 감정들을 아동이 관리하기 시작할 수 있도록 하는 가치 있고 효과적인 치료 개입이 될 수 있다. 조기 개입이 없다면, 아동이 결국 성인이 되어 성적 가해자로 들어서는 길을 제공하는 단단하게 고정된 행동 패턴들과 주요한 내면화된 이야기들을 발전시킬 것이다. 그러나 오직 성적으로 해로운 행동을 나타내는 청소년들 중 단지 적은 비율만이 어른이 되어 성적 범죄를 저지른다는 유용한 증거가 가리키는 것을 분명히 말하는 것 또한 중요하다(Glasser, Kolvin and Campbell, 2001).

전문용어로 말하는 것 또한 중요하지만 이것은 논쟁의 주제가 되어 왔고, 아동에게 부정적인 낙인을 찍는 것과 관련하여 중요한 의미를 가질 수 있다.

이는 '초기 소아 성애자들' 혹은 '어린 학대자들'로 보이는 성적 행동의 문제들을 가진 아동에게는 드문 일이 아니고, 이러한 영역에서 발생될 수 있는 몇 가지 만연한 신화들에 도전하기 위해 청소년들과 함께 일하는 모두에게 책임이 있다. Pithers와 Gray(1998)는 "이러한 아동들에게 낙인을 찍는 것은 어떤 식으로든, 심지어 그들이 전생애 동안 성폭력의 문제를 가질지도 모르고 그들이 사회적 복리에 놀랄 정도로 기여하게 될 그들의 잠재력을 부인하게 될지도 모른다는 것을 간접적으로 암시하는 것으로, 아주 잘못 된 것이고 결코 해서는 안 된다."라고 간결하게 진술했다. 이 장을 통해 나는 '성적으로 해로운 행위를 나타내는 아동과 청소년'이라는 용어를 사용할 것이다. 이 용어는 아동에게 낙인을 찍는 것보다 오히려 그러한 행동을 하는 가해자와 피해자 둘 다에게 특별히 해로운 행동을 식별하는 것을 목표로 한다.

전통적으로 성적 유해 행동을 보이는 젊은 사람들을 위한 치료서비스는 성인 성범죄자들과의 작업에서 그 범위가 흘러들어 왔다. 이것은 성적 비행 행동의 고정된 반복적 패턴과 순환을 만들고 강화할 수 있는 인지왜곡을 알아차리고 수정할 수 있도록 노력하는 인지행동 방법론이 주로 이끌어 왔다(Finkelhor, 1984; Lane, 1991). 이러한 접근은 그 자체로 죄, 책임, 회한, 수치심, 피해자 공감을 경험하는 가해자들의 필요에 관한 널리 퍼진 이야기들을 전달하므로 효과적일 수 있고 분명히 그 자리를 차지하고 있다. 물론 이러한 생명체는 위험에 대한 평가에서 중요한 표시들이지만, 과거의 외상 경험을 가지고 있는 많은 아동과 청소년들에게는 이러한 구조화된 인지적, 행동적, 그리고 기본적으로 언어적 치료의 형태가 항상 가장 적절한 것은 아닐지도 모른다. 사실은 이러한 아동의 치료적 필요들은 복잡하고 그들의 성적인 행동들보다 더 자주, 예를 들면 외상, 가정의 학대, 복합적인 현장 그리고 불안한 애착과 같은 훨씬 큰 그림의 일부분에 불과하다. 우리의 서비스에 의뢰되는 대다수의 아동과 청소년은 감정들을 언어로 표현하기 위해 고군분투한다는 점에서 불안과 수치심으로 이라는 강렬한 감각에 의해 압도된다.

그래서 적절한 치료 접근들을 고려할 때, 성적으로 해로운 행동의 원인은 다면적이고 복잡하며 발달적 · 심리적 · 문화적 · 생태학적 · 생리적 요소들을 포함한다는 것을 아는 것은 중요하다. 이러한 맥락에서, 개입 접근들은 아동의 경험 전체에 접근할 필요가 있고, 사회문화적 및 가족적 맥락, 양육자와 부모의 요구들 그리고 발달에 적절하고 건전하며 연령에 맞는 평가인지를 고려해야 한다. 또한 아동의 학대와 괴롭힘, 성 그리고 그 밖의 경험을 모두 고려하는 것은 중요하다. 근본적인 원인들이 항상 지속되고 있다는 것을 간과한 채 아동의 성적 행동의 단지 한 면을 '교정'시키려고 시도하는 개념은, 나의 관점에서 결과에 한계가 있다. 그동안 우리는 성범죄에 대해 구체적이고 인지 행동적인 작업은 몇몇 청소년에게 가장 적합한 접근일 수도 있고, 비언어적인 예술 및 놀이치료에 기초한 접근은 또한 치료적 개입의 매우 효과적인 형태가 될 수 있다는 것을 경험하였다.

이야기 놀이치료는 외현화된 놀이 이야기들을 사용하는 것이고, 아동의 놀이에 상징적이고 은유적인 본성을 촉진한다. 그것은 압도적이고 견딜 수 없는 감정을 대상들과 이야기들 그리고 극 상연으로 투사하기 위한 외현화의 과정을 통하여 어느 정도의 정서적 · 심미적 거리 유지를 가능하게 한다. 이런 의미에서, 그것은 더 이상 내면화된 그들 자신의 '나쁜 부분들'이 아니고 그들이 놀이와 통제할 수 있는 '저 밖의' 무언가이며, 그렇게 그들의 욕구들을 보호하려는 방어적인 전략들이다. 이야기와 은유를 통해 아동은 안전한 치료적 관계와 그들의 매우 손상되기 쉬운 존재감이 압도당하도록 위협하지 않는 방식으로 그들 자신들의 부분으로 참여할 수 있다.

이야기 놀이치료는 치료에서 반영적인 태도의 개념에 의존하도록 만들고, 이 위치는 Anderson(1992), Hoffman(1992) 그리고 White와 Epston(1990)과 같은 이야기치료사의 작품에 영향을 받는다. 이러한 의미에서 '반영적인'이라는 용어는 '입장을 바꾸어서'라는 사고를 암시하고, '해석적 나선형' ― '이해하기 위한 끝없는 변증법적 과정'을 나타내는 개념으로 Linesch(1994)의 모델과 유사한 순환 과정을 암시한다. 이런 의미에서, 치료사와 내담자의 관계는 의미의 공동 구성의 출현을 촉진하고, 새로운 의미가 변화 가능성을 나타내기 위한 근거를 제공한다.

이야기의 개념과 구체적으로 정체성의 이야기 모델을 이해하려는 Lax가 제시한 진술은 다음과 같다. "이야기적 관점은 모든 정체성의 기반이 되는 누군가의 삶에 관한 이야기가 발전하는 과정을 담고 있으며 따라서 어떤 근원적인 통합된 자기 혹은 안정적인 자기의 개념에 도전한다."(1992, p. 71) 그래서 이야기를 통해 우리는 우리의 삶에서 세계를 형성하고, 다른 사람들의 사회적 커뮤니티 안에서 우리 자신의 주관적인 실제들을 창조한다. Lax는 자기의식으로의 우리의 이야기인, 이야기 정체성은 타인과 함께하는 우리의 담론을 통해서뿐만 아니라 타인과 함께하는 담론이라고 제안한다. "우리는 우리가 다른 사람들과 유지하고 있는 진행형의 이야기들을 통해 매 순간 상호작용하며 우리 자신을 보여 준다."

놀이치료의 이야기 모델에서 아동은 치료적 맥락 안에서 그들과 그들 주변에 관한 이야기들을 창조한다.

> 이러한 장면에서 놀이치료는 아동의 이야기 정체성을 촉진하는데 그들의 놀이 과정 동안에 공동 구성되는 상징적이고 은유적인 이미지를 통하여 그들이 긍정적이거나 학대하는 둘 다의 관계들을 탐색할 수 있게 된다. 또한 놀이는 치유 과정이며 치유의 이야기들은 아동과 치료사들 간의 관계에 내재되며 연속적인 사건과 질서 있는 장면 둘 다에서 시작되고 피해자/가해자로 양분되는 존재가 있는 복잡하고 이중적인 감정들을 이해하게 된다(Le Vay, 2005, p. 254).

왜 아동이 성적으로 해로운 행동을 보이는지에 대한 이유들은 복잡하고 복합적인 경우가 흔하다. 우리의 서비스에 의뢰된 대다수의 청소년들은 학대의 피해자들로 단지 성적 학대가 아니라 신체적·정서적 학대 및 방임의 피해자이다. 괴롭힘에 대한 아동의 초기 이력과 경험들은 왜 그들이 현재의 문제 행동을 드러내는지를 이해하게 하는 열쇠이다. 성적으로 학대받은 아동의 경우 그들의 행동은 그들 자신의 학대 경험과 사회적 관계들의 맥락 속에서 행해진 것으로 신체적·정서적·심리적 반응이라는 의미에서 '성적으로 반응하는' 것으로 볼 수 있다. 어린 시절 방임된 경험을 가진 아동의 경우, 예를 들면, 강박적으로 자위행위를 하는 아동 같이 그들의 성적 행동은 위로, 자기위안 그리고 자기규제를 위한 욕구가 될지도 모른다.

외상적인 괴롭힘을 당한 아동은 혼란스럽고 참을 수 없는 감정들에 의해 자주 압도되고, 종종 이러한 감정들을 다루는 한 방식은 학대 행동을 통해 그것들을 다른 아동에게 투사한다. 공격자의 역할에 대한 식별과 학대자 역할의 내면화는 아동이 권력과 통제에 대한 감각을 경험할 수 있도록 하며 무력감으로부터 일시적으로 완화되도록 한다. Finkelhor와 Browne의 '외상을 동반한 모델(Traumagenic Model)'(1986) 그리고 Bentovim과 Kinston의 '순환적인 역동적/체계적 모델'은 둘 다 학대나 외상 경험을 가지고 계속해서 다른 아동들을 학대하는 몇몇 아동의 원인을 이해할 수 있는 정신역동적 모델로 도움이 된다. Bentovim의 진술에 따르면, "경험과 이해보다는 오히려 강박을 작동시키는 것"은 학대하는 사람과 학대받은 사람 둘 다의 특징이다. 분열에 의한 외상적 패턴과 학대의 중독적 반복은 특징적인 현상인데, 불안과 무력감을 참을 수 없는 수준에 직면하여 발생한다."(Bentovim, 1993, p. 15)

아동들이 성적으로 해로운 행동을 하는 데 기여하는 많은 다른 요소들이 있는데, 예를 들면 양육의 단절과 과거의 불안한 애착이 그것이다. 연구를 보면 또한 가정 학대에 대한 노출은 가장 큰 원인 중 하나이고(Skuse et al., 1997) 부모에 의한 폭력, 대인관계에서의 공격성 그리고 성인의 잦은 성적 공격성에 대한 초기 경험이 아동에게, 특히 사춘기와 사춘기 이전에 어떻게 영향을 주는지를 이해하기 쉽다. 이 시기에는 그들의 성적 감각이 나타나는데, 이 감각은 공격적이고 두려워하는 내면화된 세계가 토대가 된다. 또한 성적으로 해로운 행동을 나타내는 학습장애를 가진 아동에 관련하여 몇몇 특정한 문제들도 있는데, 예를 들면 발달적 문제와 관련하여 교육적 지지의 필요성과 대인관계 역동과 관련한 어려움이 있다. 학습장애 아동이 성적인 행동으로 인하여 의뢰되는 경우는 무언가가 과장될 수 있으므로 왜 이런 행동을 했는지를 고려하는 것이 중요하다. 청소년은 종종 소외되거나 방임되어 때때로 그들 주변의 공동체는 물론, 그들 자신이 학대에 매우 취약하여 어린이 취급을 받았다. 좀더 일찍 논의된 아동의 성에 관한 사회적 문제들 중 일부는 아마도 학습장애를 가진 아동들을 악화시켰고 그들은 종종 성적 표현의 기회가 매우 제한되었다.

앞에서 언급한 바와 같이 성적으로 해로운 행동을 야기하는 요인들은 복잡하다. 그러나 명백하게, 이러한 행동은 결코 성에 관해 간단하지 않다. 그것은 분노, 불안, 시기심, 통제 그리고 다른 다수의 복잡한 감정들이며, 그리고 이러한 아동과 청소년에 관한 전체 삶의 경험의 맥락 내에서 그들의 행동을 이해하기 위해 관계를 맺고, 접촉하고, 치료하는 것이 열쇠이다.

알렉스의 이야기

알렉스는 어린 시절 경험한 만연한 학대와 외상의 결과로 7세에 위탁 양육된 적이 있는 12세 소년이다. 그의 아버지와는 그가 어릴 때 헤어졌으며 그의 어머니는 마약과 알코올에 빠져 지냈고 정신건강에 어려움을 가지고 있었다. 그의 어머니는 분명히 알렉스를 사랑하였고 그녀가 할 수 있는 최상의 방식으로 그를 돌보았지만, 사례 파일에는 알렉스가 그의 어머니의 남자친구들 중 한 명에게 성적으로 학대받았고, 그가 5세 무렵에 어머니의 강간을 목격한 것을 포함하여 외상적 방임과 학대라는 가혹한 보고가 기록되었다.

알렉스는 그의 행동에 관한 학교의 우려뿐 아니라 위탁 시설 안에서 어린 아동에 대한 그의 성적 학대와 관련되어 서비스에 의뢰되었다. 그의 위탁모 또한 알렉스가 그녀의 속옷을 가져가고, 그 속옷을 이용하여 자위행위를 하며, 때때로 주방에서 꺼낸 칼을 그의 방에 숨겨 놓는다고 말했다. 당연하게도, 이러한 장애가 있는 성적 행동과 다소 페티시즘적인 행동은 위탁모에게 높은 불안을 느끼게 했고, 그녀는 충격감과 혐오감을 느꼈을 뿐만 아니라 알렉스의 행동에 의해 그녀 자기감이 '더럽혀'졌으며, 계속 그를 돌볼 수 있을지 확신할 수 없다고 했다. 그의 의뢰에 따라, 나는 약 1년 정도 그와 함께 작업했으며, 개인치료로 1주일에 한 번씩 치료했다. 이러한 작업과 함께 위탁모를 지지하고 광범위한 전문적 네트워크와 협의를 했다. 그러나 이 장에서 나는 목적에 따라 놀이방 내에서의 치료과정에만 중점을 둔다.

그의 과거 맥락에서 알렉스의 외상 경험은 그의 성적으로 해로운 행동들과 분리될 수 없으며, 이것은 그의 경험의 이야기 실마리들이 엉켜 있는 한 부분이자 다른 표현이다. 알렉스는 그 자신의 방에서 많은 시간을 보냈고, 그의 위탁가족으로부터 그 자신을 오려 내고 판타지와 왜곡으로 그 자신을 잃어버렸다. 아마도 Levine(1997)은 "고립되고 생명체가 없는 개인적인 강박들의 세계"(Lahad, 2005, p. 136에서 인용)라고 말했다. Lahad(2005)는 외상을 "내적 공포의 주관적인 경험"으로 묘사했다(p. 135). 그리고 외상을 입은 마음이 그 자체를 보호하기 위해 어떻게 노력하는지에 대한 측면으로서 백일몽, 분열 그리고 판타지라는 개념에 관심이 있었다. 심각한 문제와 문제를 만드는 방식에서 알렉스는 심하게 골치 아프고 문제가 되는 방식으로 매우 압도적인 감정을 다루려고 노력하고 있었다.

알렉스는 이러한 감정들을 묘사할 단어들을 찾을 수가 없었고 그렇게 많은 걱정들을 야기하는 행동에 대해 말하도록 홀로 남겨졌다. 그의 이야기 정체성인 그의 '자기 이야기'는 불안, 불신, 분노 그리고 무엇보다도 수치심이라는 강렬한 감정에 의해 뒷받침되었는데, 이는 그가 모든 종류의 의식적·인지적 수준에서 그가 그의 행동에 대해서 이야기하는 것이 불가능했고 꺼렸다는 것을 의미한다. 사실, 나는 알렉스 자신이 모든 종류의 이성적인 수준에서 자신의 행동을 이해하고 그가 했던 방식에 관해 왜 그렇게 느꼈는지를 확신할 수 없었다. 알렉스처럼 어린 아동이 가해자와 피해자 모두가 되는 경험은 밀접하게 연결되고, 깊이 관여된 이야기의 실가닥들이 너무 얽혀 있어서 어디가 끝이고 어디가 시작인지를 아는 것은 어렵다.

Erikson은 내재화된 분노의 형태로의 수치심에 대해 말했다. "부끄러워하는 사람은 그를 보지 못한 세계를 원하지만 자신의 노출은 알아차리지 못한다. 그는 세상의 이목이 사라지길 원한다. 대신에 그는 자신이 눈에 보이지 않기를 희망한다."(1977, p. 227) 학대받은 사람과 학대를 한 사람 모두 수치심이 있다. 우리가 첫 시간에 함께 놀이실에 앉아 있을 때 알렉스는 코트를 자신의 곁에 놓고 시선을 떨어뜨리고 부끄러워하는 얼굴을 나에게 숨기려 하며 그 자신이 (아마도 나에게) 눈에 보이지 않길 희망했다. 그리고 그는 의자의 끝에 불안정하게 앉아서, 달아날 준비 자세로 불안하게 자기 손가락 관절을 꺾었다. 그 방에서 외상의 감각은 아드레날린과 코르티솔이 밀물과 썰물과 같은 신경학적 흐름이 명백했으며, 우리 둘 다 위협에 휩쓸리게 되었다.

이러한 강렬한 불안에 직면하면서 나는 자신의 무력감을 회상했고, 나의 말들이 알렉스의 취약한 방어가 무너지도록 위협하는 처벌적이고 찌르는 행위라고 느꼈다. 숲 속에서 길을 잃어버린 것처럼, 이러한 상황들에서 치료사를 유혹하는 것은 치료를 더 빨리 진행하는 것인데, 방법을 찾지만, 오히려 그 과정에서 점점 더 자신을 잃어버리게 된다. 언급한 것처럼, 부드러운 야자나무를 깊은 늪의 가장자리에서 발견한 배고픈 코끼리에 관한 Ann Cattanach(2008)의 이야기를 상기시켰다. 그 코끼리는 음식을 먹으려는 열망으로 가슴으로 야자수를 물 속으로 넘어뜨리고, 코를 요동치며 깊은 늪을 휘저어 진흙으로 눈이 가려졌다. 백합 위에 앉아 있는 작은 개구리가 코끼리에게 "들어봐."하며 불렀다. 코끼리는 듣지 못하고 더 열심히 물을 휘저었다. 개구리는 다시 "들어봐."하고 불렀고 이번에는 코끼리가 개구리의 말을 듣고 일어섰고, 호기심이 생겼다. 코끼리가 일어서자 물이 서서히 투명해져서 코끼리는 야자수를 발견하게 되어 부드러운 야자수를 먹을 수 있었다.

코끼리처럼, 나는 나 자신이 초기 알렉스의 얼어붙은 불안에 직면하여 더 열심히 일하려고 '휘젓는' 것을 느낄 수 있었고 물은 더욱 진흙탕이 되었다. Samuels(2006)의 말처럼, 때때로 치료사들은 효과적인 변화를 위해 너무 열심히 하려고 할 수 있다. 때때로 우리는 단지 '무엇을'과 연결할 필요가 있다.

알렉스가 손가락 관절들을 꺾으며 소리를 내고 신체적인 감각을 느끼며 자신의 손가락을 다치고 해롭게 하든지 아니든지, 또한 그의 행동이 어떻게 나에게 신체적으로 느끼도록 하고 있는지 그래서 방에서 무슨 일이 일어났는지를 나는 생각했다. 내가 그 당시에 의식적으로 알아차렸는지는 확신할 수 없으나, 아마 그의 외상 경험과 연결되는 그리고 이러한 감정들은 어떻게 경험될 수 있고 신체적 수준과 연관되는지 알렉스의 신체적 과정에 대해 말할 무언가가 관련이 있다고 반영했다. 그는 인지적 반영을 받아들일 수 없었으나 신체적 수준과 관련된 우리의 과정은 그가 경험한 불안을 줄일 수 있도록 돕는 신체적 방법으로 조화와 정서적 규제를 더욱 가능하도록 했다.

알렉스는 나에게 실제로 자해한 적은 없다고 말하며 실제로 고통을 느끼지 못했고 그의 손목, 코, 발목, 심지어 목을 다치게 할 수 있는 방법을 나에게 시범을 보여 주어 내가 다소 얼굴을 찡그리는 반응을 끌어내고 즐겼다. 우리는 '잘 휘는'에 관한 생각과 Harry Houdini처럼 탈출 곡예사들에 관해 그리고 David Blaine가 수행한 신체적 인내의 재주에 관한 생각을 말했다. 이것은 그가 오랜 시간 걸쳐 가진 사고와 상처들에 관한 대화로 우리를 이끌었고, 알렉스는 어린아이 때 높은 벽에서 떨어지거나 녹슨 철 조각에 베여서 생긴 커다란 흉터들을 나에게 보여 주었다. 나는 나의 손에 있는 작은 흉터 한 쌍을 알렉스에게 보여 주려고 팔을 내렸고 우리는 영화 〈죠스〉의 한 장면에서 상어와의 싸움에서 입은 흉터들을 비교하는 Richard Dreyfuss와 Robert Shaw처럼 농담을 했다. 반영을 하며, 나는 알렉스에게 나 자신의 '흉터들'을 가리켜 보여 주려는 나의 결정에 대해 궁금해했다. 왜 나는 자신에게 이것을 하도록 허용했는가? 나의 슈퍼바이저는 뭐라고 말할까? 놀이치료에서 아마도 자기개방 혹은 '자신의 활용'은 또 다른 이야기 그 자체이지만 치료적 중재라는 맥락에서 이해하는 것이 필요하다. 이런 의미에서 회기의 순간에서, 나는 그것이 내가 알렉스 이야기에 즉시 참여할 수 있는 그 지점이며 함께 존재하는 방법을 찾을 수 있는 연결과 협력에 관한 것이라고 생각한다. 알렉스는 그의 어머니와 한집에서 살았을 때로 돌아가서, 나에게 그의 흉터들과의 전쟁을 보여 주었으며 이야기가 슬픔, 상처, 위험, 고통의 인내 그리고 보호받지 못하고 돌봄받지 못한 감정에 관한 그의 어린 시절의 관점들로 발전되었다(혹은 그 이상으로 우리 사이에 구성되었다). 개인적 경험에 관한 이야기의 자연적 성향은 인간 상태의 내적 부분이고 우리 자신의 방식 안에서 알렉스와 나는 수치심과 상처받기 쉬운 강렬한 감정을 단어로 선택하는 방법과 성장하면서 고통에 대한 이야기에 대해 무언가 말할 수 있는 방법을 발견하기 시작했다.

다음 회기에서 알렉스는 또다시 그 의자 끝에 걸터앉아 있었고, 그의 코트와 후드로 나로부터 숨었으며, 우리가 함께 있음의 친밀감을 견딜 수 없는 것처럼 보였다. 그는 컵에 물을 조금씩 마셨고 나는 그가 분노하면서 벽에 컵을 던지는 환상을 가졌다. 그 자신이 억누르던 분노가 나 자신에게 쏟아지면서, 우리 둘 다 힘들어 하는 것을 간신히 감당하려고 애썼다. 나는 만일 알렉스가 이 시점에 방을 떠난다면 그를 결코 다시 보지 못할 수 있다고 느꼈으며, 그래서 나는 위험을 감수하고 모래상자로 이동하여 그가 모래를 사용하길 원할지 여부도 모르면서 그에게 모래상자에 놓을 수 있는 물건들이 있는 다양한 모래상자들을 보여 주었다. 나의 믿음대로 알렉스는 모래상자로 이동했고, 빈백(bean bag)의자에 앉아 선반의 물건들, 놀잇감, 조개껍질들을 보기 시작했다. 나는 그가 풍경이나 세계를 만들기 위해 이 물건들을 사용하길 좋아할지 궁금했으며 그가 모래상자에 물건들을 놓고 모래 안에 상어를 파묻을지(이전 회기에서 나에게 영화 〈조스〉의 한 장면에 대해 생각하도록 만든) 궁금했다. 잠시 호기심과 주저함이 있었으나 단어들을 찾기 위해 애를 쓰던 알렉스는 위험을 감수하고 놀이를 시작했다. 그가 끝마쳤을 때, 그가 창조한 세계가 무엇을 말하는 이야기인지 내가 궁금해 하자 그는 그의 이야기를 나에게 들려주었다.

모래 상어는 모래 속에 살아요. 갑자기 모래가 열렸어요. 동굴 지하를 탐험하는 사람이 있어요. 그의 다리는 모래에 들러붙었어요. 거기에 어린 곰이 있었는데 상어와 싸우게 되어 도망쳤어요. 곰은 형에게 발견되었고 그들은 움직이기조차 무서워 상어를 보며 서 있었어요. 그들을 계속 보고 있던 친절한 강아지가 있었어요.

엄마와 그녀의 두 마리 새끼들인 북극곰 가족은, 연못에 도착하여 물을 마시기 시작했어요. 그들은 상어와 싸우지 않았어요. 그 후 상어가 모래 속으로 들어가고 괴물이 갑자기 나타났어요. 동굴을 탐험한 그 사람은 대부분 잡아먹혔고, 단지 다리 한쪽만 괴물의 입 밖으로 나오고 있어요. 코끼리는 육지를 걸었어요. 부상을 입었지만 어떤 일이 일어났는지는 아무도 몰라요.

나는 그의 탐험이라는 개념 그리고 이러한 지하세계까지 너무 멀리 여행하는 위험들에 대한 이야기에 호기심이 생겼다. 나는 알렉스의 내적 세계와 신통찮은 탐험가라는 치료사로서의 나의 역할에 관하여 이것이 무엇을 의미하는지 궁금했다. 또한 외상과 고통의 상징은 두려움에 얼어붙은 새끼곰 그리고 상처받은 코끼리뿐만 아니라 강아지의 상징인 상냥한 보호자 같은 이야기에서 잘 보인다. 모래상자와 이야기를 통해 알렉스는 외현화를 시작할 수 있었고 두드러지게 나타나는 그의 세계, 말로 표현할 수 없거나 인지적 방식의 종류로 표현될 수 없는 감정들을 몇몇의 힘 있는 감정들로 가시화할 수 있었다. 놀이치료 공간은 실제와 상상의 전이 공간이고, 무의식적인 감정들은 놀이 대상들에 투사되고 이야기 구조와 시각적인 이미지 내에 포함되고, 치료사와 함께한 관계와 놀이 공간의 안전을 통해 유지된다. 상징의 안전과 심미적 거리를 통해, 알렉스는 자기 자신의 학대받는 부분과 학대하는 부분 모두와 맞물렸지만 어떤 면에서는 그를 압도하여 위협하지는 않았다.

알렉스는 지금 모래놀이를 계속했고 또다시 우리가 함께하는 작업으로 모래놀이를 지속했다. 나는 그의 세계에 포함된 이야기들이 다루어지는 것에 대해 호기심이 있었다. 그는 아주 가끔은 나에게 이야기를 말하고 싶어 했다. 모래놀이는 깊은 무의식을 두드리는 퇴행적인 특성이 있다. 그리고 그곳은 알렉스가 회기 동안 탐색하게 될 장소이다([그림 8-1]).

[그림 8-1] 괴물의 굴

　괴물의 굴 속 깊은 곳에 4개의 신성한 돌이 있는데 정확한 순서로 돌을 누르면 깨어나게 할 수 있다고 경고했다. 장소에 돌들을 놓는 고대 신들은 악마의 웅덩이 주변에 울타리를 만들었다. 웅덩이의 정문은 오직 하나이며 울타리를 통과하는 2개의 보조 출입구가 있었다.

　제2차 세계대전 폭격기는 동굴의 천장을 통하여 추락했고 땅에 반이 파묻혔다. 한 남자는 이미 악마에 의해 집어삼켜졌고 그의 왼팔은 땅에 붙어 있었다. 동굴 탐험가들은 탐험을 위해 1년 반 전에 동굴로 내려갔다. 12명의 사람이 내려갔으나 11명이 그 짐승에게 잡아먹혔다. 한 사람은 거대한 악마 같은 파괴자에게 맞서 자신의 생명을 지키기 위해 싸웠다. 악마는 그의 왼쪽 다리를 물어뜯었다.

　남자는 악마의 웅덩이에서 탈출했지만 악마는 만들어 놓은 흙무더기를 폭발시켜 보조 출입구들 중 하나를 닫히게 했다. 남자는 웅덩이 밖으로 나갈 수 있는 정문으로 기어갔다. 그가 약 10인치쯤 벗어났을 때 거대한 돌문은 닫혀 버렸다.

모래상자의 강력한 무의식 과정을 통해 나는 우리가 문자 그대로 그의 악마들과 싸웠던 장소인 알렉스의 내면세계로 여행을 했다는 느낌이 강하게 들었다. 그리고 경고 신호들은 항상 존재하며, 이러한 지하세계로 너무 멀리 위험을 무릅쓰는 어떤 탐험가들은 살지 못할 수도 있다. 알렉스의 불안감은 그의 내면의 어두운 곳에서 살아남을 수 있는 그의 취약한 능력임이 분명했다. Alvarez(1992)는 그들이 안전하게 기억하기 전에 그들의 외상 경험을 잊을 수 있는 아동의 욕구에 대해 이야기한다. 알렉스는 그의 치료 상황에서 슬픔을 말로 표현할 수는 없었지만, 모래놀이 과정을 통해 그리고 이야기 은유를 통해, 그는 안전한 상징적 거리 내에서 기억해 내기 시작했으며 치료적 관계에 의해 '수용'되는 것을 통해 그의 산산이 부서진 기억들을 상기시키기 시작했다. 그래서 이러한 작업에서 종종 나는 테세우스와 미노타우로스 이야기를 회상했고, 그리고 빨간 양털의 공을 풀어서 테세우스가 미노타우로스를 죽일 수 있고 성공적으로 미로에서 빠져나오기 위한 방법을 발견한 아리아드네의 이야기를 회상했다. 그렇게 치료과정의 많은 부분은 '이야기보따리 풀기'에 관한 것이며—내가 알렉스를 위해 실을 잡았기 때문에, 알렉스의 이야기들 속에 동굴 탐험가들과 아주 흡사하게 그녀가 그녀의 슈퍼바이저에 의해 붙들린 것처럼 나는 나의 슈퍼바이저에게 붙들렸고, 그들이 미지의 영역에 진입할 때까지 안전 로프로 묶여 있었다.

종종 알렉스의 놀이치료 시간에 우리는 스퀴글 게임을 했고 시간을 초과하였으며 점차 회기 초반의 특성이 보였다. '외부 세계'로부터 그리고 치료 공간 안으로 알렉스의 변화를 쉽게 하는 협력하는 놀이다운 과정이었다. 그것은 많은 관계적 활동으로 느꼈으며 우리는 지나친 불안을 유발하지 않으면서 함께하는 방법을 발견하였다. 그는 전보다 어렵게 휘갈겨 썼으며 나를 조롱하고 경멸하듯 그것을 나에게 휙 던지고 마치 내가 해결해야만 하는 퍼즐처럼 엉클어진 선으로부터 무엇인가 만들도록 나의 능력에 도전하였다. 이러한 스퀴글들은 무수히 많은 수수께끼, 코드들, 암호들, 미로들 그리고 비밀 언어들로 나타났으며 알렉스의 모래세계에서 '신성한 돌들'의 조합 같았고 나는 점점 더 갈수록 코드를 풀어 문을 여는 사람, 내가 적절한 조합을 발견했는지 아닌지를 궁금해 하는 역할을 경험하게 되었다.

스퀴글 게임을 한 회기 후에, 알렉스는 종이에 남아 있는 다양한 모양을 다른 생물체들로 바꾸고 호기심을 자극하기 시작했다. 나는 이 생물체들이 무엇을 좋아하는지, 어떻게 살아남았는지, 그리고 그들이 어느 곳에 살았는지에 대해 궁금했다. 알렉스는 그들 중 하나가 '미끼'로 바다아귀를 유혹하는 낚시꾼이라고 하였다. 알렉스는 바다의 깊은 곳에 존재하는 생명체 종류에 관해 흥미로워했고, 그곳은 햇빛이 없고 압력이 너무 커서 어떤 생명체는 지면에 데려다 놓으면 죽는다고 말했다. 알렉스는 '연구 지역'으로 매우 어렵다고 했고 나는 그가 말한 바와 같이 어둡고, 차갑고, 잘 알려지지 않은 이 지역에 대해 궁금했다. 그의 모래놀이처럼, 알렉스의 무의식들과 판타지가 있는 장소, 두려움, 충동과 그리고 피해자이자 가해자인 그의 정체성과 연결된 장소, 그의 정신장애가 있는 자위행위에 의한 판타지들, 성적 행동 그리고 위탁모와 놀이를 하는 중에 있었는 공격적인 모성 감정 등 놀이에 강력한 은유적 이야기들이 있다. 다시 말해서, 이러한 감정들은 알렉스가 당시 말로 표현하기 매우 어려워했고 그리고 그렇게 하도록 그에게 시도된 것은 단지 그를 더욱 불안하고 정서적으로 방어하도록 이끌었다. 그러나 함께한 '스퀴글'로부터 나타난 이미지들과 이야기들의 상징은 온전한 그의 자기감을 유지하면서 그의 감정들을 외현화하기 시작하는 방법을 제공하였다.

우리는 알렉스가 내게 말한 이 이상한 수중 세계에 대해 이야기했으며 우리가 사는 세상의 70퍼센트는 물이며 나는 그가 자신에 대해 부호화된 방식으로 무엇을 말하려고 하는지 그 단어들의 의미가 궁금했다. 어쩌면 그는 이 세계의 부분이었을까? 그것은 그의 한 부분일까? 그것은 우리의 한 부분일까? 나는 알렉스의 '알지 못하는' 생명체들에 대해 그에게 현존하는 것 같고 그의 모래놀이 이야기들 속에서 수중 세계에 대해 그의 이야기들이 나에게 어떻게 회상되는지를 다정하게 반영했다. 나는 점진적으로 그가 침대로 쫓겨나 있을 동안, 불안한 성적 사고들과 숨겨진 칼들(아마도 위협이라기보다 보호 차원으로서) 같은 알렉스의 판타지 세계에 대해 궁금했다. 흥미롭게도 Levine(1997)은 둘 사이의 명백한 차이로 상상의 실패의 한 종류로 판타지에 대해 말했다. Levine은 판타지가 "그 또는 그녀의 내적 세계에 사람을 가두고 행동을 이끌지 못하는 백일몽의 종류를 표현한다고 말한다. 반면에 상상은 우리가 다름에 도달하고 연결되는 것을 의미한다."(p. 33) 놀이치료는 활동적인 상상으로, 판타지가 아니며, Levine의 '사적 강박의 소외된, 생명이 없는 세계' 대신에 창조적인 이행의 장소로, 관계의 장소로, 의미 있고 관계의 가치가 있는 장소로 놀이를 통해 발견될 수 있다.

　스퀴글에는 생명체들이 더 나타나고 나는 다시 알렉스에게 그들에 대해 궁금해하며, 이러한 이상한 것에 대해 어떤 이야기들을 찾을 수 있는지 이야기를 발전시키기 위한 질문을 하였다. 그들 중의 한 명은 '스파이크'라고 불렸는데, 그것은 뾰족하고 무딘 많은 치아들을 가지고 있었다. 나는 스파이크가 아마도 위험으로부터 필요하다면 스스로를 보호할 수 있을 것 같고, 그렇게 해야 한다면 또한 공격을 할 수 있을 것 같다고 반영했다. 알렉스는 조현병 환자처럼 "오, 나는 겁에 질렸거나 무서운 존재일지도 모르겠네."라고 말했다. 알렉스는 우리가 은유를 사용하는 동안 이러한 반영들을 이해할 수 있었다. 나는 스파이크의 이상한 치아에 대해 궁금했으며 알렉스는 무딘 치아는 수동적이고 날카로운 치아는 공격적이라고 말했다. 나는 마치 그 자신을 이러한 특이한 생명체로 진단을 내리려는 것처럼, 임상적이고 성인 같은 표현인 알렉스의 언어에 대해 매우 호기심이 많았다. 우리는 스파이크와 같은 생명체에 접근해야만 한다면 얼마나 두렵고 어려울지에 대해 잠시 이야기했다. 그것은 예측할 수 없어 보였고, 그래서 무엇을 해야 하는지, 언제, 어떻게 해야 하는지를 결코 확신할 수 없었다. 그것이 안전한지 혹은 위험한지 아는 것은 어려웠다. 나는 만일 알렉스가 스파이크 같은 무엇인가를 만난 적이 있는지 궁금했고 그는 걱정스럽게 웃으면서 "나도 몰라요."라고 말했다. 은유를 통하지 않고는 알렉스의 현실 세계와 연결하는 것은 매우 어려웠다. 그러나 이러한 생명체의 은유적 이야기는 나에게 알렉스와, 마약에 취해 있고 알코올 중독과 정신적 문제들을 가진 그의 엄마에 대한 그의 경험 모두에 대해 생각하도록 만들었다. 알렉스는 그의 주변 세계를 흥미로워하는 예리함을 가진 밝은 소년이었다. 그는 어머니의 약물과의 고군분투와 그것이 그에게 어떤 의미인지에 대해 알고 있으며, 어떤 의미에서는 아마도 이 생명체가 그 둘 다를 조합한 합성물이다.

다른 생명체들은 '수동적인' 동물이며 무서워하고 두려워 보인다고 알렉스가 설명한 '방울'처럼 종이 위에 표현되었다. 그 회기에서 이야기들은 이러한 모든 생명체들에 대해 순식간에 나타냈지만 알렉스는 그것들의 색깔을 생각하는 데 시간이 걸렸고 그 후 모래상자에서 그것들의 사진을 찍었다([그림 8-2]). 이러한 생명체들은 중요했으며, 알렉스의 내적 세계―수중 또는 지하 동굴―의 표현과 은유적 이야기의 상징은 신랄했다. 치료 공간의 마법은 현실적인 것과 현실적이지 않은 것 둘 다이다. 생명체들은 일시적인 텅 빔 속에 존재하고―정신적인 공간―나는 알렉스와 함께 앉아 공유했지만 말하지 않은 이러한 생명체들의 의미와 그가 그들에 대해 말한 이야기들 중에 절반 정도 알게 되었다.

알렉스의 회기들에서 그가 계속해서 다른 것을 내놓기 시작하면서, 놀이실에서 이야기는 더 구체적이 되었다. 우리는 두 회기를 알렉스에게 지나치게 단순한 감정이 아니라 알렉스는 많은 캐릭터 중 배트맨이 어린 시절 트라우마를 겪고 고담시티의 상처를 가진 고된 영웅 역할을 하게 된 것에 매료되었다. 이 캐릭터의 이야기는 알렉스에 관한 의미를 담고 있었고 비록 무의식적 수준이라 할지라도 나는 진실로 그가 나에게 이야기에서 드러내어 배트맨의 삶의 과정을 되찾도록 관여했다고 느꼈다. 다른 회기 동안, 알렉스는 그가 보았던 〈나비효과〉라고 불리는 영화의 줄거리를 세밀하게 서술하였다. 본질적으로 영화는 그의 매우 학대적인 어린 시절의 기억들을 억압하는 소년의 어두운 심리학적/초자연적인 이야기이다. 그는 성장하면서 기억상실과 플래시

[그림 8-2] 스파이크와 방울

백을 경험하며, 플래시백으로 인해 과거로 돌아가 잃어버린 기억을 찾는 과정에서 과거의 외상을 치유하고 극복하는 방법을 찾는다. 베트맨처럼 알렉스를 붙잡는 이야기였고 나는 알렉스가 그의 치료 회기들에서 꺼내놓은 어린 시절 외상의 은유적 재작업에 사로잡혔다. 〈나비효과〉에 대한 그의 상세한 설명에 따르면 나는 만일 그가 영화의 캐릭터처럼 과거를 여행한다면 무엇을 할지 궁금했다. 그는 과거로 돌아가서 자신에게 말했다—그가 그의 부모에 관해 지금 알고 있는 것이 무엇인지. 이야기들은 지금 현실과 밀접하지만 나는 모래놀이, 그리기, 궁극적으로 알렉스가 한 놀이에서의 이야기들을 통해 그는 자신의 어린 시절로 시간을 거슬러 올라갈 수 있었다.

시간이 지나면서, 알렉스의 이야기들은 점차 거리감이 적고 더욱 사실에 근거하게 되었으며 스퀴글의 순환은 흔한 형태 중 하나를 나타내며 암호해독 게임들은 그가 아이로 살았던 영역의 지도 그리기로 시작했다. 그는 어머니와 함께 여행한 어느 날의 이야기를 나에게 말했는데, 그들이 기차를 탈 때에 그는 어머니의 손을 잡고 있었다. 후에 그는 그의 집 밖의 모습들을 그렸는

데 고속도로의 장면을 그리고 가까이에 이웃사람을 그렸다. 그의 이야기 해석들은 상징적이고 은유적이며 그의 어린 시절 기억들의 현실로 이동했고 뿌연 감각은 명확해졌으며, 슬픔, 불안, 수치심에서 오랜 시간 동안 가려져 있던 무언가를 그가 보여 주었다. 그것은 마치 잊었던 것을 알렉스가 천천히 기억하기 시작하는 것 같았다.

몇 주 후에 나는 그의 회기에서 알렉스를 만났고 그는 무릎 꿇고 빈 백 의자에 앉아서 작은 폴리스티렌 공들 내부의 촉감을 느꼈다. 나는 의자 내부에 대한 그의 호기심을 언급했으며 그는 나에게 빈 백 의자 내부에 있는 알갱이 같은 작은 놀잇감을 잃어버린 것에 관해 말했다. 나는 그가 전에 한번 이것을 언급한 적이 있다는 사실을 기억했고 그 이야기를 다시 하도록 알렉스를 초대했다. 그는 그의 어머니와 함께 살 때 작은 금속 화물차를 가지고 놀이를 하다가 수많은 작은 폴리스티렌 공들 가운데로 사라졌는데 그는 그것을 다시 찾은 기억이 없었다. '잃어버린 무언가를 찾기', 빈 백 의자, 자궁 같은, 어머니 같은 개념은 아마도 알렉스 자신과 관련한 깊은 내적인 무언가에 관한 주제인 것 같아 매우 가슴이 아팠다. 나는 잃어버린 그의 어린 시절을 반영하였고 알렉스는 그의 어머니와 함께 살았던 집의 정확한 레이아웃을 기억하여 나에게 말했다. 그는 그것을 설명하였고 그 후 종이에 그것을 그리기 시작했으며 그가 기억한 것들을 더욱더 세밀하게 첨가하였다.

그는 그에게 떠올라 이야기한 기억들을 그림으로 그렸는데 나는 알렉스의 회상의 수준과 세밀함에 깜짝 놀랐다. 그것은 그의 초기 경험의 강도 내에서 모든 불안, 경계심 그리고 높은 자극 속에서와 마찬가지고 이미지는 그의 마음에 각인되고 기억에 스며들었다. 알렉스는 부모에 대한 좋은 기억들도 회상했지만 어머니가 술을 마시고 약물을 사용한 이야기도 했다. 그가 어떻게 술병을 정원에 숨겼었는지 그래서 어머니가 그걸 찾지 못해서 정신을 잃고 바닥 위에 털썩 쓰러져서 어머니가 죽을 줄 알고 그가 얼마나 무서웠는지 이야기했다.

자신의 내부에 잃었던 무언가를 발견한 것처럼 그 이야기들은 알렉스로부터 쏟아져 나왔고, 아마도 몇 주 후에 우리는 빈백(Beanbag) 의자 내부에 빠진 작은 장난감 트럭과 같은, 이러한 자신의 숨겨진 부분을 드러내기 위해 맞는 조합을 발견했다. 알렉스는 그의 어머니를 향한 강렬한 분노의 감정, 보호받지 못했던 분노, 어머니의 중독들에 관한 분노, 양육시설에서 지내는 동안 위탁모가 다른 아동에게 가졌던 분노와 접촉할 수 있었다. 물론 알렉스 또한 그의 어머니를 사랑했고 그녀를 향해 필사적으로 충실했으며 자신의 생존을 위해 어머니에게 의지했다. 이것은 Winnicott의 '거짓 자기'(1960)의 과정이며, 자신의 경험에서 '충분히 좋은' 어머니의 이미지이다.

알렉스의 치료가 끝을 향해 가면서 어떠한 권유도 하지 않았는데 그는 마지막 시간에 모래를 사용하는 것을 선택했다. 그는 공룡이 기린을 공격하는 모습을 다루었고, 작은 피규어는 나뭇잎 사이에 숨어서 보고 있다([그림 8-3]). 나는 알렉스에게 장면에 관해 궁금하다고 말로 표현했고 그는 만들고 나서 나에게 그가 기차역으로 그의 어머니와 함께 되돌아 걸어간 적이 있으며 한 남자가 그들을 따라왔고 그 후 그의 엄마를 성폭행했으며 그가 떠나갈 때까지 나무 뒤에 숨었었다고 말했다. 내 짐작으로는 이것은 사례 파일들에 기록되었던 그가 어머니의 강간을 목격하였던 사건이었다. 지금 알렉스는 그가 할 수 있는 한 오래전으로 되돌아가서 몇 년 전에 무슨 일이 일어났는지 내게 보여 주려고 하였으며, 내가 이러한 끔찍한 범죄를 목격하게 되었는데 이는 그의 용감한 여정의 증거가 되었다.

나는 알렉스의 치료에 관한 이러한 설명을 전달하길 희망하는 것처럼, 경험을 이야기하는 것은 대인관계와 개인 내적 수준 두 가지 모두가 상황의 핵심 요소이다. 처음 치료실에 앉아 코트를 뒤죽박죽 쌓아 올리고 망설이며 의자 끝에 앉아 있던 두려워하던 어린 소년으로부터, 알렉스는 그의 놀이를 통한 이야기들을 만들 수 있었으며 수치심, 불안, 분노 그리고 상처의 감정들이 가득한 장소인 그의 깊은 내적 세계로의 오랜 여행을 시작했다. 그러나 그는 다시 여행을 해 나갈 수 있었으며 외부 세계에서 그의 관계들을 이러한 감정들과 연결하기 시작했다. 연구는 더 논리적이고 이익들의 가능성을 더 크게

[그림 8-3] 알렉스의 마지막 모래놀이

하는(Pennebaker and Segal, 1999) 과거 외상과 관련된 개인적인 창조물들에 대한 보고로 계획되었다고 지적하고, 사실상 외상 경험 주변의 논리적인 이야기들의 창조물과 자기표현 감각으로의 통합은 과거의 외상 스트레스에 관한 성공적인 중재를 위한 토대가 되었다(Brewin, Dalgleish and Joseph, 1996; Herman, 1992; Van der Kolk and Fisler, 1995). 이야기 놀이치료 과정을 통해 알렉스는 스토리텔링으로 자신의 경험을 순서대로 나열하고 순서를 매기는 방식으로 감각을 갖게 되었다. 은유적인 이야기들은 그가 취약한 자기감을 충분히 보호할 만큼의 정서적인 거리를 둘 수 있게 했다. 이 과정을 통해 그는 이야기 맥락 속에서 안전하게 이런 추억들과 장소를 기억할 수 있었다.

알렉스가 그의 위탁 거주지 내에서 보이는 불안한 성적 행동은 분노, 시기심의 초기 감정과 편안함, 친밀감에 관한 욕구 그리고 사실상 어머니상의 존재와 관련된 것처럼 보인다. 청소년기 무렵, 이러한 감정들은 아마도 공격적이고 문제적인 방식들로 나타났다. Klein 학파의 관점에서 보면, 이러한 행동은 초기 삶에서 불안한 대상관계에 뿌리가 있는 것으로 이해될 수 있고, 이후

성적으로 파괴된 방식으로 재정립된다. 그러나 그것을 묘사하기 위해 선택된 언어가 무엇이든지 간에, 알렉스의 불안한 성적 행동은 초기 어린 시절에 뿌리를 둔다는 사실은 명백하다. 그러나 그는 그의 어머니를 향한 드러내지 않는 분노와 그의 위탁모를 향한 대체된 분노 사이를 연결할 수 있었다. 우리는 마침내 그의 성적으로 해로운 행위에 대해 말할 수 있었고, 매우 중요하게 알렉스는 그의 사고, 감정, 행동들을 연결할 수 있었다.

치료과정은 쉬운 여정이 아니었으며 굽이굽이 우여곡절이 많았다. 1단계에서 알렉스는 몇 가지 걱정되는 자살적 사고와 감정들을 표현했고 이러한 걱정들을 방 밖으로 가져가려는 나의 욕구 덕분에 우리 관계에 도전이 있었다. 알렉스와 그의 위탁모의 관계는 회복될 수 없는 상태여서 그는 또 다른 위탁 시설에서 살기 위해 이사했다. 이것은 세심하게 준비한 계획된 방법이었고 알렉스를 위한 일이었다. 우리가 함께한 작업은 알렉스가 새로운 주거지에 잘 적응하고, 대학 응시를 위한 계획을 할 때쯤에 끝났다. 많은 방식들에서 나는 사실상 알렉스의 아리아드네였다. 그는 미로 속에서 자신의 방식을 발견했으며 미노타우로스와 싸웠으며 다시 돌아가는 방법을 발견했다. 그리고 이야기 놀이치료의 과정을 통해 알렉스는 자신의 과거를 알아차리고 감각을 구성하고 그가 매달려 있는 이야기의 줄거리를 논리적인 이야기의 형태로 구성하기 시작할 수 있었다. 알렉스처럼 청소년들은 종종 그들의 경험에 압도되는 본성을 묘사할 말을 찾을 수 없기도 하지만, 알렉스는 그의 이야기를 말하는 또 다른 방식을 발견했으며 내가 알렉스가 더 이상 싸울 투지가 없다고 오해하지 않는 한 나는 이 경험이 그에게 계속하여 힘을 줄 수 있는 방법으로 지속되기를 바란다.

📖 참고문헌

Alvarez, A. (1992). *Live Company: Psychoanalytic Psychotherapy with Autistic, Borderline, Deprived and Abused Children*. London: Routledge.

Anderson, T. (1992). 'Reflection on Reflecting with Families.' In J. K. Gergen and S. McNamee (Eds.) *Therapy as Social Construction*. London: Sage.

Bentovim, A. (1993). 'Children and Young People as Abusers.' In A. Hollows and H. Armstrong (Eds.) *Children and Young People as Abusers: An Agenda for Action*. London: National Children's Bureau.

Bentovim, A. and Kinston, W. (1991). 'Focal Family Therapy.' In A. Gurman and D. Kniskern (Eds.) *Handbook of Family Therapy*. New York: Basic Books.

Brewin, C. R., Dalgleish, T. and Joseph, S. (1996). 'A dual representation theory of posttraumatic stress disorder.' *Psychological Review, 103*, 670–686.

Cattanach, A. (2008). *Narrative Approaches in Play with Children*. London: Jessica Kingsley Publishers.

Cawson, P., Wattam, C., Brooker, S. and Kelly, G. (2000). *Child Maltreatment in the United Kingdom: A Study of the Prevalence of Child Abuse and Neglect*. London: NSPCC.

Erikson, E. (1977). *Childhood and Society*, 2nd edn. St Albans: Triad/Paladin.

Finkelhor, D. (1984). *Child Sexual Abuse: New Theory and Research*. New York: Free Press.

Finkelhor, D. and Browne, A. (1986). 'Initial and Long-Term Effects: A Conceptual Framework.' In D. Finkelhor (Ed.) *A Sourcebook on Child Sexual Abuse*. Newbury Park, CA and London: Sage.

Glasser, M., Kolvin, I. and Campbell, D. (2001). 'Cycle of child sexual abuse: Links between being a victim and becoming a perpetrator.' *British Journal of Psychiatry, 179*, 6, 482–494.

Herman, J. L. (1992). *Trauma and Recovery*. New York: Basic Books.

Hoffman, L. (1992). 'A Reflexive Stance for Family Therapy.' In J. K. Gergen and S. McNamee (Eds.) *Therapy as Social Construction*. London: Sage.

Horne, L., Glasgow, D., Cox, A. and Calam, R. (1991). 'Sexual abuse of children by children.' *Journal of Child Law, 3*, 4, 147-151.

Kelly, L., Regan, L. and Burton, S. (1991). *An Exploratory Study of the Prevalence of Sexual Abuse in a Sample of 16-21 Year Olds.* London: Polytechnic of North London, Child Abuse Studies Unit.

Lahad, M. (2005). 'Transcending into Fantastic Reality: Story Making with Children in Crisis.' In C. Schaefer, J. McCormick and A. Ohnogi (Eds.) *International Handbook of Play Therapy: Advances in Assessment, Theory, Research and Practice.* Lanham, MD: Jason Aronson.

Lane, S. (1991). 'The Sexual Abuse Cycle.' In G. Ryan and S. Lane (Eds.) *Juvenile Sexual Offending: Causes, Consequences and Correction.* New York: Lexington.

Lax, W. D. (1992). 'Postmodern Thinking in a Clinical Practice.' In J. K. Gergen and S. McNamee (Eds.) *Therapy as Social Construction.* London: Sage.

Le Vay, D. (2005). 'Little Monsters: Play Therapy for Children with Sexually Problematic Behaviour.' In C. Schaefer, J. McCormick and A. Ohnogi (Eds.) *The International Handbook of Play Therapy.* Lanham, MD: Jason Aronson.

Levine, S. K. (1997). *Poiesis: The Language of Psychology and the Speech of the Soul.* London: Jessica Kingsley Publishers.

Linesch, D. (1994). 'Interpretation in Art Therapy Research and Practice: The Hermeneutic Circle.' *Arts in Psychotherapy, 3*, 185-195.

Morrison, T. (1999). 'Is There a Strategy Out There?' In M. Erooga and H. Masson (Eds.) *Children and Young People Who Sexually Abuse Others: Challenges and Responses.* London: Routledge.

NSPCC (2009). *Children and Young People Who Display Sexually Harmful Behaviour.* Available at www.nspcc.org.uk/inform/research/briefings/sexuallyharmfulbehaviour_wda48213.html, accessed on 1 April 2011.

Pithers, W. D. and Gray, A. (1998). 'The other half of the story: Children with sexual behaviour problems.' *Psychology, Public Policy and Law, 4*, 1-2, 200-217.

Pennebaker, J. W. and Seagal, J. D. (1999). 'Forming a story: The health benefits of narrative.' *Journal of Clinical Psychology, 55,* 1243-1254.

Samuels, J. (2006). Lecture Seminar. Institute of Arts in Therapy and Education(unpublished).

Skuse, D. et al. (1997). cited in A. Bentovim and B. Williams (1998). 'Children and adolescents: victims who become perpetrators.' *Advances in Psychiatric Treatment, 4,* 101-107.

Van der Kolk, B. A. and Fisler, R. (1995). 'Dissociation and the fragmentary nature of traumatic memories: Overview and exploratory study.' *Journal of Traumatic Stress, 8,* 505-525.

Winnicott, D. W. (1960). 'Ego Distortion in Terms of True and False Self.' In *The Maturational Process and the Facilitating Environment: Studies in the Theory of Emotional Development.* New York: International UP Inc.

White, M. and Epston, D. (1990). *Narrative Means to Therapeutic Ends.* New York: Norton.

제9장

이야기 가족 놀이치료
가족과 아이가 들려주고 싶어 하고 들어 주기를 원하며 다시 쓰고 싶은 맥락으로서의 놀이

Ann Marie John

개관

렌즈

이 장은 내가 가족들과 함께 작업한 것에 관한 이야기와 내용에 관한 것이다. 이 이야기는 백인 중년 여성인 이성애자가 만들었는데 그녀는 대학 시절부터 특권층을 인정하지 않는 마르크시즘과 관련이 있어 자신을 중산층이라 부르는 것을 허락하지 않았다. 그럼에도 불구하고 중산층과 관련된 여러 가지 특권을 갖고 있는 여성의 렌즈를 통해서 창조되었다. 나는 당신이 이 이야기를 젊은 흑인 여성이나 연금을 받고 있는 레즈비언 아시아인이 이야기했을 때는 어떨지 생각해 보도록 초대하고 싶다. 나는 당신이 당신의 렌즈를 고려해 보고 당신이 어떻게 이 이야기를 할지 혹은 당신이 작업한 당신만의 이야기는 어떨지 궁금하여 초대하고 싶다. 나는 렌즈들에 대해서 이야기했는데 그것은 사회구성주의자와 이야기적 사고의 중요 개념이기 때문이다. Hoffman(2004)은 우리가 세상을 보는 관점이 우리의 삶을 어떻게 바라보고 어떻게 이야기하는지에 영향을 미치는가에 대해 이해하도록 돕기 위해 용어를 만들었다. 특히 가족이 치료 장면에 가지고 오는 이야기들에 관련하여 그들이 어떤 이야기를 들려주고 싶어 하는지, 어떻게 이야기하는지에 영향을 주는지에 관한 맥락이다. 또한 이것은 치료사가 이야기를 어떤 방식으로 듣는지에 대해서도 영향을 미친다. 나는 '이야기(story)'라는 용어를 사용함으로써 나 자신을 전통적인 개념으로서의 이야기 속으로 빠져들게 하는데 왜냐하면 White와 Epston이 개발한 이 용어는 이야기를 통해서 진리를 확립하려는 시도를 가진 이야기는 다시 말해 주고 싶은 많은 이야기 중 하나일 뿐이기 때문에 가치가 낮다고 가정하기 때문이다. 이것은 이야기치료가 철학적으로 진실을 찾고자 하는 개념에 도움을 주려는 것이 아니므로 치료의 목적은 이야기의 다양성을 조금 더 알아내야 하는 것이어야 된다는 것이다.

나는 내 작업에서의 이야기를 가족의 이야기와 가족 안에서의 개인 이야기가 일관성을 발견할 수 있게 하는 작업 핵심을 가장 잘 묘사하는 것으로 보이는 '이야기 가족 놀이치료'라고 묘사해 왔다. 만약 당신이 마음에 든다면 그렇게 불러도 좋은데 이것은 아직 가제이며 새로운 모델로 묘사할 수 있는 단계는 아니다(어쩌면 그럴 수 없는).

내가 말하려는 이야기는 내가 함께 작업한 가족들의 합작품이며 특정한 가족을 묘사하거나 작업의 특정한 일부분을 얘기하는 것은 아니다.

가족치료에서 이야기와 이야기 말하기

가족과 육아에서 어떻게 해야만 하는지에 관한 이야기는 특정한 그룹을 통해 종종 만들어지며, 일반적으로 관습을 따르지 않은 사람은 제외되는데, 예를 들면 한부모 가정의 부모는 일을 해야만 하므로 어쩔 수 없이 어린 아기를 어린이집에 보내야만 한다.

철학자 Michel Foucault(1975)는 이런 강력한 이야기들을 '담론(discourses)'이라고 불렀다. 그리고 사회 속의 개인들에게 어떻게 영향을 미치는지를 언급했다. White와 Epston(1990)은 이런 개념을 확장시켜 종종 남의 탓을 하거나 배제하는 방법들 안에서 그런 문제가 어떻게 정의되는지에 대해 도전적으로 생각했다. White와 Epston(1990)은 종종 가족들이 치료에 오면서 '문제가 가득한 이야기들'을 가지고 온다고 했다. 치료사의 역할로서 가족들이 자신들의 이야기를 다시 편집할 수 있도록 돕는 '문학적인 역할(literary role)'을 제안하고, 비난이나 실패를 탓하지 않으며 대처하는 이야기가 가진 회복탄력성을 강조했다.

이야기치료에서 치료사는 White가 말한 '고유의 성과(unique outcome)'가 무엇을 의미하는지 가족이 찾을 수 있도록 도와줄 수 있다. 예시된 이야기는 가족이나 개인이 문제를 스스로 대처할 수 있게 되거나 일이 벌어지는 것을 예방할 수 있는 것에 관한 것이다.

놀이치료에서 이야기와 이야기 말하기

우리가 몹시 그리워하는 고인이 된 Ann Cattanach(1992)는 놀이치료 영역에서 아이들과 개별 치료 시에 이야기치료를 받아들였는데 아이가 놀이에서 보여 준 것을 다시 이야기로 들려주는 것이다. 아동 심리치료에서 사회구성주의/이야기를 취함에 있어 Cattanach는 아동치료 분야에서의 근본적인 변화를 만들었다. 이야기 접근 모델은 외상으로 입은 피해를 회복하기 위해 치료가 필요한 아동에게 적용하는 무언가 부족한 모델의 대안 모델이 되기 때문이다. 놀이치료에서의 이야기치료 모델은 아이들의 이야기를 허용하고 아동이 통제하려는 양식으로 놀이를 통해 재작업하고 발견하는 것을 허용한다. 이야기 놀이치료에서 치료사는 반드시 놀이에서의 아동의 언어를 소리 내서 이야기해야 한다. 이야기 말하기는 비언어적이거나 은유적으로 일어날 수 있고 그때 아동은 자신의 방어를 유지하려고 하기 때문에 이는 중요하다. 이 접근은 아동이 그들의 이야기를 함으로써 외상을 재경험하는 위험을 피할 수 있게 한다.

이야기 엮어 가기

치료사로서 체계적 가족치료에서 이야기 접근 모델과 이야기 놀이치료를 훈련받은 나는 수년간 두 가지 접근방법을 통합시킨 임상을 발전시켜 왔다. 이 장에서 체계적 가족치료를 전체적으로 개괄하는 것은 불가능하지만 관련된 몇몇의 훌륭한 책은 도움이 될 것이다(Burnham, 1986; Dallos, 2006 참고). 내가 느끼기에는 체계적 가족치료의 개념들은 이 장과 연관이 있으며 나의 작업은 가족이 조직화되어 가는 과정 안에서 의사소통과 행동의 패턴들에 관한 것이며 그 조직화의 패턴이 어떻게 어려움과 문제에 기여하느냐에 관한 것이다. 문제와 가족 내에서 문제가 어떻게 발달되어 가는지에 관한 이야기는 어떻게 도울지 방법을 고려하는 것에 중요하다. 가족 구성원 중 한 명의 문제는 나머지 가족 모두에게 똑같이 중요하게 영향을 미친다. 그러므로 가족의 모든 구성원이 해결방법을 함께 찾는 것이 필요하고 모두에게 도움이 된다.

Dallos(2006)는 나와 유사한 방법으로 '실용주의'라고 부르는 내담자의 욕구에 적합한 방법으로 접근하고 작업한다고 설명한다. 비록 나도 수련 받던 초기에는 학문 체계를 분리하려고 노력했지만, 이것이 불가능하다는 것을 발견하게 되었고, 회기를 분석해 보면 내가 가족치료를 하고 있을 때나 놀이치료를 하고 있을 때 두 가지를 다 하고 있거나 한 가지만 하고 있다고 말하기가 어려웠다.

이것은 여러 학문 분야가 관련된 경계에 의문들을 만들지만(특히 아동과 가족 사이의 비밀유지에 관련하여), 나는 한 가지를 주장하는 순수주의자로 남지 않고 이런 딜레마들을 다루면서 특히 영국에서 아동 · 청소년정신건강서비스(CAMHS)에서 일하면서 맥락을 찾았다. 나는 임상 사설 기관과 자선단체에서 융통적이어야 했고 몇몇 사례는 치료적으로 창의적인 다양한 치료 개념을 사용할 수 있기 때문에 채용되었다.

그러므로 이 접근은 내담자들에게 적용할 수 있고 폭 넓고 유용하며 창의적인 작업 방법으로 나에게 가장 잘 맞았다. Dallos(2006)는 체계적 가족치료의 어려움 몇 가지를 지적했다. 그중에 하나는 치료과정 중 가족 안 개인에 대한 고려이다. 놀이치료에서의 나의 경험과 성인 개인상담의 경험이 나의 작업 안에서 이것을 다룰 수 있게 했다.

Dallos는 특별히 그의 작업을 이야기와 애착 이론(2006)을 통합한 작업으로 언급했는데 이야기 놀이치료와 이야기 가족치료를 통합하는 나의 방식과는 다소 다르다. 나는 또한 개인 경험들과 가족 경험들을 통합하는 것에도 흥미를 갖고 있지만 이것들은 이야기들이 통합되거나 변형되며 엮여 간다는 것을 알게 되었다.

물론 많은 임상가들은 여러 학문 분야에 걸쳐 작업을 한다. 예를 들어, Wilson(1998)은 놀이성과 창조성을 '아동에 초점을 둔 임상'과 관련하여 치유 과정에서 아동을 어떻게 포함시킬지를(체계적 가족치료에서 종종 만드는 비평) 위해서 체계적 가족치료로 가지고 왔다. Eliana Gil 역시 그녀만의 가족 놀이치료 모델을 발전시켰다(1994). 그러나 나는 아직 가족 이야기 안에서 개인 이야기들을 작업하는 나의 방법에 적합한 새로운 이야기와 오래된 이야기를 다시 저술하고 의사소통하는 것을 도와주는 이야기 통합 모델을 제공하지 못했다.

가족 해체하기

이 장의 목적은 나의 임상 경험과 나의 생각을 뒷받침하는 이론적 틀의 발전을 보여 주려는 것이다. 가장 최근에 나는 아동·청소년정신건강서비스와 개인 임상가로서 일해 왔다. 나는 이런 맥락들이 서로에게 보완적임을 알게 되었다. 사회구성주의 틀로 생각해 보면 최근 가족의 의미에 관련된 지금의 이야기들이 어떻게 구성되는지를 생각해 보는 것이 중요해 보인다. 가족에 대한 개념과 정의는 변화하지만 현재 핵가족이 일반적이라는 것에는 의심의 여지가 없다. 가족 구성의 변화는 지속적으로 도전받아 왔다. '혼합 가족', 동성 커플과 불임치료 그리고 대리모는 우리가 예상하는 가족 개념에 대한 사고에 도전하는 몇 가지 새로운 사건일 뿐이다.

어떤 면에서 가족이란, 지리학적으로 확대되는 우정을 기반으로 가족이 되어 가는 새로운 방법인 '선택에 의한 가족'이라는 멋진 용어로 정의될 수 있다. Weeks, Heaphy와 Donovan(2001)은 혈연 가족 외에 우리가 만드는 친밀한 유대들이 우리가 유전자를 나눈 사람들과 함께하는 것 이상으로 더 중요할 수 있다고 묘사했다.

가장 최근의 사회적 차이에 대한 나의 경험은 친구와 함께 여행하면서 스리랑카의 가족을 방문했을 때였다. 우리는 수도에 도착해서 내 친구 조카의 시어머니를 방문했다. 우리는 코코넛 물과 지역의 별미로 가족처럼 환대받았다. 우리는 또 다른 두 명의 조카와 그들의 가족을 만나러 가는 데 하루를 다 써 버렸다. 문화적으로 우리는 가족의 일원이 되어 그와 같은 대접을 받을 거라는 기대가 있었으며 아마도 계층이 어디에 있는지와 비교한다면 우리 역시 가족 구성원처럼 행동할 의무가 있었을 것이다. 내가 주장해 왔던 것처럼 '가정'에서, 특히 아동 양육과 관련되어 사회에 스며들어 있는 방식과 영국법에 명시된 법규가 스며들어 있어야 하는 강력한 담론과 이야기를 제안하며 이런 맥락 안에서 아동 · 청소년정신건강서비스와 사설 개업의로서 일을 시작했다. 아동기 의미에 대한 우세한 담론들은 영국 안에서 가족치료를 위한 맥락으로서 관련이 있으며 가족생활, 특히나 교육의 사회화 과정 안에서 명확한 상태의 개입과 관련이 있다. Aries(1962)의 고전적인 작업은 여전히 현대 사회의 아동기 개념에 대한 평론으로 중세 시대에서는 아주 어린 아동조차도 모두 일을 하는 과정에서 생산과 생존하는 데 참여했기 때문에 역사적으로 그런 개념이 존재하지 않았다는 것을 문헌 조사를 통해 알 수 있다. 아동과 적절한 아동 양육의 실제에 관한 아동기 이야기는 미디어나 사회복지법을 통해 구축된다. 그들의 경험에 맞지 않거나 그들을 제외시킨 이야기에 의해 책임이 있다고 느끼거나 영향력을 빼앗은 가족 구성원들과 작업을 할 때는 해체하는 것이 필요할 때가 있다. 이야기 가족 놀이치료에서는 사회적 담론들이 가족들의 삶에 영향을 미치는 것과 그들이 치료에 올 때 가족들이 배제된 느낌을 갖고 죄책감을 느낄 수 있다는 것을 인정해야 한다.

접근

이야기 가족 놀이치료는 가족이 본질적으로 회복탄력성이 좋다고 보는 관점과 그들의 어려움에 대한 해결책을 찾을 수 있다는 접근을 제안한다. Walsh(2006)는 가족의 회복탄력성과 가족들이 힘을 키울 수 있는 광범위한 방법에 대해 많은 책을 썼다.

Michael Rutter의 아동기 심리학적인 회복탄력성의 개념(Rutter, 1985)을 통해 Walsh(2006)는 다른 가족들이 극복하지 못한 역경에 대처한 몇몇의 가족들에게 어떻게 대처할 수 있었는지 물어보았다. Walsh의 연구에서 가족의 세계관과 그 세계 안에서 구성원들이 역할을 해낼 수 있는 가능성에 대한 믿음에 관한 그의 아이디어는 긍정심리학과 유사하며, 어떤 가족들은 역경을 매일 일상생활 속 도전의 한 부분으로서 본다는 것을 시사했다. 긍정적인 태도와 회복탄력성을 만드는 것을 돕는 것은 대처 능력이 있다는 것에 대한 믿음이며 탄력적인 가족들은 함께 어려움을 해결해 나가며 어느 정도는 그들 스스로를 강한 가족이라는 이야기를 지속시킬 수 있는 의미를 만들 수 있었다. Walsh는 이야기를 말하는 것이 가족 안에서 경험을 통합하고, 의사소통하는 방법으로서 그리고 치료적인 의식의 한 부분으로서 경험을 이해하기 위해 중요하다는 것에 대해서도 언급했다. 또한 가족의 신념체계가 중요함을 강조했다. 이 부분의 과정은 가족 안에서 조직화된 요소들이 행동을 통제하는 규칙들로 발전해서 그 자체가 방법이 되는 것이다. Walsh의 이런 생각은 치료적 작업 안에서 가족 행동의 이야기가 어떻게 조직화되는지에 대한 나의 작업에 대한 경험들과 매우 잘 맞는다. 예를 들어, 나는 종종 치료의 매우 중요한 부분인 가족 안에서 무엇을 이야기할 수 있고 무엇을 이야기할 수 없는지에 대한 규칙이나 이야기에 대한 논의들을 자주 발견해 왔다. 나는 가족 내 의사소통을 이끄는 이야기들에 흥미가 있었고 어떤 이야기들을 누가 이야기하는지, 누구의 이야기인지에 대해 흥미가 있었다. 여기에서 Walsh의 어려움을 다루는 여러 가지 모든 대처방법을 자세하게 다루지는 않겠지만 그녀의 사회구성주의 관점에서 가족들과 작업하는 이야기들은 내 작업의 원리를 세우는 데 기초가 되었다.

나는 치료에 참여하는 가족들 대부분은 회복탄력성을 갖고 있고 문제에 대처할 수 있는 능력이 있다고 본다. 때때로 내 입장에서는 옴짝달싹 못할 정도의 사건이기도 하고 가족들의 이야기들은 Michael White가 제안한 것처럼 문제들로 포화되어 버리기도 한다.

가족 생애 주기의 변화 시기에 가족들은 이야기를 새롭게 변경하거나 재편성하는 것이 필요할 수 있다. 때로 최근의 가족 이야기는 더 이상 가족 내의 개인에게 적합하지 않을 수도 있다. 치료과정은 가족의 다른 구성원들도 이야기할 수 있고 가족 이야기에 적당하지 않은 이야기들도 들을 수 있는 공간을 창조할 수 있다.

그러므로 가족 내 이야기들은 변화가 통합될 수 있게 재측정이나 재정비되는 것이 필요할 수 있다. 놀이, 놀이성(playfulness) 그리고 유머는 종종 가족들이 평상시에는 할 수 없었던 이야기를 말할 수 있게 하기도 한다. 인류학자인 Gregory Bateson(1972)은 가족을 자기조절체계로서 보는 사고를 발전시켰다. 이것은 가족치료 초반에 가족 구성원 한 명의 증상이 좋아질 때 다른 구성원들이 왜 새로운 증상을 보이는지를 설명할 수 있다. Bateson(1972)은 체계 안에서 변화를 이끌어 내는 맥락이나 의미를 변화시키는 것이 중요하다고 언급했다. 이런 맥락적인 변화가 때로는 말로 다할 수 없는 이야기들과 말하지 못한 것들을 허용하는 변화를 제공할 수 있다. Dallos(2006)는 내담자를 위한 다른 공간을 제공하는 역할을 재판관으로 묘사했다. 나는 촉진자라는 용어를 선호하지만 나 역시 내 역할을 가족의 외부에서 주로 일어나지 않았을 이야기들을 살짝 허용해 주는 성인 목격자로 생각한다. 나는 아이들이 이야기할 수 있는 용기를 찾는다는 것을 발견했다. 그들은 이야기를 하거나 들을 기회가 없었던 것일 수 있다. 통합적인 치료사는 재판관으로서 역할을 하며 놀이성은 가족과 개인 이야기들을 다시 편집하기 위한 맥락을 제공하므로 놀이를 할 수 있는 가능성을 제공한다. 이야기들 안에서 생각을 구성하는 나의 방법 은 의뢰 과정, 사정, 이야기 놀이치료 과정, 결말과 평가로 과정을 구성하고 조직화하는 것이다. 이런 작업을 내가 어떻게 하는지는 다음에서 기술할 것이다.

의뢰 과정

나는 의뢰 과정을 포함하는데 왜냐하면 전화나 접수지를 작성하는 것이 가족에 대해 이야기하는 '첫 번째 이야기'와 관련되기 때문이다. 아동·청소년 정신건강서비스에서 첫 번째 이야기는 관련된 정보는 있을 수 있지만 종종 우리에게 가족이 어떤 생각을 가지고 올지에 대해서 말해 주지는 않는다.

우리는 종종 의뢰 과정에서 문제에 관한 이야기의 어떤 부분을 배울 수 있다. 아동·청소년정신건강서비스에서 이것은 아동의 행동 중에 하나를 적게 되며 실제로 이것은 부모가 서비스에 요청하거나 동의하는 유일한 이유이다. 그러나 부모나 보호자가 이야기 모델과 맞지 않는 해결책을 원한다면, 치료의 목적인 이야기를 통합하고 이야기하는 것은 아동의 저항적인 행동들에 관해 그들이 원하는 해결책에 대한 기대에 맞추는 것이 적절하지 않을 수 있다. 예를 들어, 진단을 받거나 해야 하는 경우이다. 잔은 그녀의 14세 딸 메그와 함께 왔다. 메그는 그녀의 충동적인 행동 때문에 주의력 결핍장애(ADD)로 진단받을 수 있다고 학교에서 의뢰되었다. 내가 메그와 어머니를 만났을 때 가족은 상실에 대한 큰 문제들이 있고 가족 생애 주기상 어려운 때라는 것이 명확해졌다. 그러나 잔은 가족치료사에게 도움을 받고 싶지 않다고 이야기했다. 그녀는 혼자 세 명의 아이를 키우고 있었다. 초기 회기에서 나는 어려움을 대처하는 그들 가족의 능력과 메그가 특히나 학교에서 의자 집어던지기, 학교 기물 파괴하기와 같은 이유로 배제당하는 것에 투쟁하는 충동적인 행동으로 알려진 행동에 대처하는 능력이 궁금했다. 함께 이야기를 하면서 나는 메그가 학교와의 마찰을 일으키고 떠나 버리는 것으로부터의 생기는 많은 '고유의 성과' 예시를 발견했다. 그녀는 이것을 자신의 엄마와 같은 '대처자'로서 그녀의 강한 정체성으로 설명했다. 나는 이것들에 대해서 궁금해졌고 또한 잔이 메그가 항상 문제라는 생각과 반대되는 것에 대해서도 궁금했다. 또 메그는 할머니의 불치병에 대해서 어떻게 자신이 고군분투하는지에 대한 이야기를 시작했는데 그 이야기는 메그가 항상 강해 보였기 때문에 엄마는 들어 본 적이 없는 이야기였다.

가족이 가족치료 서비스를 원하지 않고 ADD를 위한 검사에도 부정적이어서 내가 제공할 수 있는 것이 많지는 않았지만 가족은 서로 이야기하는 것을 좋아했고 그들 사이에 변화가 일어났으며 강해졌다고 느꼈다. 첫 번째 만남은 치료 목적에 관련된 어떤 종류의 이야기를 끌어내는 열쇠가 될 수 있다. 의뢰한 사람과 종종 아동 사이의 문제에 대한 가족 이야기를 중재하는 것이 중요하다.

사설기관의 임상 현장에서는 가족들이 따라야 할 기준이 의무적이지 않기 때문에 유연한 편이다. 그러나 아동의 행동이 종종 문제 이야기의 한 부분이 된다. 아이들은 치료사를 왜 보러 왔는지에 대해서 아무런 생각을 갖고 있지 않다. 나는 아동에게 어떤 이야기를 했는지를 부모들과 이야기한다. 그들이 아이를 알고 있기 때문에 종종 보호자는 이것을 도울 수 있다. 나는 보통 사람들이 약간의 걸림돌이 생길 때 다시 이야기하는 것을 도와주는 사람에 대해 제안한다. 예를 들어, 스포츠를 좋아하는 가족 안에서 공평하게(유용하게) 이야기할 수 있게 만드는 심판, 관계를 다루는 배관공(문제들에 갇혀 있을 때) 등이다. 그러나 이런 대화들에도 불구하고 가족들이 아동에게 말을 하지 않아서 그들이 왜 치료에 왔는지에 대한 실제적인 이야기를 하고 있지 않은 경우를 나는 종종 발견한다. 이런 이유로 첫 번째 회기에 이것을 탐색할 필요가 있다. 의뢰된 이야기를 해체하는 것과 가족이 치료를 통해 무엇을 원하는지에 대한 가족 이야기를 만드는 것은 미래의 관계에 영향을 미치는 초기 작업의 중요한 요소이다. 첫 번째 회기는 회복탄력성에 대한 들어 보지 못한 이야기를 선택하거나, 말하지 못한 것을 이야기할 수 있도록 허용하거나, 때로는 개인들이 들어서 가슴 아픈 이야기를 허용하므로 치유될 수 있다.

평가

평가는 여러 맥락들 안에서 다양한 의미를 갖는다. 아동 · 청소년정신건강서비스에서 나의 평가에 대한 경험은 임상적 결정을 하는 것을 의미한다. 전문적인 훈련/문제의 유형에 가장 적합한 훈련은 National Institute for Clinical Excellence(NICE)의 지침과 근거 기반 임상에 기초한다. 이 접근은 어떤 점에서는 전문적인 이야기일 뿐이지 가족들이 치료에서 무엇을 원하는지 명확하게 해 주는 방법으로 이것이 유용한 방법인지에 대한 생각에는 마찰이 생길 수 있다. 본질적으로 가족들은 함께 문제를 표현하기도 하지만, 정보들을 모으는 것이 종종 가족 구성원들이 서로 자신의 이야기를 할 수 있게 허용하는 매우 치유적인 방식이 될 수 있다. 나는 이야기 가족치료를 위한 평가에는 가족 구성원들이 이야기할 수 있는 다른 이야기들과 가족 구성원들 사이에서 가족 이야기들이 어떻게 조직화되는지를 이해하기 위한 특정한 요소들이 필요함을 발견했다. 내가 구성요소를 어떻게 하느냐에 따라 다른 종류의 회기가 된다. 주로 첫 회기는 가족 회기로 가족 구성원이 대등한 자격으로 만나는 것이 가능하다(모든 구성원은 잠재적 내담자이다). 이 회기 이후로 아이 앞에서 논의하기에 적합하지 않은 문제들을 상의하기 위해서나 여기서 외부 기관들에 있는 동료들과 정보를 어떻게 나누게 될 것인지를 고려해서 부모, 보호자 또는 부모 역할을 하거나/보살핌을 제공하는 커플들을 만나는 회기를 한 번 갖는다. 만약 아동 보호 문제나 상황들이 복잡할 경우, 나는 종종 보호자들을 먼저 만난다. 내가 느끼기에 보호자들이 아동 발언의 비밀유지를 지원할 수 있다고 느끼면 나는 아동들을 따로 만나서 그들이 상황을 바라보는 관점을 알기 위해 시간을 보낸다. 가족 안에서 그것들을 의논할 수 있도록 내가 도와주는 것을 원하는 사람들은 문제를 제기할 수도 있다. 나는 부모들과 의무적인 정보 업무를 나누는 것에 대해서도 아주 명확하게 하는데 이것은 아동들이 말하는 데 얼마나 자유롭게 느끼느냐를 결정한다. 이 부분에서 나는 가족 보호막 평가(Family Shield Assessment)를 설명할 것이며 이것은 평가 과정에서 내가 가족을 어떻게 이해할지와 내가 그들을 어떻게 도와야 할지에 대해서 생각하는 핵심 부분이다.

가족 보호막 평가

평가를 위한 가족 회기 안에서 나는 Ann Cattanach의 보호막 평가(1992) 를 아동의 정체성 평가를 하는 창의적인 도구와 회복탄력성에 관련된 가족의 이야기들을 고려하는 평가 도구로서 도입하여 개인의 이야기에 주의를 기울였다. 나는 종종 첫 회기에 그들 스스로가 자신 가족에 대한 전문가임을 설명하고 가족이 어떻게 작동하는지에 대해서 배우고 싶다고 이야기하며 가족들을 가족 보호막을 만드는 데 초대한다.

보호막은 능력과 수행에 따라 자기 자신, 성인 또는 아동에 의해 여섯 가지 구획으로 나누어 그린다.

〈1구획-가족 상징〉

나는 옛날에 가족들이 가족 문장(紋章)을 가지고 있었다고 얘기하며 첫 번째 과제로 가족들에게 그들 가족을 상징할 수 있는 동물들을 고르고 그 상징을 그리거나/쓰거나 또는 만들라고 요청한다.

이 질문은 때때로 변화하기 위해서는 필요한 것이 무엇인지 명확하게 하는 데 도움을 준다. 예를 들어, 내가 함께 작업한 어떤 가족은 자신들을 언제나 싸우고 소리치는 용으로 묘사했다. 가족 중에 아이가 이것을 조용하고 평화로운 고래로 바꾸기를 원했다. 그러나 새로운 이야기를 찾으면서 나는 그들이 좋아하는 용에 관련해서 다른 것이 있는지 궁금했다. 그들은 용은 강하고 위풍당당하다고 느꼈고 고통스럽더라도 가족을 위해 기꺼이 싸울 것이라고 했다. 또한 이 과정에서 가족들이 서로 협상하는 것이 필요한 협동적인 활동 안에 가족을 참여시켰다. 그것은 내가 가족 안에서 이야기를 들어 주는 권리를 가진 사람이 누구인지, 아동과 성인이 어떻게 협상하는지에 대한 규칙들과 이야기들을 이해하는 데 도움이 된다. 이런 과제의 작은 부분은 가족들이 문제를 같이 해결하는 걸 의미하고 나의 경험으로는 건설적인 가족의 신념체계에 대한 생각에 적합하다.

〈2구획-가족 좌우명〉

가족의 좌우명을 물어보며 2구획의 공동작업을 계속한다. 나는 다시 한 번 가족에게 적합한 다른 맥락에서 예를 들거나, 때로는 문학에서('모두가 하나가 되어'를 가장 선호한다) 인용하여 소개한다. 이것은 그들의 친구에게 가족처럼 되기 위해서 무엇이라고 이야기할 건지에 대해서 물어봄으로써 도울 수 있다. 때때로 우리는 좀 더 재밌게 만들기 위해 말풍선이나 신문의 제목을 활용한다. 그들이 가족으로서 길을 잃은 것 같은 것을 어떻게 느끼는지 묘사하기 위해 쿠마 가족은 '우주에서 길을 잃다'라는 말을 생각해 냈다. 그들이 길을 잃기 전에는 어떻게 그들이 길을 찾았었는지에 대한 대화와 모든 관련된 지도를 그리며 표지판을 고안해 내고 이것은 대화를 촉진했다.

때로 이 작업들은 좀 더 탄력적이다. '미치도록 행복한'은 기억에 남는 것 중에 하나다. 좌우명을 만드는 과정은 종종 유머러스하고 가족들이 이완되고 서로에게 솔직해지는 걸 돕는다.

〈3구획-기억에 남는 가족 이야기〉

3구획에서 나는 가족들에게 좋았던 가족의 기억을 쓰거나 그들이 함께 보냈던 시간을 쓰라고 요청한다. 이런 것들은 생일잔치나 휴가와 관련된 것일 수도 있고 때로는 단지 공원에서 보낸 하루일 수도 있다. 그들은 종종 가족 구성원 각각 다른 구성원들과의 관계에서 가치를 두는 것이 무엇인지 드러낸다. 나는 9세인 팀에게 축구 게임이 왜 그렇게 특별한지에 대해서 물었다. 팀은 나에게 가족 모두가 다 함께 녹초가 될 때까지 게임을 했다고 이야기했다. 그는 다른 것을 하기 위해 멈출 수 없었으며 심지어 그의 여동생도 같이 즐겼다고 했다.

〈4구획-문제 해결 이야기〉

나는 가족에게 가족으로서 어떻게 문제를 해결하는지 묻고 그들이 어떻게 함께 협력하는지 묻는다. 이것은 종종 문제에 어떻게 대처하는지와 해결하는 방법에 대한 이야기를 드러나게 한다. Michael White가 문제에 강조를 둔 최근에는 잘 이야기하지 않는 '부끄러운 이야기(shy stories)'를 참조할 수 있다.

10세 수잔은 나에게 무엇이 일어났는지에 대해서 가족끼리 의논해야만 하는 모임에 대해서 이야기해 주었다. 그리고 자신이 비서로 어떻게 모든 것을 다 받아 적었는지 이야기했다.

〈5구획-변화의 이야기〉

끝에서 두 번째 회기 동안 나는 가족에게 가족과 관련해서 무엇이 바뀌기 원하는지를 물어본다. 그리고 최종적으로 나는 가족에게 문제가 해결되었을 때 가족으로서 무엇을 할지에 대해서 그려 보도록 요청한다. 이것은 치료적 작업의 목표를 세우는 것을 돕고 문제 해결 중심 치료에 더 적합하다(de Shazer, 2005). 그러나 이것은 또한 가족들이 원하는 변화에 도달하는 데까지 가족들이 얼마만큼 떨어져 있는지를 평가하고 확인하는 작업에도 도움을 준다.

〈6구획-미래에 대한 이야기〉

6구획에서 나는 가족들에게 상담이 종결되었을 때 그들이 서로 무엇을 함께하게 될 것인지 묘사하도록 요청한다. 이것은 미래를 중심으로 한 요소이지만 종종 가족들이 다툼이나 문제를 다뤄야 하는 데서 오는 스트레스를 다루는 대신 가족이 함께하는 활동들을 다시 한 번 찾아내게 한다.

이 보호막은 가족의 이야기와 개인의 이야기 사이의 마찰을 보여 주는 데 도움이 될 수 있다. 그러나 이것은 고정되어 있지 않고 다시 쓰여질 수 있으며 치료과정들과 같이 추가될 수 있다. 때로 보호막은 완성되지 않고 그저 치료를 위한 목적들에 관한 토의를 위한 발판이 될 수 있다. 때때로 가족들은 끊임없이 보호막을 언급하며 치료 과정을 기록하는 데 아주 유용한 방법들을 창조한다.

이야기 가족 놀이치료 과정

이야기 가족 놀이치료 과정은 사설 임상센터에서와 다른 여러 제약들의 영향을 받는다. 내 경험에 비추어 보면 특별하게 복잡한 경우가 아니면 회기의 빈도와 횟수가 제한이 된다. 사설 임상 현장에서는 더 유연하지만 가족의 자원이 제한적이거나 보험회사가 단지 6회기만 지원할 수도 있다. 내가 한 가족을 일주일 동안 세 번씩 보면, 양쪽 부모가 모두 참석할 수 있는 데 참석 가능한 주가 딱 일주일 뿐이라면 아동ㆍ청소년정신건강서비스 내에서의 임상 장면에서는 그것이 가능하지 않았을 것이다. 자원이용관리부에서 이와 같은 회기 빈도를 허락하지 않았을 것이기 때문이다. 아동ㆍ청소년정신건강서비스의 치료사는 전문가들로 이뤄진 팀에 속해 있으며 불평을 다루며 지원하는 조직을 가지고 있다. 사설 임상 현장의 치료사는 더 많이 취약한 상황이다. 부모가 종종 치료의 감독관이 되므로 치료사는 가족을 감당해야 한다. 아동ㆍ청소년정신건강서비스에서 일한 경험으로 나는 치료의 안전성과 위험에 관한 기대들을 명확하게 하기 위해 서면 계약서를 작성한다(부록 1). 나는 또한 가족들에게 그들의 공중보건의(General Practitioner: GP)에게 치료가 진행 중이라는 걸 접촉해서 알려도 되는지에 대한 허락도 얻는다. 나는 가족에게 모든 계약서를 보내기 전에 아동ㆍ청소년정신건강서비스에서와 같이 복사를 해 둔다. 다음의 내 임상 사례들은 나의 경험을 토대로 가상으로 꾸몄다. 실제 가족들을 사실 그대로 표현하는 데는 역시 한계가 있지만 내 작업의 분위기가 전해지길 바란다.

가족 놀이 과정

앞에서 이야기하였듯이, 놀이는 오래된 이야기를 탐색할 수 있게 하고 새로운 이야기가 창조될 수 있도록 다른 맥락을 제공할 수 있다. Sue Jennings (1999)는 놀이치료 발달 모델에서 유아와 아동에게 놀이 활동이 어떻게 발달하는지를 묘사하기 위해 '체화적 투사(embodiment projection)'의 '역할(role)'이라는 용어를 만들었다. 나는 이 모델이 아동에 관해서나 가족이 어떻게 함께 놀이하는지에 대한 나의 생각에 변함없이 도움을 준다는 것을 발견했다. 가족은 놀이를 함께할 수 있는지 없는지에 대한 관점에서 출발하여 그들의 발달적인 과정에 참여한다. 어떤 부모는 자녀들과 노는 것을 어려워한다. 어떤 아동은 아주 어릴 때(9세 또는 10세, 또는 더 어릴 때)부터 노는 것은 '유치한' 것이라고 배우고 그들은 종종 '모래상자를 재밌어 하는 것'을 미안해하며 "알아요. 내가 조금은 아기 같죠?"라고 이야기한다. 이것은 교육의 중요성에 관해서 매우 강한 이야기를 들었던 가족들의 사례에서 특히 흔하다. 특히 교육을 통해 사회적 신분이 상승되었거나 자신의 삶이 개선된 부모의 경우에는, 가족들에게 함께 놀 수 있는 기회를 주는 것이 가족 구성원들이 함께 즐거움을 공유하고 스트레스를 받아 왔던 관계들을 회복시키는 것에 도움을 준다. 부모나 양육자와 그들이 매우 다를 수 있는 것을 함께 토론하는 것은 중요하다. 그러나 대부분의 부모들은 그것들이 도움이 되는 것을 이해하고 그렇게 진행하도록 한다.

내가 일하는 놀이실은 꽤 작아서 놀이실에서 모든 가족들을 만나는 것이 항상 가능하지는 않지만 나는 회기마다 종이와 펜 그리고 인형들을 준비한다. 두 형제 사이의 폭력적인 인형극(새와 악어)에서 처음에 엄마는 화를 냈고 둘 사이에 더 많은 싸움이 있었지만 우리는 놀이를 반복하여 새와 악어의 감정을 이해할 수 있었고 일반적인 싸움과 상처를 입히는 폭력 사이의 차이점에 대해 대화할 수 있었다. 엄마가 소년들의 놀이에 큰 반응을 일으키는 것처럼 보이는 것은 매우 중요했다.

3, 4회기에서, 내가 생각하기에 가족들은 함께 놀이할 수 있을 만큼 충분

히 안전하다고 느끼는 것처럼 보였을 때, 나는 필수적으로 끈적거리는 슬라임 (slime), 모래 그리고 물을 포함한 놀잇감을 갖춘 놀이실에서 적어도 1회기 이상의 가족 회기를 실시한다. 아이들은 곧바로 놀잇감을 사용하기를 원하고 양육자들에게 함께하자고 조른다. 양육자는 때로는 덜 열정적이지만 나는 항상 우리가 지저분한 놀이를 할 것임을 미리 알려 준다. 나는 가족에서 지저분한 놀이를 할 수 있는 발달이 종종 양육자와 아동 간 그리고 형제간의 관계 개선과 동시에 일어날 수 있다는 것을 발견했다.

가족이 받아들일 수 있는 감정표현방식으로의 놀이

트리샤와 토니는 6세 아들 컬럼의 양육에 도움을 받기 위해 아동·청소년 정신건강서비스에 데리고 왔다. 컬럼은 주의력결핍 과잉행동장애(ADHD)로 진단받았고 약물을 복용을 하여 학교에서 행동에 약간의 개선을 보이고 있었다. 하지만 부모는 아이의 분노폭발에 대처하기 위해 고군분투했다. 컬럼은 인형의 집을 가지고 놀기 시작했고 부모들은 그에게 그만 놀고 나에게 이야기하라고 했다. 나는 부모에게 그가 표현하는 분노를 이해하기 위해 그의 놀이에 관심이 있다고 했다. 놀이가 진행되면서 컬럼은 모든 캐릭터를 쏘기 시작했고 내가 죽어 가는 척 신음 소리를 내는 것에 그는 기뻐했고 잠시 후 그의 부모를 초대했다. 이 아동은 자신의 공격적인 감정을 놀이를 통해 표현할 수 있는 경로를 분명히 가지고 있었고 나는 부모에게 이렇게 분노를 안전하게 표현하는 방법을 함께하라고 격려했다.

놀이를 통해 감정을 허용하는 방법들을 나에게 배우며 이렇게 함께 노는 회기를 3회기 이상 하고 나서, 컬럼의 엄마는 그가 더 차분해졌다고 이야기했다. 엄마는 아들에게 학업 관련 스트레스를 너무 많이 줬다는 것을 깨달았고 아이가 혼자 노는 시간과 자신과 같이 노는 시간이 더 필요하다는 것을 깨달았다고 했다. 나는 그녀에게 우리의 회기 안에서 직접 컬럼에게 그를 안심시켜 줄 수 있게 이야기하라고 제안했다. 우리는 또한 컬럼이 스트레스를 크게 받을 경우 분노를 폭발하는 대신 부모와 함께할 수 있는 다른 방법들에 대해서도 이야기를 나누었고 가족들이 함께 적는 책도 만들었다. 모든 일이 완벽하지는 않았지만 가족이 새로운 삶의 방식으로 재미있고 즐겁게 살아갈 수 있도록 가족과 대화하는 방식에 충분한 변화가 있었다. 또한 온 가족이 컬럼의 여동생에 대한 이야기를 들었을 때 동생이 '착한 아이'라는 것이 명확했고 컬럼은 이것을 아주 잘 알고 있었으며 이것이 그의 분노의 일부이기도 했다. 부모는 이런 생각을 받아들이고 컬럼이 '놀이를 잘하는 아이'라는 아이디어를 만들어 냈기 때문에 컬럼은 자신의 누이 때문에 화낼 필요가 없었다. 가족 이야기가 서서히 긍정적이고 창조적인 이야기로 발전되고 의사소통이 향상됨에 따라 상황이 개선되었다. 어떤 가족은 자녀와 함께 놀 잠재적인 기회를 얻을 수 있다.

나는 사설 임상기관에서 11세 클레오를 만났다. 엄마 제인은 지병이 있었고 아이에게 자신의 상태가 어떻게 영향을 미칠지 걱정했다. 클레오는 모래상자에서 엄마를 걱정하는 딸과 엄마에 관한 이야기를 시작했다. 제인은 아이의 놀이 의미에 매우 민감했고 곧바로 클레오는 모래상자에 어머니를 파묻을 때 자신의 감정을 표현할 수 있었고 엄마는 집에서 오래된 모래상자를 꺼내서 다시 채워 줬다. 이것은 클레오가 엄마의 지병에 관련된 궁금증과 실제보다 더 나빴던 클레오의 환상들을 토론할 수 있게 이끌었다. 클레오의 엄마는 클레오에게 개방하는 것이 더 도움이 된다는 것을 알게 되었고 그들은 집에서 정기적으로 놀이와 토론을 함께하였다.

놀이와 가족 안에서의 지저분함의 의미

제이 가족은 두 형제의 끊임없는 싸움 때문에 내 사설 임상센터에 왔다. 스티븐과 클라크 그리고 엄마 레이와 아빠 짐은 모래와 물을 가지고 놀기 시작했다. 내가 모래에 물을 붓거나 지저분해져도 된다고 말했음에도 불구하고 어머니는 우연히 바닥에 모래가 떨어지는 것을 매우 염려했다. 또 그녀는 젖은 모래를 가지고 노는 게 매우 어렵다는 것을 알고 아이들이 무엇을 할 것인지에 직접 개입했다. 남편은 부인을 강하게 보호하며 아이들에게 어머니가 싫어

하니까 어머니를 골치 아프게 하지 말라고 했다. 이것을 통해 나는 가족 내 관계에 대한 이야기의 많은 정보를 얻었다.

이 회기 이후에 나는 부모에게 이것에 관해 이야기를 하였다. 어머니는 아이들과 노는 것을 꺼리는 자신의 모습에 놀랐고 지저분함이나 놀이에 대한 그녀의 원가정에서의 이야기를 생각하기 시작했다. 그녀는 원가정에서 외동딸이었고 한 번도 지저분함이 허용된 적이 없었다. 우리는 어머니가 아이들에게 놀이를 발달시킬 수 있는 더 많은 공간을 줄 수 있고 더 개입할 수 있게 몇 번의 회기를 가졌다. 가족은 정기적으로 놀이시간을 갖기 시작했고 아이들 사이의 공격성은 줄었다. 부모가 지저분한 놀이를 더 허용할 수 있게 되고 아이들에게 반응함으로써 아이들은 안전감을 느끼기 시작했고 공격성을 통해 불안감을 표현할 필요가 없어졌다. 부모는 모래상자에서 놀기 때문에 통제가 더 잘 된다고 느낀다고 보고했고, 모래상자 안에서 놀이하는 것은 부모가 경계를 지키는 범위 안에서 아이들의 감정을 담아 주고 그것에 반응해 줄 수 있다는 은유가 되었기 때문이다. 아이들이 그들과 함께 이야기를 창작할 수 있도록 돕기 위해 나는 부부와 오랜 시간 동안 작업했고 이 작업은 그들이 더 안전하다고 느끼도록 기여하였다.

놀이와 외현화

나는 9세 아들 아데올라가 물건을 숨기고 부모의 개인 소지품을 쓰레기통에 넣는 것과 관련된 장난꾸러기 같은 행동으로 힘들어 하는 툰다와 마리 부부를 만났다. 부모는 모두 오랜 시간의 근무와 아들의 행동을 어떻게 이해하고 반응해야 하는지가 어렵다고 했다.

반면에 아데올라가 녹색의 방귀소리가 나는 끈끈이(farty putty)를 가지고 놀 때 나는 그것을 초록색 똥 괴물이라고 하자고 제안했고 그 괴물이 그에게 장난꾸러기 같은 행동을 시켜서 얼마나 상황을 망치는지에 대해서 토론했다. 모든 가족이 괴물을 가지고 있다는 것이 밝혀졌다. 엄마는 그녀의 침묵 괴물을 어떻게 조절해야 할지 배워 왔고 아빠는 성질이 더러운 괴물을 가지고 있었다. 나는 집안이 그런 괴물들 때문에 얼마나 붐빌지에 대해서 이야기했다. 우리는 괴물들을 화장실에 넣고 물을 내려 버린다고 할지라도 배관에 숨을 수 있기 때문에 괴물들을 없애는 게 힘들 거라는 데 동의했다. 우리는 다함께 괴물들보다 한 수 앞서기 위해서는 뭉쳐야 한다는 것에 동의했다. 이 접근법은 배설물을 채우는 소년—악명 높은 더러운 똥—과 외현화를 사용한 Michael White(White and Epston, 1990)의 설명과 매우 유사하다.

이런 방식으로 작업하는 것은 부모님이 즐겁게 놀이에 참여할 의지가 있어야 하므로 부모와 그에 관련된 대화를 나누는 것이 중요하다. 때로는 부모가 아동의 행동을 직접적으로 다루길 원하고 치료는 재밌는 게 아니고 심각해야 한다고 느낄 때 이런 접근을 생소하다고 느낄 수 있다. 나는 문제 행동들이 스트레스를 준다는 것을 알고 있음에도 아이가 그 행동 때문에 비난받는다고 느끼지 않는 것이 더 도움이 된다는 것을 설명한다. 종종 이런 대화는 그들이 유년기 때의 비난 받았던 고통스러운 것들을 이끌어 낼 수 있다. 이는 자녀에 대한 비난하는 이야기에 왜 참여하고 싶어 하는지 이해하는 데 도움이 된다. 나는 부모들이 그동안 그들이 아이의 행동에 대해서 비난을 해 왔던 것 때문에 문제가 되었다는 것을 알게 되어 아이가 치료에서 즐거워하는 것이 매우 가슴 아프다고 이야기하는 것을 듣게 되었다.

복합가족의 놀이

놀이는 가족 구성원의 주요한 걱정이 무엇인지를 반영할 수 있다. 가족과 작업하면서도, 두 남매는 집안에 혼자 남겨지는 것에 대한 걱정을 놀이에 표현했다. 이것은 아이들이 어떻게 하면 더 안전하며 나쁜 일을 하는 사람들이 어떻게 벌을 받는지에 관해서 토론하는 것이 매우 요구되는 것으로 이끌었다. 그때 남매와 부모 모두를 포함한 양육놀이가 드러난다. 이것은 가족 정체성을 유지하고 건강하게 양육되고 '정상'이라는 가족의 살아 있는 이야기를 유지하는 방법으로 가족에게 중요하게 보였다.

치료실에서 아동이 안전함을 느낄 때 그들은 그들이 경험했던 학대에 관련된 이야기를 말하기 시작했다. 이것은 아동들이 부모와 이야기를 나누는 기회를 제공하고 이 이야기를 나눌 수 있게 될 때 부모는 아이들이 안도하는 것을 목격할 수 있다. 치료 공간은 아이들이 환상으로 떠날 수 있게 하고 말하기 너무 힘들었던 것들에 대해서 이야기하는 것을 시작하게 하기 위해서 충분히 안전해야 한다. 이야기 가족 놀이치료에서, 우리는 회복탄력성 요인들을 탐색하는 것을 선택할 수도 있다. 이것은 아동의 용감함에 대한 이야기를 포함할 수 있고 부모가 그 이야기를 믿는 것의 중요성을 포함할 수도 있다.

결말과 평가

치료 종결의 중요성과 의미에 대한 이야기는 놀이치료와 일반적인 체계적 치료에서 큰 차이가 있다. 놀이치료에서 종결은 어느 정도 그동안 고통스럽던 이전의 관계를 치료하는 기회로 간주되고 계획된 종결을 한다. 이야기 가족치료에서도 종결은 계획되지만 과정상 덜 강조된다. 그러나 결과와 평가는 종종 상호 연결되어 있다. 8세 조(Jo)는 그녀가 가족 안에서 배제되었다고 느끼고 있는 양아버지와의 복잡한 관계로 인해 치료에 오게 되었다. 조는 자신의 걱정들에 대해서 이야기할 수 있었고 엄마인 마야는 사려 깊어졌고 자신의 파트너와 어려움에 대해서 이야기했다. 몇 회기가 지난 후 몇 가지는 조금 더 나아졌지만 가족 안에는 여전히 문제들이 남아 있었다. 마야는 자신이 부모가 된 경험을 탐색하기를 원하지 않는다고 분명하게 표현했다. 나는 이것을 존중해야 하지만 이것이 그녀의 원가정에서부터 자신의 행동에 대한 이야기의 이해를 돕는 것이 다음 단계가 될 것이라고 느꼈다. 마야는 그녀가 할 수 있는 한 멀어졌다고 생각했고 그녀는 차후 작업이 어떻게 도움이 될 거라는 걸 보지 못했다. 우리는 이것이 마지막 회기라는 데 동의했다. 조가 마지막 인사를 하고 싶지 않다고 했음에도 불구하고 우리는 지금은 가족들이 충분히 잘 지낼 수 있을 것이라는 데 동의했고 조와 마야가 문제들을 함께 해결하는 것에 대해 축하했다. 조는 마지막 인사를 할 때 슬퍼했지만 우리는 그녀가 자신의 걱정에 대해서 이야기할 수 있는 능력과 용기가 있음을 이야기하고 인정해 줬다. 나는 기관에 오는 다른 아이들에게 그녀의 용감함에 관해 이야기해도 되는지 물어봤다. 이런 과정은 가족이 그들의 공동체 내에서 이야기를 다시 제작하는 것을 통해 가족이 다른 사람들에게 전문가나 상담자가 되어 간다는 '다시 가지고 오기' 개념(White and Epston, 1990)과 비슷하다. 상담자로서 회기에 가족들을 데리고 오지는 않았지만 나는 그들이 문제를 해결하는 능력과 용감함에 대해서 다른 이들에게 이야기를 해도 되는지를 물어 본다. 그리고 때때로 이런 사례들을 각색해서 다른 가족들을 돕는 데 사용하기도 한다. 이것은 특히 비밀유지에 관한 이야기 놀이치료에 관한 윤리적 고려사항이 될 수 있으며, 이야기치료와 가족과 아동의 이야기가 어느 정도 분리되어야 할 상황을 만드는 데 있어 이것이 문제가 될 수도 있다.

윤리

가족 내 누가 내담자인가

아동 개인이 아니라 가족과 함께 작업하는 것은 가족 모두가 내담자이고 치료사가 각각의 내담자의 요구 사이에서 균형을 이루어야 하기 때문에 복잡하다. 내가 가족치료 수련을 처음 시작할 때 나는 아동과의 과정에 더 초점을 맞추고 있다는 것을 발견했다. 누가 내담자인지에 대한 질문이나 커플관계(때로는 다른 문제를 다루기 전에 필수적인)나 성인의 정신건강문제(자주 이야기한 것처럼 치료에 고려해야 할 요소)와 같이 치료사가 안내해야 할 책임들은 매우 복잡할 수 있다. 그리고 나는 가족들과 작업할 때 가족이 어떻게 작동하는지 이해할 수 있도록 체계적 치료(systemic therapy)를 훈련하는 것은 중요하다고 생각한다.

가족 안에서 아동의 목소리

의료적이거나 심리사회적인 분야에서 평가의 일환으로 자녀를 만나는 것은 일반적이다. 나는 아이들이 종종 부모에게 소리 내어 말하고 싶은 의견을 개별 회기에서는 말한다는 것을 발견하면 그다음 회기에서 아이가 자신의 견해를 부모에게 이야기할 수 있도록 그들을 지지한다. 10세의 수니타는 당황할 정도로 지나치게 자신을 껴안았던 그 소년(지역공동체의 일원)을 정말로 보고 싶지 않다고 나에게 이야기했다. 나는 그녀에게 이것을 부모와 함께 이야기하는 것을 원하는지 물어봤고 동의를 받았다. 가족들은 이 이야기를 듣고 놀랐지만 그녀의 요청에 동의했다. 때때로 비슷하게 가족 회기에 아동이 했던 놀이를 다시 다루는 것이 도움이 될 수 있다. 라울과 마리아는 누구든지 즐겁게 해 주려는 10세 딸 릴리를 걱정하고 있었다. 우리가 같이 놀이할 때 나는 릴리가 거침없는 걸 보았다. 사실, 그녀의 성격은 꽤 비열하고 무자비했다. 나는 릴리의 이런 면에 호기심이 생겨 우리가 그녀의 가족에게 이야기를 해도 되는지 물어봤다. 그녀는 그걸 간절하게 원했고 엄마는 릴리가 비열해질 수 있는 능력에 관한 새로운 이야기를 특별히 즐거워했다. 릴리가 다른 사람을 생각하지 않고 자신을 우선 생각하기 시작했을 때 14세 언니 제이에게도 영향을 줬다.

경계를 넘어 정보들을 나누기 위한 결정들은 중요하고 아동의 나이와 치료사에게 그들이 무엇을 원하는지 표현할 수 있는 능력에 달려 있다. 나는 항상 아동과 함께 상황들을 점검하고 내가 확신하지 못하는 어떠한 상황에서는 분명 다시 기회가 올 것이라고 생각하고 기회들을 기다린다.

치료사의 위치

나는 가족들을 지지하는 것을 좋아함에도 불구하고 가족의 이야기를 조직화하는 것이 힘들 때는 꽤 직접적으로 이야기한다. 나는 어떤 가족의 이야기는 아동의 바람과는 반대로 개인적인 비밀을 숨기려고 주저하게 되고 이럴 때 나는 가족과 맞서야 하는데, 특히 아동의 안전과 관련된 비밀 협상이 있는 경우이다.

가족과 일하는 치료사의 위치는 가능한 지지적이어야 하고 놀이성이 높고 유머가 있어야 하나의 놀이가 될 수 있으며 전문가의 위치에서 의사소통하는 판결자여야 한다. 이것은 쉬운 작업이 아니며 우리가 가족을 알아 가며 관계를 수립할 때 잃어버릴 수 있는 예의 바른 사람과 전문가로서의 위치의 균형이 요구된다. 나는 가족과 함께 작업함에도 불구하고 스스로 얼마나 그 가족의 일부가 되어 가고 있는지 자문하게 되는데 너무 가깝거나 너무 많이 관여하는 것은 똑같이 도움이 되지 않기 때문이다.

요약과 비평

이 장에서 나는 내가 이야기 놀이치료와 가족 놀이치료를 어떻게 통합시켜서 일하는지에 대한 묘사를 시도했다. 그리고 나는 가족과 개인의 이야기가 어떻게 이야기되는지, 어떻게 들리는지, 다시 만들어질 수 있는지에 대한 생각들이 전달되었기를 바란다. 생각해볼 가치가 있지만 아쉽게도 여기서 깊게 다루기에는 공간이 충분하지 않은 Haywood(2003)가 요약한 이야기의 주요 비평들과 그동안 비평받아 왔던 비평들이 있다. 내 이야기는 부모인 중년의 백인 여성의 관점으로 이야기된 것이다. 나는 독자들에게 이것이 내가 선택한 이야기에 어떻게 영향을 미치는지 그리고 내가 놓친 이야기가 무엇인지에 대해 생각해 보라고 요청한다. 쓰기 과정은 내가 작업한 것을 명확하게 하는 데 도움을 주고 나는 비슷한 부분의 다른 이야기를 듣는 것에 호기심이 있다.

부록 1: 아동과 가족 상담 정보, 부모/양육자를 위한 계약 그리고 치료의 전문 철학

여러 가지 임상 모델에 영향을 받았지만 나의 전반적인 철학은 인류애이다. 나는 가족과 개인들이 항상 탄력적이고 문제를 잘 해결할 수 있다고 믿는다. 나의 경험에 비추어 볼 때 수시로 의사소통이 막히거나 인생의 사건들 때문에 사람들이 쓰러질 수 있기 때문에 그들이 가진 평상시의 자원들을 발동시키는 게 필요하다. 나는 내 역할을 촉진자라고 본다. 이것은 종종 가족들을 돕는 것, 젊은 사람들이 의사소통하고 삶의 맥락 안에서 그들 스스로에 대해서 배우는 것을 포함한다. 나는 사회적인 차이들에 대해서 배우는 것을 아주 흥미 있어 하기 때문에 종교적으로나 문화적으로 내가 주의를 기울이는 것이 필요한 다른 차이점에 대한 부분들을 알려 주길 바라며 만약 그릇된 가정이나 무언가를 잘못하고 있다면 알려 주는 것도 바란다. 물론 너무 빈번하지 않기를 소망한다.

서비스

가족치료

나에게 가족치료의 목적은 가족들에게 도움이 되는 의사소통을 재구축하여 모든 구성원이 자신의 이야기를 들어 줬다는 느낌을 가질 수 있도록 돕는 것이다. 아동이 현재 보이는 행동적인 증상은 가족 안에서 표현되지 못한 무언가가 표현되는 것이다. 가족치료는 이걸 풀 수 있도록 도움을 주는 것이다. 가족 작업은 아마도 아동이 부모로부터 충분히 수용되었다고 느끼는 데 도움을 줄 수 있도록 부모와의 관계를 강화시키는 회기가 포함될 것이다. 임상에서 나는 아동의 개인 회기를 어느 정도 갖기도 한다. 보통은 가족치료는 6~10회의 회기 지속되고 격주로 3시간씩 진행된다. 이것은 집에서도 변화가 일어날 수 있도록 해 볼 수 있는 공간을 제공하는 것이다.

평가 기간
일반적으로 치료에 도움이 되기 위한 최적의 접근이 무엇인지를 결정하기 위한 평가는 3~6회의 회기가 필요하다.

동의서

목표
나의 목표는 좋은 가치를 가지면서 안전하고 전문적이고 명료하고 존중받을 수 있는 서비스를 제공하는 데 있다. 따라서 나는 상호 책임감과 치료 작업에 대한 조항들을 모두 서면 동의서에 작성한다. 내가 아동이나 부모의 공중보건의(GP)에게 일반적인 문서를 통해 작업에 대해서 알려도 되는지에 대한 계약의 조건들이다. 내가 GP에게 어떠한 위급한 걱정들을 알릴 수 있게 하는 것은 건강과 안전에 대한 고려사항이다. GP에게 제공하는 모든 편지들을 복사하여 부모와 양육자 그리고 나이가 적합한 경우 아동에게도 제공한다. 나는 또한 치료를 시작하기 전에 위험성에 대해서 질문함으로써 적합한 욕구가 무엇인지 평가해 볼 수 있다.

또한 나는 내가 아동이나 가족에 대해 생각하도록 돕는 임상 슈퍼비전과, 서비스의 질에 기여할 수 있는 나의 작업을 기록해 둔다.

교신
교신은 전화나 편지를 통해 한다.

책임: 치료사
나는 영국 놀이치료사 협회(BAPT), 심리치료를 위한 영국 협회(UKCP) 그리고 건강 전문가 협회(HPC)의 임상 강령들 안에서 작업할 것이다(요청 시 자격증 복사 가능).

책임: 양육자/부모

치료에 빠지지 않고 참석하며 아동을 제시간에 데리고 오기.

아동 치료 회기에 대해서 아동에게 묻는 것을 제한한다. 단, 아동이 말하길 원할 때는 공간을 허용한다.

아동에게 영향을 미칠 수 있는 건강, 사별이나 학교 등의 변화된 어떠한 상황도 치료사에게 알린다.

치료비는 정기적으로 지불하거나 지불하기가 어려운 상황이 있을 때는 혜택을 받을 수 있는 절차를 진행할 수 있도록 치료사에게 알린다.

부모의 책임이 있는 부모(들)/양육자(들)/사람(들)

이름 _____

서명 _____ 날짜 _____

이름 _____

서명 _____ 날짜 _____

작업의 종류: 평가 기간

계획된 치료 회기의 날짜:

검토 날짜 _____

제안된 비용 _____

치료사 _____

서명 _____

날짜 _____

부모/양육자가 작성 완료한 정보 서류

아동 이름 _____

생년월일 _____

부모/양육자의 이름: 1.

　　　　　　　　　　　2.

주소:

주소 2(해당되는 경우):

부모(들)/양육자(들)가 작성한 연락 승인 서류

공중보건의 이름, 주소, 전화번호:

학교 이름, 주소, 전화번호:

당신의 자녀에 대해 내가 알고 있어야 할 최근의 건강 문제가 있습니까?

당신의 자녀/가족에 관련해서 지금 당신이 가지고 있는 주요한 걱정들에 대해서 간단히
기술해 주세요.

동그라미를 쳐 주세요.

모든 기관들과의 접촉에 대한 허용(학교사회복지사/GP/학교, 그 외):

　　　　　　　예/아니요

당신이 다른 기관과 접촉하는 것의 필요성에 대해서 내가 느낀다면 상의할 수 있습니다.

공중보건의와 접촉하는 것에 대한 허용: 조건적으로 예

학교와 접촉하는 것에 대한 허용: 예/아니요

사회복지사와 접촉하는 것에 대한 허용: 예/아니요

아동ㆍ청소년정신건강서비스와 접촉하는 것에 대한 허용: 예/아니요

📚 참고문헌

Aries, P. (1962). *Centuries of Childhood*. New York: Vintage Books.

Bateson, G. (1972). *Steps to an Ecology of Mind*. Chicago, IL: Chicago Press.

Burnham, J. (1986). *Family Therapy*. London: Tavistock.

Cattanach, A. (1992). *Play Therapy with Abused Children*. London: Jessica Kingsley Publishers.

Dallos, R. (2006). *Attachment Narrative Therapy: Integrating Narrative, Systemic and Attachment Therapies*. Buckingham: Open University Press.

de Shazer, S. (2005). *More than Miracles: The State of the Art of Solution-Focused Therapy*. Binghamton, NY: Haworth Press.

Foucault, M. (1975). *The Archeology of Knowledge*. London: Tavistock Press.

Freeman, J., Epston, D. and Lobovits, D. (1997). *Playful Approaches to Serious Problems*. New York and London: W. W. Norton.

Gil, E. (1994). *Play in Family Therapy*. New York: Guilford Press.

Haywood, M. (2003). 'Critique of narrative therapy: A personal response.' *Australian and New Zealand Journal of Family Therapy, 24*, 183–189.

Hoffman, L. (2004). 'Constructing realities: The art of lenses.' *Family Process, 29*, 1, 1–12.

Jennings, S. (1999). *Introduction to Developmental Play Therapy*. London: Jessica Kingsley Publishers.

Rutter, M. (1985). 'Resilience in the face of adversity: Protective factors and resistance to psychiatric disorder.' *British Journal of Psychiatry, 147*, 598–661.

Walsh, F. (2006). *Strengthening Family Resilience*, 2nd edn. New York: Guilford Press.

Weeks, J., Heaphy, B. and Donovan, C. (2001). *Same Sex Intimacies. Families of Choice and Other Life Experiments*. New York: Routledge Taylor and Francis Group.

White, M. and Epston, D. (1990). *Narrative Means to a Therapeutic Ends*. New York and London: W. W. Norton.

Wilson, J. (1998). *Child-Focused Practice: A Collaborative Systemic Approach*. London: Tavistock.

제10장

입양 아동의 이야기 놀이치료

Carol Platteuw

개관

입양 아동의 이해를 돕기 위한 많은 이야기가 있다. 아마 그들은 그들이 특별하고 간절히 기다리던 존재라고 듣게 되겠지만 이것이 사실이라면 처음에 그들은 왜 포기되었을까? 아마 친부모는 그들을 사랑했지만 돌볼 수 없었다는 이야기를 들을 것이다. 그들이 그렇게 말한 이유는 무엇일까? 양부모는 그들만의 이야기들을 가지고 있다. 그들은 입양이 가족을 만드는 방법이라고 결정하는 데 오랜 시간 동안 기다렸을 것이다. 그러나 그들의 입양 아동은 아마도 그들과 완전히 다른 성격이거나 완전히 다른 관심사와 사고방식을 갖고 있을 수 있다. 나의 동료 중 한 명은(Kerr-Edwards, 영국 놀이치료 협회의 회원이자 놀이치료사) 입양이란 두 가지 다른 장르의 음악이 하나가 되는 것이라고 묘사했다. 이것은 클래식과 헤비메탈일 수 있다. 그들은 어떻게 리듬을 맞추어 멜로디를 시작할까?

이 장에서는 치료사들이 입양 아동들과 어떻게 작업하는지를 탐색하고, 아동들이 자신들의 초기 경험들을 이해하도록 돕기 위해 구조와 의미를 제공하는 데 이야기를 사용할 수 있다는 것을 다룰 것이다. McLeod(1997)는 스토리텔링의 목표를 다음과 같이 설명한다.

- 질서, 순서 그리고 여러 경험들에 대한 완성감(sense of completion) 만들기
- 일어난 일들에 관한 인과관계에 따른 설명을 제공함으로써 문제 해결하기
- 단일 사건을 폭넓은 맥락 안에 놓음으로써 지각에 대한 감각을 발달시키기

입양 보내진 아동들은 주로 지속적인 방임이나 학대의 형태로 중대한 상처를 경험했다. 그들의 초기 양육은 혼란스럽고 비일관적이며 무서웠을 수 있다. 신생아와 유아는 초기 양육에서 돌봄과 조율이 필요하다. 그들은 자신이 가치 있고 사랑받고 보호받을 만하다는 것을 느낄 권리가 있다. 초기의 안정감은 사람들과의 관계에 대한 모델 방식을 형성하여 다른 사람들과의 관계에서 아동들이 자기 스스로를 어떻게 보느냐에 영향을 미친다. 이 내적 작동모델은 아동의 사고와 감정 그리고 행동들에 영향을 미친다. 나는 종종 보호받을 만한 가치가 없다고 느끼거나, 즐거운 가족 여행을 즐기는 것을 망쳐 버리는 아동이나 즐거운 순간이나 경험을 즐길 수 없게 여러 가지를 통제하려는 입양 아동과 함께 작업한다.

입양 아동을 위한 이야기 놀이치료 접근

애착 이론, 외상 이론 그리고 인지/발달적인 이슈들은 내가 입양 아동과 하는 작업에 영향을 준다.

애착 행동들은 안전과 보호를 확신하게 하는 데 주요 기능을 한다. 애착 이론은 유아의 애착 추구 행동으로 신체적이나 정서적으로, 유아가 스트레스를 받을 때 주 양육자에게 최대한 가까이 접근한다는 전제가 기반이 된다. 이런 욕구를 나타낸 유아나 즉각적인 반응을 얻는 유아는 그들의 주 양육자가 일관적이고 믿을 만한 위안의 원천이라는 것을 배운다. 유아가 자라면서 나

이가 들수록 애착 대상은 아이가 세상을 탐색하기 위해 점차적으로 갈 수 있는 안전기지가 된다. 애착은 다른 이들과의 연결을 제공하고 자기감(sense of self) 발달을 돕는다. 유아는 심적 표상 발달이 시작되거나 스스로 가치가 있다는 내적 작동모델의 발달이 시작된다. 성인의 가용성과 성인들이 기꺼이 양육을 제공하고 보호하는 것을 기반으로 애착 행동은 조직화되거나 비조직화될 수 있다. 세 가지 조직화될 수 있는 행동은 안정, 회피 그리고 양가애착이다(Howe et al., 1999).

양육자가 일관되게 최적화되도록 조율해 주고 반응적일 때, 안정애착이 발달한다. 유아는 배고픔이나 불편함, 고통을 표현할 때 성인이 사랑을 주고 배려하고 보살펴 주는 것을 경험한다. 유아는 애착 대상에 대한 선호를 보이기 시작하며 애착 대상의 존재에 유아는 안전함과 편안함을 느낀다. 안정애착을 형성한 아동은 자신이 사랑스럽고 가치 있으며 보호받는 것이 자신의 권리라는 것을 느끼는 내적 작동모델을 갖는다.

양육자가 일관되게 신체적이거나 정서적으로 주의를 기울이지 않고 도움을 줄 수 없을 때, 회피애착 유형이 발달한다. 이런 유형에서는 부모가 우울과 같은 심리적인 어려움을 갖고 있기 때문에 아이에 대한 일관된 돌봄이 불가능할 수 있다. 유아는 자신이 표현한 욕구가 무시당하고 부모가 반응적이지 않을 것이라는 것을 받아들이며 자신의 애착 욕구를 표현하는 것을 최소화하기 시작한다. 아이는 조용해지고 철수하며 커서는 독립적이며 자립적으로 보일 수 있다. 회피애착 유형을 가진 아이들은 자신의 욕구는 중요하지 않고 보호 받을 가치가 없으며 다른 이들에게 기댈 수 없다고 생각해서 스스로 자신의 욕구를 돌봐야만 한다는 내적 작동모델을 갖는다.

양육자가 비일관적이며 관심을 갖지 않고 도움을 줄 수 없을 때, 양가애착유형이 발달된다. 이 유형에서 부모는 술이나 약물의 오남용으로 인해 아이에게 비일관적인 도움을 줄 수 있다. 유아는 때때로 반응적인 양육을 경험하기도 하지만 어떨 때는 그렇지 않은 것을 경험할 것이다. 그러므로 유아는 스스로 자신의 애착 추구 욕구를 최대화할 수 있게 구조화시킨다. 그러므로 그들

270

은 아마도 지나치게 울거나 들러붙기 또는 지나치게 요구를 할 수 있다. 모든 행동은 애착 대상이 자신을 알아차리고 욕구를 맞춰 주도록 자신에게 관심을 이끌기 위해 계획된다. 양가애착을 가진 아동의 내적 작동모델은 자신의 욕구가 중요하지 않고 양육을 받을 가치가 없으며 관심받고 가치 있게 되기 위해서는 열심히 해야 한다고 생각한다.

양육자가 무섭거나 학대적인 경우 유아는 자신의 애착 욕구를 충족하기 위한 반응들을 조직화시킬 수 없다. 유아가 위안을 받기 위해 접근해야만 하는 애착 대상은 공포의 근원이다. 이런 유아들은 얼어붙는 듯한 반응을 포함한 다양한 행동들을 보여 준다. 후에 아동은 매우 통제적인 모습을 보여 줄 수도 있다. 초기에 혼란과 공포를 경험하면 그들은 그들의 현재 세계를 통제하는 것이 필요하다. 비조직화된 애착을 가진 아동은 세상과 성인은 예측 불가능하고 겁이 나는 존재라는 관점으로 여기는 내적 작동모델을 갖는다. 그들은 자신에 대해서 혼란스러워하고 다른 이들과의 관계에서도 어떻게 행동해야 하는지 혼란스러워한다.

불안정하고 비조직화된 애착을 가진 입양 아동들은 새로 태어난 모든 존재들은 유일하고 보호받을 가치가 있다는 핵심 메시지가 포함된 이야기가 유용하다.

아동기 초반의 외상 경험은 아동의 심리적 문제를 발달시키는 위험성에 노출된다. 뇌발달 연구자들은 외상을 경험한 아동은 발달하는 민감기 동안 중요한 신경계가 과잉활성화된다고 이야기한다(Perry, 1995). 외상의 영향을 받은 아동에게는 다음과 같은 두 가지 유형이 관찰된다.

- 투쟁 또는 도피 행동을 이끄는 과잉각성: 이 반응은 아동이 외상 사건을 떠올리게 하는 특정한 상황에 노출되는 경우 보일 수 있다.
- 얼어붙거나 패배하거나 포기하는 행동을 이끄는 해리

외상을 경험한 시기가 어리면 어릴수록 해리적인 반응들을 조금 더 사용할 수 있다. 방임과 학대를 겪은 아동은 보통 대상 항상성과 원인과 결과에 대해 고군분투한다. 그들의 부모가 현재 더 이상 물리적으로 존재하지 않아도 그들은 인지적으로나 정서적으로 아이일 때로 빠져 버릴 수 있다. 만약 아이의 초기 경험이 예측이 불가능했고 어떤 형태로든 반복되는 일상을 경험하는 것이 부족했거나 어떠한 종류이든지 자주 변화를 경험했을 때 높은 불안을 유발한다. 아동은 학교생활에서의 변화나 학기와 방학, 여행 등으로 가족과 분리될 때 불안해한다. 아이에게 부모 사진과 같은 중간 대상(transitional objects)은 중요하다.

아동 중기에 다다를 때 아동들은 입양 상황에 대해서 좀 더 인지적으로 이해할 수 있게 발달한다(Brodzinsky, Smith and Brodzinsky, 1998). 6세경의 아동은 가족의 형태가 출생이나 입양이라는 다양한 방법들로 만들어진다는 것을 배운다. 그들은 아마도 '입양되었다(adopted)'라는 단어를 쓸 수 있지만 실제적으로 '입양되다(being adopted)'의 의미가 무엇인지 구체적으로 이해하기에는 부족하다. 그 후 여러 해가 지나고 아동들은 타인의 관점에서 상황들을 볼 수 있게 되고 문제 해결 방법을 발달시키는 것을 시작하며 그들은 아마도 왜 자신들이 입양되었는지에 대한 이유들을 질문할 것이다(예: 만약 생모가 약물을 복용했다고 하면 왜 생모는 약물복용을 중단하지 않았을까? 만약 엄마가 지금은 약물을 끊어서 이제 날 키울 수 있다면 나는 다시 돌아갈 수 있을까?). 입양 아동은 7~8세 정도가 되면 생물학적인 연관성에 대해서 더 인식하게 된다. 만약 양부모와 자신들이 생물학적으로 연관이 없고 친부모가 다른 곳에 존재하면 그들은 입양된 가족 구성원으로서의 위치와 안전감에 대해 불안해하고 혼란스러움을 경험할 수도 있다. Brodzinsky는 논리적인 상호작용 발달이 입양 후 아동의 적응에 중요하게 영향을 미친다는 것을 확인했다. 그들은 입양아가 된다는 것은 먼저 친부모에 의해 (자발적으로 또는 비자발적으로) 포기 되어야만 한다는 것을 알고 있다. 그러므로 연구자들은 입양은 상실과 연관되어 있다고 지적한다(Brodzinsky, 1990). 놀이치료사로서 입양 아동을 관리하는 팀과 함께하는 나의 작업에서 놀이치료에 의뢰된 대부분의 아동은 8세인데, 후기 아동 발달단계에서는 입양의 의미에 대해서 아주 잘 이해하고 자신들이 왜 입양되는지에 관하여 더 많은 정보를 갖거나 그들의 친부모에 대한 생각들을 탐색하기를 원하였다.

사정

입양 아동들과 작업할 때, 종합적인 평가는 필수적이다. 입양되기 전의 그들의 초기 삶에 대한 정보를 수집하고 양부모와 함께 핵심 정보를 제공하는 아이의 일상 기능을 논의한다. 내 견해로는 입양 아동의 초기 이력을 입양자와 함께 살펴보고 아동이 경험한 외상 사건을 탐색하는 것은 치료적 중재의 시작이다. 양부모는 종종 아동의 역사에 중요한 세부 사항들을 잊어버린다. 그리고 아이의 애착 패턴과 초기의 외상이 발달에 초래한 영향을 생각해 보는 것은 양부모의 공감을 불러일으키고 입양아동의 양육에 제기되는 도전들에 대한 결심이 종종 제기된다.

'이야기 말하기 줄기 평가기술(The Narrative Story Stem Assessment)'은 원래 Hodges(1992)가 런던의 그레이트 오먼드 가의 Hospital for Sick에서 개발하였다. 이것은 아동들의 가족에 대해서 직접 질문을 하지 않고 가족의 역할, 애착, 관계들에 대한 아동의 지각과 기대들에 접근하기 위해 쓰일 수 있는 탁월한 방법이다. 이야기 줄기 평가(story stem assessment)는 구조화된 일련의 13가지 이야기 줄기로 이루어져 있다. 이것들은 아동이 인형이나 동물 피규어를 사용하여 이야기를 시작하면서 다양한 다른 가족의 각본들을 보여 준다. 그때 아동들은 어떤 방법이든 좋아하는 이야기를 완결하도록 초대 받는다. 그때 그들이 이야기 안에서 성인을 위안이나 보호의 근원으로 그리는지 또는 두려움과 무심한 대상으로 그리는지에 관한 주제에 따라서 아동의 반응을 평가한다. 반응들은 또한 그들의 이야기 안에 특이한 요소들이 포함되어 있거나 혹은 비극적인 상상이 고려될 수 있는지도 평가한다. 이런 반응들은 외상을 경험하거나 과거의 외상나 상실과 관련된 미해결된 문제를 가진 양육자에게 양육을 받은 비조직화되고 통제적인 아동들을 나타내는 것으로 생각될 수 있다(Main, 1995)

이것은 이야기 줄기의 하나의 예시이다.

길 읽은 돼지 이야기　　　이 이야기는 다른 캐릭터에게 공감이나 도움을 요청하는 것이 필요한 상황이다. 이 각본에서, 아동의 이야기에는 아기 돼지가 길을 잃어서 슬프거나 엄마 돼지가 아기 돼지를 잃어버려서 걱정할 수 있다는 것이 분명하게 표현될 수도 있고 충분히 표현되지 않을 수도 있다. 또한 아기 돼지는 회복탄력성을 보여 주는 것도 필요하다.

치료사는 이야기를 시작한다. "옛날에 아기 돼지가 있었어. 아기 돼지는 큰 돼지들, 작은 돼지들이랑 여기 같이 살았단다. 소는 여기 살고, 양은 여기, 말은 여기서, 악어는 여기 살았어. 어느 날, 아기 돼지는 멀리 산책을 갔어. 돼지는 소를 지나서, 양을 지나서, 악어를 지나서, 말을 지나서 멀리 걸어 왔어. 그때 아기 돼지는 '아! 길을 잃어버렸네. 다른 돼지들이 보이지 않아. 나는 어떻게 돌아가는지 모르는데…'" 그리고 치료사는 아이에게 다음에 무슨 일이 벌어지는지 이야기하고 보여 달라고 요청한다.

5세 조지는 악어가 돌아다니다가 아기 돼지를 보고 모두 먹어치웠다가 초원 구석에 뱉어 버렸다고 이야기를 만들었다. 치료사는 조지에게 엄마 돼지가 아기 돼지가 사라진 것을 알고 있는지 유도 질문을 했다. 조지는 "아니요, 왜냐면 엄마 돼지는 은연중에 좋아했거든요."라고 말했다. 이것은 조지의 모든 이야기의 일관된 주제였다. 엄마는 자기 아이들에게 무관심하고 아이들에게 도움이 되지 않은 대상이었다.

부모의 참여

나는 모든 회기 동안 내가 함께하는 모든 입양 아동과 현재 입양한 사람과 함께 작업한다. 내 목표는 양부모가 공동 치료사가 되게 하는 것이다. 그러나 가장 중요한 것은 아이와 부모 사이의 애착을 향상시키는 것이다. 치료 안에서 부모와 함께하는 것은 부모의 '마음을 편안하게' 만드는 기회가 된다(Howe, 2005). 부모는 과거의 아동의 생각(종종 정확하지 않은) 또는 감정(종종 왜곡되어진)에 노출된다. 아동의 내적 작동모델을 명확하게 하는 것은 부모가 자녀들의 행동 기저가 되는 이유들을 이해하는 데 도움이 된다. "자녀의 주관적인 경험에 초점을 맞추어 부모에게 자녀들의 심리 상태를 이해하도록 돕고 그럼으로써 행복해지도록 촉진한다. 이것은 감정 조절을 위한 토대가 된다."(Howe, 2005, p. 20)

부모와 아동이 참여하는 치료는 Hughes(1997)가 양자발달심리치료의 모델에서 지지했다. 이 모델에서 기본이 되는 치료적 접근은 놀이성, 수용, 공감 그리고 호기심 중의 하나이다. 치료 회기는 아동이 공포스럽고 해롭고 피하고 싶어 하거나 부인하고 싶어 하는 다양한 경험과 감정들의 탐색을 시작할 수 있는 안전한 공간을 창조한다. 안전함은 치료사와 부모가 공감, 안심과 함께 반영적이고 무비판적인 대화를 제공함으로써 창조된다. Hughes는 정서의 공동 조절과 의미의 공동 구성이 치료를 발전시킨다고 주장한다. 부모들은 아동의 정서 상태에 맞추어서 반응하도록 격려받으며 아동의 반영적인 사고능력을 향상시키는 일에 도움이 된다. Hughes는 이와 같은 반응을 '상호주관성(inter subjectivity)'이라고 한다. 치료 회기 안에서 이런 순간들이 생겨날 때, 그것들은 모두 강력하고 감동적이다.

나는 8세 브렌다와 브렌다의 오빠 그리고 그들의 엄마와 함께 작업했다. 브렌다는 어린 시절 알코올 중독 문제를 가진 친부에게 학대 당한 경험이 있다. 친부모 사이에는 가정폭력이 있었고 부모가 서로 다투는 사이에 끼어서 심각한 부상을 입었다. 결국 그녀는 2세 때 격리되었다. 양부모가 묘사하기에, 브렌다는 폐쇄적이고 불안해하며 바짝 경계하는 정서를 보이는 작은 소녀였다. 어떤 회기에서 브렌다는 인형을 가지고 놀았다. 브렌다는 엄마였고 양부모와 나는 조부모였다. 조부모의 역할에서 양부모와 나는 아기 인형이 얼마나 아름다운지, 얼마나 사랑이 필요한지, 안아 줘야 하고 안전하게 지켜 줘야 하는지에 대해서 이야기하기 시작했다. 갑자기 양부모는 울음을 터트리며 적절하게 양육받지 못하고 상처받아 온 인형 이야기를 들을 때 얼마나 슬픈지를 이야기했다. 브렌다는 엄마에게 자신이 아기였을 때 어떻게 상처받았다고 생각하냐고 물었다. 엄마는 브렌다가 상처받았다는 것을 공감해 주고 술에 취한 친부와 매일 싸우는 친부모 때문에 어린 브렌다가 얼마나 무서웠을지 이야기해 줬다. 엄마가 계속 울자 브렌다도 울기 시작했고 처음으로 진짜 엄마의 아기처럼 엄마가 자신을 안고 흔들어 주는 것을 받아들였다. 엄마는 이 회기가 그들 관계에서의 전환점이라고 보고했다. 브렌다는 엄마가 자신을 양육하는 것을 받아들이고 전에 거부해 왔던 가족 활동에 참여하기 시작했다.

치료과정

입양 아동과 작업할 때 놀이치료실에서 내가 사용하는 것들에는 목욕시킬 수 있고 옷을 갈아입히고 먹이고 재워 줄 수 있는 아기 인형들과 아기 거품 목욕, 아기 로션, 베이비파우더와 기저귀, 아기 우유병, 턱받이와 옷, 아기를 재울 수 있는 베개 그리고 잠 잘 때 켜 놓는 소리 나는 스탠드가 포함된다. 나는 아이들이 진짜 아기 로션을 인형에 발라 주는 감각적인 경험을 좋아한다는 것을 발견했다. 아기들과 노는 것은 모든 아기들에게 필요하고 마땅히 받아야 할 특별한 양육에 대해서 자연스럽게 이야기할 수 있는 기회를 만든다.

나는 다양한 작은 피규어들과 모래상자를 비치하고 있는데 입양 아동이 모래상자를 많이 사용한다는 것을 발견했다. 그것은 충분히 담아 주는 환경에서 이야기를 만드는 데 안전감을 느끼게 하고 동시에 모래의 감각적인 경험도 갖게 한다.

인형도 자주 사용되며 입양 아동은 하나의 인형으로 이야기를 시작하는 데 활용하거나 다른 사람의 관점에서 이야기할 수 있도록 다른 인형을 이용한다.

나는 주로 아이들에게 이야기를 해 달라고 초대하는 것으로 작업을 시작한다. 모래상자 안에 작은 피규어들을 사용하며 흔한 주제로 길을 잃거나 혼자만의 힘으로 꾸려 나가야만 하는 작은 피규어들과 입양 아동이 관련되는 이야기가 만들어진다. 종종 이야기들은 매우 공격적이고 혼란스러우며 해결책이 전혀 없다. 5세 존의 사례를 보면 그는 2세 때 친부모와 떨어졌고 1년 동안 위탁가정에서 생활한 뒤 3세 때 양부모에게 입양되었다. 그의 양부모는 입양 6개월 후 별거했다. 양부는 집을 떠났고 양모는 복직해야만 했다. 존은 이야기할 때 항상 검은색 슬라임(slime: 점액질에 갇혀 구조가 필요한 작은 생물들)을 사용했다. 그러나 어떤 구조도 실패하고 구조되지 못하고 작은 피규어들은 익사하거나 시야에서 사라져 버린다. 존이 작은 생물들이 구조되고 영원히 점액질에서 탈출하는 방법을 찾는 것을 받아들이기까지는 많은 회기가 흘렀다.

나는 Sutherland(2000)의 모델을 기반으로 아동을 위한 나만의 치료적 이야기를 창조했다.

이 모델은 치료사에게 다음의 것들을 제안한다.

- 아동이 현재 고심하고 있는 주제를 설정한다.
- 알아차리기 어렵게 은유적인 구조를 제공할 수 있는 캐릭터, 장소 그리고 상황을 창조한다. 주요 캐릭터는 반드시 아동과 같은 주제로 고심하고 있어야 한다.
- 아동이 사용해 왔던 유사한 문제에 대한 대처방법들로 주요 캐릭터를 묘사한다. 이런 것들은 아동이 자신 스스로를 어떻게 이해하고 있는지 혹은 다른 이들을 어떻게 이해하는지에 관련하여 얼마나 어려움이 생길 수 있는지를 보여 주고, 결국에는 위기를 불러온다.

- 위기에서 빠져나와 해결하는 방법들을 묘사한다. 누구든지 무엇이든지 간에 항상 이야기에 들어와서 다른 접근방법이나 다르게 처리하는 것을 가능하게 한다. 이런 변화들은 캐릭터가 자신과 다른 사람들에 대해서 느끼는 방법을 변화시킨다. 이 변화가 세상을 더 나은 곳으로 만든다.

Sutherland의 모델에서 후속 이야기는 아동의 입양자와 공동 구성된다. 6세 클레어는 그녀의 친부의 보호 아래 있을 때 가정폭력에 노출되었다. 2세 때 위탁가정으로 옮겼지만 5세에 양모에게 입양되기 전 위탁가정이 여러 번 바뀌는 것을 경험했다. 클레어의 양모는 클레어가 매우 독립적이라는 것을 발견했다. 클레어는 종종 낯선 사람들에게 말을 걸었으며, 공원에 데리고 가면 그녀는 순식간에 시야에서 사라지고 또래 집단에 참여하려고 시도했다. 그러나 그녀의 접근은 아이들을 짜증나게 하고 방해했기 때문에 거의 성공하지 못했다.

〈꼬마 생쥐의 이야기〉

가족과 함께 농장에서 사는 꼬마 생쥐가 있었어. 그 생쥐는 혼자서 모험을 찾아서 밖으로 나가는 것을 좋아하는 모험심이 강한 생쥐였지. 그는 종종 돼지들을 보러 가서 그들이 잠자고 있을 때 잠을 깨우려고 그들의 큰 배에 기어올랐어. 생쥐는 농장의 고양이들을 놀리는 것을 좋아했고 화나게 하려고 얼굴을 잡아당겼어. 고양이가 생쥐를 뒤쫓으면 항상 자기 몸을 겨우 넣을 수 있는 작은 구멍까지 와서 순식간에 쏙 들어갔어. 생쥐는 농부가 닭들을 위해 놓고 간 음식을 조금씩 먹는 걸 좋아했어. 근데 닭들은 생쥐가 자기들의 음식을 손댄 것을 알아차리기 시작했고 생쥐를 보면 멀리 쫓아내기 위해 날개를 퍼득이며 꼬꼬댁거렸지. 생쥐는 농가 안에 들어가 주방의 한가운데 앉아 있는 걸 좋아했어. 농부의 아내는 쥐들을 좋아하지 않았고 항상 그녀는 빗자루로 쥐들을 내쫓았어.

꼬마 생쥐는 종종 하루 종일 밖에 있었고 점점 많은 상처가 생기기 시작했어. 집에 돌아오면 생쥐는 항상 진흙이 묻어 있었고 매우 피곤했지. 엄마는 꼬마 생쥐에게 화가 나기 시작했어. 엄마는 꼬마 생쥐가 더럽다고 화난 게 아니었어. 엄마는 꼬마 생쥐가 혼자서 즐기고 즐거워하는 걸 좋아했어. 엄마는 꼬마 생쥐가 피곤해서 화가 난 게 아니야. 꼬마 생쥐는 피곤했기 때문에 항상 잘 자고 피곤해도 코도 골지 않았어. 엄마 생쥐가 화가 난 건 꼬마 생쥐가 어디로 가는지 절대로 이야기해 주지 않기 때문이었어. 엄마는 꼬마 생쥐가 다칠까 봐 걱정했어. 엄마 생쥐가 걱정한다는 걸 꼬마 생쥐에게 이야기해 주자 꼬마 생쥐는 "엄마, 걱정 마세요. 나는 혼자 스스로 돌볼 수 있어요. 나한테 어떤 일도 일어나지 않을 거예요."라고 이야기했어.

엄마 생쥐는 진지하게 생각했지. 엄마는 혼잣말로 나는 꼬마 생쥐가 안 보일 때도 생쥐가 안전한지 확신하는 게 필요하다고 했어. 엄마는 농장을 돌아다니며 동물들을 만나서 꼬마 생쥐를 잘 봐 달라고 부탁하기로 결정했어. 꼬마 생쥐는 정말 장난꾸러기였지만 동물들은 꼬마 생쥐를 많이 좋아했기 때문에 동물들은 기꺼이 그렇게 하겠다고 했어.

어느 날 꼬마 생쥐는 새 모이판 앞에 새 두 마리가 있는 걸 지켜보고 있었어. 농부 아줌마가 나와서 빵 조금과 치즈 조각들을 새들이 먹을 수 있게 내놓았지. 꼬마 생쥐는 조금 배가 고파서 새 모이판 위로 뛰어 올라갔어. 그리고 꼬리로 새들을 모이판에서 멀어지게 휙 밀었어. 그런데 새 모이판은 되게 오래되어 곧 부서질 거 같았는데 갑자기 크게 부서지는 소리가 나면서 꼬마 생쥐 위로 떨어졌고 생쥐는 갇혀 버렸어. 꼬마 생쥐는 무서웠지만 다리가 걸려서 빠지지 않았어. 꼬마 생쥐는 할 수 있는 한 크게 도와 달라고 찍찍 소리를 내기 시작했어. 근처 웅덩이에 있던 오리들이 새 모이판이 떨어진 걸 알았고 도와주러 왔지만 모이판을 움직일 수 없었어. 오리들은 뒤뚱거리면서 엄마 생쥐에게 이야기해줬어. 농장의 개도 부딪히는 소리를 듣고 와서 모이판을 움직여 보려고 했지만 너무 무거워서 꼬마 생쥐를 꺼내 주지 못했어. 개는 날쌔게 움직여서 엄마 생쥐에

게 알려 줬어. 농장을 돌아다니던 말은 크고 힘이 쎄서 말굽 발차기 한 번
으로 모이판을 꼬마 생쥐로부터 치워 주었어. 꼬마 생쥐는 무거운 모이판
이 치워져서 너무 좋았지만 다리가 부러져서 움직이지 못했지. 바로 그때
엄마 생쥐가 도착했고 오리를 따라서 개와 소식을 들은 닭 세 마리도 도
착했어. 모든 동물들이 엄마 생쥐를 도와서 꼬마 생쥐를 집으로 데리고
왔어. 꼬마 생쥐는 다리를 치료하기 위해 나무 부목을 해야만 했고 한참
동안을 집에서 쉬어야만 했지. 엄마 생쥐는 매우 친절했고 꼬마 생쥐가
힘을 낼 수 있게 맛있는 걸 많이 가져다줬어. 꼬마 생쥐가 심심해 할 때는
게임도 같이 했어. 농장의 많은 동물들이 꼬마 생쥐가 괜찮은지 보러 왔
어. 닭들은 자기들이 먹을 음식 조금을 선물로 가지고 왔고 새들은 농장
아줌마가 준 치즈와 빵 조각을 가지고 오고 아기 돼지들은 구부러진 꼬리
로 간지럼을 태우러 왔어.

　　꼬마 생쥐는 많은 동물들이 자신을 사랑하고 걱정한다는 것에 많이 놀
랐고 자기에게 그렇게 많은 친구들이 있다는 걸 예전에는 깨닫지 못했어.
꼬마 생쥐는 엄마한테 응석 부리는 걸 좋아했고 다리가 아플 때 엄마가
크게 흔들어 주는 걸 좋아하기도 했지. 몇 주 후에 꼬마 생쥐 다리가 많이
나아지자 생쥐는 놀러 나가서 같이 놀 동물 친구들을 초대하기로 결정했
고 두 마리 동물들이 같이 놀 때 재미가 두 배라는 걸 발견했어.

　　엄마 생쥐는 목 주변에 걸 수 있는 작은 종이 달려 있는 목걸이를 꼬마
생쥐에게 줬어. 엄마 생쥐는 꼬마 생쥐가 뛰어다니면 종소리가 날 거라고
이야기하고 그러면 엄마 생쥐는 꼬마 생쥐가 친구들과 즐겁게 놀고 있는
걸 알 수 있을 거라고 했어. 엄마 생쥐는 자신을 위해 소리가 크게 나는
종을 사 왔어. 엄마 생쥐가 꼬마 생쥐를 한동안 못 볼 때나 엄마 생쥐가
꼬마 생쥐한테 저녁이 다 준비됐다고 알려 줘야 할 때, 꼬마 생쥐한테 엄
마가 사랑한다는 걸 알려 주길 원할 때, 엄마 생쥐는 할 수 있는 한 크게
종을 울리기로 했고 종이 울리면 엄마 생쥐는 꼬마 생쥐가 엄마 생쥐만큼
날쌔게 움직여서 최대한 빨리 집에 오기를 바랐어.

농장의 모든 동물들은 엄마 생쥐가 울리는 종소리에 익숙해졌어. 종이 울리면 동물들은 생각했지. '아~ 꼬마 생쥐 저녁시간이구나~ ' '아~ 엄마 생쥐가 꼬마 생쥐가 잘 있는지 확인하고 있구나' '아~ 엄마 생쥐가 꼬마 생쥐한테 얼마나 꼬마 생쥐를 사랑하는지 다시 이야기하고 있구나'

－끝－

입양자가 아동에게 이 이야기를 통해 전하고 싶은 것은 엄마는 딸의 회복 탄력성을 존중하지만 엄마로서 딸을 돌보고 안전한지 살펴보는 것이 엄마의 의무라는 메시지이다. 그녀는 항상 딸을 생각하고 있고 둘의 애착이 커 가면서 엄마는 딸 역시 엄마를 마음에 담기를 소망한다. 아동은 이 이야기를 좋아하고 취침 시간에 가장 듣고 싶어 하는 이야기가 된다. 엄마는 자신과 아이의 사진을 끼워 넣은 몇 개의 열쇠고리를 얻게 된다. 그녀는 자신의 핸드백에 그것들을 붙이고, 아이의 학교 가방, 비닐 가방, 악기 가방에 붙인다. 이것은 서로가 떨어져 있을 때도 서로를 마음 속에 담아 두는 개념을 돕는다.

나는 입양 아동에게 특별히 도움이 되는 이야기를 사용하는 것을 다음과 같은 상황들에서 발견했다.

아동이 자신의 어린 시절에 대한 정보를 갖고 있지 않을 때

입양된 모든 아동이 필수적으로 간결하게 자신의 인생에 대해, 출생부터 그들의 친부모에 관한 몇 가지 정보들을 포함하여, 그들이 왜 입양되었는지에 대한 기본적인 이유들과 함께 인생 이야기 책을 가지고 있어야만 한다는 것은 현재 긍정적인 관행으로 받아들여진다. 임상에서 내 경험상 여전히 많은 아동이 사회복지사가 그들의 책을 편집하는 업무를 끝내지 못하고 떠났기 때문에 자신의 인생 이야기 책을 갖지 못했다. 때로는 아동들이 사진 앨범은 있지만 이야기가 동반되지 않거나, 아동이 해외로부터 입양되어서 그들의 어린 시절에 대해서 알 수 있는 게 정말 얼마 없을 때가 있다. 이런 상황 속에서, 입양부모들은 종종 아동에게 입양되었다고 말하는 것을 미루거나 잘못 이야기를 할까 봐 걱정한다. 나는 10세 이상의 아동을 입양한 양부모가 입양된 상황에 대해서 아동에게 이야기해야 한다고 느끼지만 이야기를 어떻게 시작해야할지 모르는 양부모들과 작업했다.

나는 열 살 된 스테이시(조용하고 불안한 아이)와, 아이가 입양되었다는 것과 왜 입양이 되었는지에 대해 이야기할 수 있도록 도움을 받고자 하는 엄마와 20회기를 진행했다. 스테이시는 강아지를 너무 좋아해서 엄마와 나는 스테이시와의 작업을 위한 기초로서 강아지에 관련한 이야기를 사용하기로 결정했다. 초기 회기에서 우리는 다른 종류의 다양한 가족들과 함께하는 강아지들에 대한 이야기를 소개했다. 한 강아지는 부모와 살고, 어떤 강아지는 할머니와 살고, 또 다른 강아지는 이모, 삼촌과 함께 산다. 스테이시의 이웃 사람은 임신을 했고 우리는 여러 가지 다른 방법들로 아이들이 가족이 되어 간다는 개념을 소개했다. 이 방법에는 가족으로 태어나는 것 그리고 가족 구성원이 되는 다른 방법들(어떤 강아지는 부모가 외국에 살아서 할머니와 함께 산다)이 있다. 우리는 영국의 동물보호단체(RSPCA)의 역할을 소개했다. 이모, 삼촌과 사는 강아지 가족에서 강아지 엄마는 강아지에게 밥을 주지 않아서 상당히 말라 가기 시작했다. RSPCA 조사관은 이런 이야기를 듣고 강아지가 마실 수 있는 우유를 줄 수 있는 새로운 가족에게 강아지를 데려다줬다. 곧 강아지는 괜찮아졌고 활기가 넘쳤다. 강아지의 이모와 삼촌은 강아지를 너무 사랑해서 다 클 때까지 함께 살았다. 우리와 함께 이 시나리오를 몇 번이고 상영하였다. 이렇게 사랑스러운 강아지와 함께 사는 것을 즐거워하는 이모가 되어 보거나 아기 강아지를 어떻게 돌봐야 하는지 모르는 것을 미안해하고 다른 누군가가 그녀의 강아지를 잘 돌봐 준다는 것에 기뻐하는 엄마 강아지와 엄마가 잘 돌봐 주지 않아서 슬프고 화가 난 강아지까지 모든 역할을 해 볼 수 있는 기회가 되었다. 8회기에서 스테이시 엄마는 스테이시에게 그녀가 자신의 뱃속에서 자라지 않았고 생후 9개월 때 입양 가족과 살기 위해 왔다고 말할 수 있다고 느꼈다. 스테이시는 즉시 자신이 잘 먹지 못했을 때 많이 말랐었는지를 물었다. 엄마는 그것이 사실임을 확인해 줬고 친모는 심각한 산후우울증에 시달리며 교외에 혼자만 떨어져 지냈고 스스로를 돌볼 수 없어서 조그마한 아이를 혼자 내버려두었다고 이야기해 줬다. 우편배달부가 소포를 배달하면서 스테이시의 울음소리를 들었고 관계자에게 알려져서 결과적으로 스테이시를 병원에 입원시키고 그런 다음 위탁가정으로 보내졌다. 스테이시의 친모도 병원에 입원했지만 불행히도 그녀의 정신건강은 크게 향상되지 않았고 나머지 일생에 걸쳐 입원해야 할 필요성이 있었다. 스테이시는 위탁가정에서 자신을 잘 돌보았다는 것을 알게 되었고 위탁가정에서 양모가 처음으로 스테이시를 만나러 간 이야기를 듣는 것에 매료되었다. 그녀는 이 이야기를 여러 번 다시 듣기를 요청했다.

놀이치료 회기 안에서 Rees(2009)가 만든 모델을 사용하여 스테이시를 위한 인생 이야기 책을 만들었다. 이 모델은 그녀의 현재 가족 안에서의 생활에 대한 자세한 정보들을 보여 주는 것으로 시작하고 그때 그녀의 출생에 대한 세부사항을 포함하여 과거를 탐색한다. 아이가 현재의 가족과 살게 배치될지에 대한 결정이 왜 그리고 누구에 의해 이루어졌는지 설명하고, 자녀의 양육이 어떤 변화를 가져왔는지, 그리고 가족과 함께 아이를 위한 다음의 모험이 무엇이 될지 궁금해지는 것으로 끝이 났다.

특히 형제자매가 많은 집단 안에서 아동이 자기감을 잃었을 때

논의했던 것처럼, 모든 입양 아동은 반드시 그들의 출생에 대한 기본 정보와 인생 이야기 책을 가져야만 한다. 그러나 아동에게 형제가 많으면 종종 아동의 개인적인 이야기에 대한 감을 잃기 쉽다. 8세인 벤 브라운은 '브라운 형제들'이라고 알려진 4형제 중 첫째이다. 그의 친모는 젊을 때부터 약물남용을 했다. 벤은 약물에 중독된 채로 태어났고 태어나자마자 분리되었다. 그는 몇 주 동안 특수소아병동에 있다가 위탁가정으로 퇴원했다. 그리고 그는 10개월 때 입양됐다. 친모는 3명의 자녀가 더 있었는데 모두 연년생이었다. 양모는 형제 네 명 모두를 입양했다. 벤은 두 번째 형제가 도착하기 전에 양부모들과 오직 6개월을 보냈을 뿐이다. 세 번째, 네 번째 형제도 곧 따라왔다. 두 번째, 세 번째 형제는 임신 기간 동안 약물에 노출되어 의학적인 합병증을 가지고 있어서 양모의 많은 시간과 관심이 필요했다고 양모는 설명했다. 벤은 점차적으로 더 우두머리처럼 행동했고 가족 안에서 통제적이어서 결국 양모는 지쳐서 치료적 도움을 요청하게 되었다.

놀이치료 회기에서 벤은 아기 인형을 가지고 노는 것을 좋아했고 신속하게 왜 자신이 버려졌는지를 탐색하기를 원했다. 왜 그의 친모가 약물복용을 중단하지 못했는지 그리고 이번 가정에서 그를 받아 주기 전에 다른 많은 가정들이 왜 그를 거부했는지를 탐색하기 원했다. 그의 양모는 벤이 분명하게 표현하며 쏟아 내는 질문들에 놀랐다. 벤은 아주 명확하게 그의 초기 경험들에 대해 듣기를 원했고 입양이 된 것과 아기였을 때 어떻게 지냈는지에 대해 듣기 원했다. 이야기는 벤에게 벤이 단 하나밖에 없는 특별한 사람이라는 것을 지지했다. 그의 양모는 벤에게 그전 위탁가정에서 들려준 그가 아기였을 때에 대한 모든 이야기를 했다. 벤이 집에 처음 왔을 때 양모는 거실에서 벤을 바닥에 내려놓았는데 다시 돌아왔을 때 벤이 없어졌다. 아기는 어디 갔지? 그때 양모는 탁자 아래서 들리는 소리를 들었다. 벤은 탁자 밑으로 기어 들어가 있었다. 양모는 집에서 벤이 처음으로 기었을 때 얼마나 자랑스러웠는지에 대해 묘사했다. 이런 이야기를 들은 벤의 얼굴은 기쁨으로 빛이 났다. 매주 우리는 아기 인형을 가지고 놀면서 벤이 아기였을 때에 대해서 이야기했다. 밤에 벤은 우유병의 우유를 먹을 수 있는지, 엄마가 침대에서 책을 읽어 주었는지와 더 어렸을 때 뒹굴거릴 때 썼던 담요이불을 다시 가질 수 있는지에 대해서 물어보기 시작했다. 벤의 양모는 3명의 형제들이 얼마나 빨리 왔는지 그중에 2명의 아이는 많은 보살핌이 필요해서 벤에 관해서는 얼마나 많이 놓쳐 왔는지에 대해서 깨달았다. 벤이 초기에 받지 못한 양육을 양모로부터 받으면서 자신 스스로를 가치 있게 느끼고 자신이 특별하다는 걸 당연하다고 느끼기 시작하면서, 우두머리처럼 행동하고 통제하는 벤의 행동들은 확연히 줄어들었다.

아이의 행동이 너무 저항적이어서 입양 부모가 애착 맺는 것에 대해 절망할 때

이와 같은 아동에게 '주장하는 이야기'는 모든 아동이 평등하게 태어나고 모두 무조건적인 사랑과 보호를 받아야 한다는 것을 아이가 받아들일 수 있게 도와준다. 이야기에는 부모가 아이들에게 무엇을 해 줘야 하는지가 들어가고, 아기는 돌봄을 받아야 한다는 것이 들어가고, 아동의 내적 작동모델이 변화하도록 도와주는 것이 포함되고 있다. "주장하는 이야기에서 아동의 실제 인생 이야기는 거부되지 않고 대신 대안적인 가능성들로 보여진다. 새로운 가족 안에서 아동이 여러 부정적인 신념들 대신에 안정감을 느끼고 신뢰할 수 있는 것을 시작하는 것을 도와주는 건강한 모델로 변화하는 과정의 시작이다."(Lacher, Nichols and May, 2005, p. 71)

7세의 타일러는 몇 가지 의학적인 문제를 가지고 태어났고 부모는 둘 다 10대였다. 그는 생후 1년 동안 몇 가지 외과수술이 필요했다. 타일러는 받아야만 했던 모든 수술 때문에 자주 울었던 아기로 묘사되는 인생 이야기 책을 가지고 있었다. 그는 다리를 고정시키는 다양한 버팀대를 했기 때문에 여기저기로 이동시키기 무거웠고 왼쪽 다리를 약간 절었다. 인생 이야기 책이 쓰여진 방법에 의하면, 타일러는 스스로를 두 명의 너무 어린 부모가 돌보기에 어려운 아기라 입양을 보내는 것이 아기에게 더 나을 것이라고 결정했다고 그렸다. 이 메시지는 타일러가 키우기 매우 어려웠고 사랑스럽지 않아 방임되었다는 것을 보여 준다. 그는 입양된 것에 매우 화난 아이로 작은 일에도 심하게 짜증을 냈다.

타일러는 아기 인형들을 목욕시키는 것을 좋아하는 아이 중에 하나였다. 그의 초기 경험들을 탐색하면서 그 점이 드러났다. 그가 병원에 있을 때 친부모들은 그와 한 번도 함께 머무른 적이 없었다. 그리고 친모는 거식증이 있고 충분히 강하지 못했기 때문에 그가 버팀대를 하고 있을 때 그를 옮길 수 없었다. 양모는 타일러에게 그녀가 아이를 어떻게 돌봤는지에 대해서 이야기해 주고 그가 태어났을 때에도 그를 위해 그녀가 있었음을 이야기해 줬다. 그녀는 그가 어디에 있든지 간에 얼마나 가까이 그의 곁에 머무르기를 원했는지를, 그녀가 자신의 침낭을 병원에 가지고 와서 그와 함께 밤을 지새웠던 이야기와 아이와 서로 점점 맞춰 나가는 것과 건강하다는 것에 대한 이야기를 하고, 그녀가 타일러를 자신 가까운 곳으로 옮길 정도로 얼마나 충분히 힘이 센지, 만약 그가 아프거나 불편할 때 즉시 곁에 있을 거라는 것도 이야기해 줬다. 점차적으로 이런 반복되는 '어떻게 그럴 수가 있었지?'라는 이야기들은 타일러가 스스로를 요구가 많은 아이에서 그가 불편할 때 자신을 편안하게 해 주고 이완시켜 주고 기댈 수 있는 부모님을 가지고 있는 아이로 자신의 내적 작동모델을 바꿨다. 타일러의 분노는 그의 친부모를 향해 표현되기 시작했다. 그는 인형을 사용해서 그들에게 그의 생각을 이야기하고 그들이 아이를 갖기에는 너무 어렸다고 생각하고 아이가 온전히 혼자 병원에 있을 때에도 자신들의 침대에서 머무르기를 원한 이기적인 사람이며 엄마는 아기를 돌볼 때는 제대로 먹어야만 한다고 이야기했다. 30회기의 놀이치료 회기 과정 동안 타일러는 신체적으로도 변했다. 그는 긴장되고 화난 아이로 도착해서 훨씬 편안해지고 다정한 소년이 되어 떠났다.

결말

아동과 함께하는 놀이치료 중재가 끝날 때, 나는 종종 여정으로서 회기들을 함께 생각하고 뒤돌아보는 것을 제안한다. 우리는 아동이 무엇 때문에 왔었는지, 어떤 질문들, 딜레마 또는 문제들을 가지고 여행 초기에 접전을 벌이고 있었는지, 그가 어떠한 대답이나 해결책들을 찾았는지 그리고 이런 과정에서 누가 또는 무엇을 도와주었는지를 함께 생각한다. 나는 강이나 길을 그리고 어려움을 상징하는 방해물과 다리, 빌딩 그리고 해결책이나 도와주는 사람을 상징하는 사람들을 그리는 것을 제안한다. 아동이 원한다면 마지막 이야기는 이런 은유들을 사용하여 창작될 수 있다. 마지막 회기를 위해 나는 아동이 만든 모든 이야기들을 프린트하여 집에 가지고 갈 수 있게 특별한 폴더에 넣어 놓는다.

결론

결론적으로, 나는 입양 아동과 양부모와 공동 구성하는 이야기를 찾아오고 있는데, 이로써 입양 아동이 어디에 속해 있고 누구에게 속해 있는지의 문제들을 다룰 수 있도록 풍부한 기회들을 제공한다. 이야기는 해체될 수 있고 왜곡된 신념들을 탐색하고 수정하는 데 사용될 수 있고 그런 후 자신과 타인에 대한 새로운 개념들과 미래를 위한 새로운 가능성들을 제공하면서 다시 재구성된다.

📖 참고문헌

Brodzinsky, D. M. (1990). 'A stress and Coping Model of Adoption Adjustment.' In D. M. Brodzinsky and M. Schechter (Eds.) *The Psychology of Adoption*. New York: Oxford University Press.

Brodzinsky, D. M., Smith, D. W. and Brodzinsky, A. (1998). *Children's Adjustment to Adoption: Developmental and Clinical Issues*. London: Sage Publications.

Hodges, J. (1992). 'Little Piggy Story Stem Battery.' Unpublished manuscript.

Hodges, J., Hillman, S. and Steele, M. (2002). *Little Piggy Narrative Story Stem Coding Manual*. London: Anna Freud Centre/Great Ormond Street/Coram Family.

Howe, D. (2005). *Child Abuse and Neglect: Attachment, Development and Intervention*. Basingstoke: Palgrave Macmillan.

Howe, D., Brandon, M., Hinings, D. and Schofield, G. (1999). *Attachment Theory,*

Child Maltreatment and Family Support. Basingstoke: Macmillan Press.

Hughes, D. (1997). *Facilitating Developmental Attachment.* Lanham, MD: Rowman and Littlefield Publishers.

Lacher, D. B., Nichols, T. and May, M. C. (2005). *Connecting with Kids through Stories.* London: Jessica Kingsley Publishers.

Main, M. (1995). 'Recent Studies in Attachment: Overview, with Selected Implication for Clinical Work.' In S. Goldberg, R. Muir and J. Kerr (Eds.) *Attachment Theory: Social Development and Clinical Perspectives.* Hillsdale, NJ: Analytic Press.

McLeod, J. (1997). *Narrative and Psychotherapy.* London: Sage Publications.

Perry, B. (1995). 'Childhood trauma, the neurobiology of adaptation and "use dependent" development of the brain; How "states" become "traits".' *Infant Mental Health Journal, 16,* 4, 271-291.

Rees, J. (2009). *Life Story Books for Adopted Children: A Family Friendly Approach.* London: Jessica Kingsley Publishers.

Sutherland, M. (2000). *Using Story Telling as a Therapeutic Tool with Children.* Oxford: Speechmark Publishing.

인명

내용

Aideen Taylor de Faoite는 프리랜서 교육심리학자이며 놀이치료사로, 15년 넘게 개인상담실에서 놀이치료를 해 오고 있다. 다수의 놀이치료 훈련 프로그램을 계획하고 국제적으로 강의를 하고 있으며 현재 아일랜드 카운티 클레어에 살고 있다.

Ann Marie John은 아동 · 청소년정신건강서비스(CAMHS)의 4단계에서 가족치료사(UKCP)로 일하고, 커플 관계 치료사로서 그리고 아이들을 돌보는 놀이치료사로서 일하고 있다. 관심 분야는 자해 청소년의 의미와 예방이며, 슈퍼바이저와 트레이너로서의 경험이 풍부하고 자격 있는 가족치료 슈퍼바이저가 되기 위해 훈련 중이다. 또한 놀이시간에도 글을 쓰려고 시도하는 '작가'이다.

Kate Kirk는 치료사를 지원하도록 채용된 교육 표준 사무국(Ofsted)에 등록되어 있다. 전문 분야는 놀이치료이며, 부모/자녀와 형제자매 집단 및 아동의 애착을 평가하고 문제아동에게 개별 치료를 제공하는 것이다. 치료사로서 사적 현장에서 일하고, 가정법원의 자문가로서 제2의 역할을 담당하고 있다.
사회학 예술 학사, 놀이치료 예술 석사, 심리 연구 방법론에 관한 이학 석사 학위를 받고, 아동의 관찰 및 평가 자격증이 있으며 가족의 체계적 이론을 적용하는 학위와 애착장애와 관련한 일을 한다. Kate는 애착 이론에 대한 광범위한 부가적 훈련을 받았을 뿐만 아니라 관계의 패턴과 스타일을 볼 수 있는 인지적 방법을 어떻게 사용하고 적용하는지를 배웠다.

David Le Vay는 놀이치료사, 연극치료사이자 사회사업가로서 중대한 외상, 상실, 학대를 경험한 아동과 가족을 위해 일하고 있다. 최근 9년간 위해한 성적 행동을 하는 아동과 청년을 위한 치료적 서비스를 제공하는 기관에서 일하였다. 로햄턴 대학의 놀이치료 프로그램 석사과정 조교수이며 자신만의 독자적인 치료와 슈퍼비전 활동을 하고 있다. 건강전문상담소에서 일하며 학대치료를 위한 국가기관(NOTA), 영국 놀이치료협회(BAPT) 그리고 총사회보호위원회(GSCC)의 일원이다. 다른 방면으로, 재즈피아니스트, 크리켓 선수이기도 하다.

Sharon Pearce는 영국 놀이치료협회 소속 놀이치료사이며 슈퍼바이저이다. 그녀는 위기에 처한 아동 및 그 가족과 함께 일한 다년간의 경험이 있으며 지역에서 돌봄이 필요한 아동과 함께 일했다. 독립적인 놀이치료사로 활동하면서 애착과 외상 문제를 가진 아동과 일하는 데 특별한 흥미를 보였다. 동물과 인간의 대화를 이해하고 훈련하는 동물 보호 놀이치료에 흥미를 느끼고 개발하고 있다. 여가시간 대부분을 구조된 여섯 마리 토끼를 돌보는 데 보낸다. 토끼 보육협회의 일원이다.

Carol Platteuw는 아동과 가족의 치료적 서비스를 제공하는 기관인 놀이치료 서비스 기관의 책임자이다. 그녀는 사회사업가와 놀이치료사, 그리고 영국 놀이치료협회의 슈퍼바이저로 일하고 있다.

Alison Webster는 놀이치료사와 연극치료사로 훈련받았고 소아과에 소속되어 일하였다. 또한 학교 상담소와 아동·청소년정신건강서비스에서도 일하였다. 가정과 지역에서 다양한 자원봉사 및 법령 서비스가 필요한 다양한 훈련과 프레젠테이션을 실시하고 있으며 다양한 가족 프로그램을 개발하고 있다. 놀이치료사이자 서비스 매니저로서, 학교의 정신건강 서비스의 개입과 예방에 힘쓰며, 훈련자, 아동과 가족의 지지자로 활동하고 있다.

역자 소개

유미숙(Yoo, Mee Sook)
숙명여자대학교 아동복지학과 대학원 석사, 박사(아동상담전공)
전) 한국놀이치료학회장
현) 숙명여자대학교 아동복지학과 교수
저서: 놀이치료의 이론과 실제 등
역서: 놀이치료 , 놀이의 치료적 힘(공역), 임상 슈퍼비전(공역), 외상장애 아동을 위한
    놀이치료(공역), 어린이의 꿈 세계(공역) 등 다수

김미경(Kim, Mee Kyoung)
하버드 대학교 대학원 교육심리학 석사(발달심리학전공)
케임브리지 대학교 대학원 박사수료(언어심리전공)
현) 케임브리지 대학교 교육학과 강사
역서: 엄마에게 보내는 편지, 어린이의 꿈 세계(공역)

노은선(Roh, Eun Seon)

숙명여자대학교 대학원 석사, 박사수료(아동심리치료전공)

전) 서울가정법원 면접교섭위원

현) 원광아동청소년상담센터 상담연구원, 숙명여자대학교 강사

　　한국놀이치료학회 공인 놀이치료사, 청소년상담사 2급(여성가족부)

전성희(Jeon, Seong Hui)

숙명여자대학교 대학원 석사, 박사(아동심리치료전공)

전) 원광아동청소년상담센터 수석상담연구원

　　숙명여자대학교 사회교육대학원 강사

저서: 내 아이의 일기장(공저), 엄마도 모르는 아이 마음(공저)

역서: 부부의 성격차이 해결법(공역), 임상슈퍼비전(공역)

이야기 놀이치료-이론과 실제-
Narrative Play Therapy-Theory and Practice

2018년 1월 25일 1판 1쇄 인쇄
2018년 1월 30일 1판 1쇄 발행

엮은이 • Aideen Taylor de Faoite
옮긴이 • 유미숙 · 김미경 · 노은선 · 전성희
펴낸이 • 김진환
펴낸곳 • (주) **학지사**
          04031 서울특별시 마포구 양화로 15길 20 마인드월드빌딩
대표전화 • 02)330-5114   팩스 • 02)324-2345
등록번호 • 제313-2006-000265호

홈페이지 • http://www.hakjisa.co.kr
페이스북 • https://www.facebook.com/hakjisa

ISBN 978-89-997-1441-2 93180

정가 17,000원

이 도서의 국립중앙도서관 출판시도서목록(CIP)은 서지정보유통지
원시스템 홈페이지(http://seoji.nl.go.kr)와 국가자료공동목록시스템
(http://www.nl.go.kr/kolisnet)에서 이용하실 수 있습니다.
(CIP제어번호: CIP2017033213)

교육문화출판미디어그룹 학지사

심리검사연구소 **인싸이트** www.inpsyt.co.kr
원격교육연수원 **카운피아** www.counpia.com
학술논문서비스 **뉴논문** www.newnonmun.com
간호보건의학출판 **정담미디어** www.jdmpub.com